TOR
Das verfluchte Dorf

Carles Porta

TOR

DAS VERFLUCHTE DORF

Ein Tatsachenroman

Aus dem Katalanischen
von Charlotte Frei

Berlin Verlag

Der Verlag dankt dem Institut Ramon Llull in Barcelona
für die großzügige Förderung der Übersetzung.

llull institut ramon llull

FSC
Mix
Produktgruppe aus vorbildlich bewirtschafteten Wäldern und anderen kontrollierten Herkünften
Zert.-Nr. GFA-COC-1262
www.fsc.org
© 1996 Forest Stewardship Council

Die Originalausgabe erschien 2005 unter dem Titel
Tor. Tretze cases i tres morts
bei Edicions La Campana, Barcelona

Umschlaggestaltung: Nina Rothfos und Patrick Gabler, Hamburg
Typografie: Birgit Thiel, Berlin
Gesetzt aus der Foundry Wilson von Greiner & Reichel, Köln
Druck & Bindung: Druckerei Pustet, Regensburg
Printed in Germany 2007
ISBN 978-3-8270-0757-5

www.berlinverlage.de

Für meine Familie,
ganz besonders für Pol, Marina und Roser

INHALT

1 Der Tod des Alleineigentümers *15*
2 Eine Fernsehreportage *17*
3 Palancas Auftritt *25*
4 Auf ins Vall Ferrera *31*
5 Eine kurze Geschichte von Tor *34*
6 Schmuggler *40*
7 Die Hippies *45*
8 Sansa der Guru *50*
9 Zwei Hippies finden eine Leiche *54*
10 Gregori *57*
11 Wer ist Olivella? *62*
12 »Da oben ist man schnell über alle Berge!« *66*
13 Sargento Yanes *70*
14 José Luis Pérez Pérez, der Richter *75*
15 Der Richter und der Sargento *78*
16 Keiner weiß von nichts *81*
17 Auf der Suche nach Beweisen *85*
18 Der Zettel *91*
19 Erste Verdächtige *92*
20 »Ich habe alles gesehen.« *100*
21 Freigesprochen *103*
22 Sargento Yanes packt aus *107*
23 »Wenn ich wieder aufstehe, fließt Blut!« *115*
24 Mont und Marli *121*
25 Ein verqualmtes Abendessen *126*

26 Zusammenprall mit Lázaro *138*
27 »Mafia ist Mafia, das weiß doch jeder!« *144*
28 Palanca muss überzeugt werden *150*
29 Die Frauen von Tor *154*
30 Die Toten von 1980 *162*
31 Der Mord an Sansa *168*
32 Mit Antonio Gil José auf dem Weg nach Tor *177*
33 Zweifel über Zweifel *191*
34 Batallé *194*
35 Endlich mit Palanca in Tor *200*
36 Mit Rosendo am Ort des Verbrechens *221*
37 In Andorra *225*
38 Das Bistum von La Seu und Sansas Neffe *239*
39 Endlich lernen wir Ruben kennen *249*
40 Das Skript *260*
41 Wir filmen das Interview mit Ruben *265*
42 »Wo Blut ist, ist kein Geschäft.« *274*
43 Rechtsanwalt Hortal *281*
44 Das unglaubliche Leben des Gil José *290*
45 Auf der Suche nach Batallé *306*
46 Olivella und der letzte Anwalt *310*
47 Ein neuer Todeszeitpunkt *316*
48 Die Hotelrechnung, Knochen und die Sendung der Reportage *322*
49 Nach der Sendung *328*
50 Das letzte Urteil *349*

Kleiner Führer zu Tor *355*

Dieses Buch ist das Ergebnis einer intensiven achtjährigen Recherche. Seine Grundlage bilden vier Monate des Jahres 1997, Januar bis April, während deren ich mich voll und ganz einer Reportage für die Sendung »30 Minuts« des katalanischen Fernsehens TV3 widmete. Seitdem habe ich kontinuierlich Hinweise gesammelt, weiter geforscht und Daten verglichen. Ich habe die Namen von ein paar wenigen Personen geändert, um ihre Identität zu schützen. Im Wesentlichen handelt es sich bei dem Geschilderten aber um wahre Begebenheiten, die durch Dokumente belegt sind und die ich anhand von Gesprächen mit Zeugen und wichtigen Protagonisten vervollständigt habe. Die meisten Dialoge gründen auf den von mir geführten Interviews.

In meinem Buch wird der Mord an Josep Montané – Sansa –, einer Hauptfigur der Geschichte von Tor, nicht aufgeklärt. Die Erzählung beleuchtet die Fakten und Umstände, die dazu geführt haben, dass der Ort in den Pyrenäen als »das verfluchte Dorf« oder »der verfluchte Berg« bekannt wurde, und versucht zu erörtern, warum es trotz der vielen Verdächtigen zum genannten Verbrechen keinen Täter gibt. Noch nicht.

Carles Porta

Am Ende des Buches findet der Leser einen »Kleinen Führer zu Tor«. Er beinhaltet die Kurzbiografien der wichtigsten Personen, eine chronologische Auflistung der Ereignisse in und um Tor sowie zwei fotografische Darstellungen der zentralen Handlungsorte und wird zur Vorauslektüre empfohlen.

»Mit dem Ziel, den Missbrauch bei der Nutzung dieses Grundstücks zu beseitigen und künftig zu verhindern sowie Streitigkeiten zwischen den Miteigentümern vorzubeugen, die zur Teilung des Eigentums führen könnten, […] wird hiermit die Gesellschaft der Miteigentümer des Berges von Tor gegründet.«

Gründungszwecke der Gesellschaft der Miteigentümer des Berges von Tor, 14. Juli 1896.

»Diese Hummeln trugen den Geruch des Todes mit sich herum.«

Sisqueta, *Einwohnerin von Tor*

»Ich glaube, dass der Arm der Justiz überallhin reicht, aber manchmal ist er eben langsam, und Tor liegt weit ab vom Schuss.«

Joaquín Hortal, *Rechtsanwalt*

»Wo auch immer ein Feuerchen brennt, früher oder später wird man seinen Rauch sehen.«

Angeleta, *Einwohnerin von Tor*

»Am Ende bleibt mir nur eins übrig – mich knallhart zu wehren, mit Gewalt!«

Jordi Riba, Palanca, *Einwohner von Tor*

»Manchmal denke ich, dass nicht einmal der fantasiereichste Drehbuchautor eine so dramatische und verwickelte Geschichte ersinnen kann, wie sie die Leute in Tor leider Tag für Tag erleben müssen.«

Francesc Sapena, *Rechtsanwalt*

1

DER TOD DES ALLEINEIGENTÜMERS

Schon immer war der Juli für Tor ein besonders tragischer Monat gewesen.

Seit 1800 ereigneten sich die blutigen Vorfälle in der Geschichte dieses Dorfes, das mit seinen dreizehn Häusern in den Pyrenäen östlich von Lleida liegt, stets im Juli.

Josep Montané, genannt Sansa, wurde an einem Julitag 1995 ermordet, wenige Monate nachdem man ihn zum Alleineigentümer des umstrittensten Berges der Pyrenäen gemacht hatte.

»Der war nicht nur tot, der war verfault!«, sagte eine der Frauen aus dem Dorf, und ihrem Ton nach war das eine ungleich schlimmer als das andere. Denn sie war froh, dass er nicht nur tot, sondern sogar verfault war. Über seinen Tod freute sich außerdem Jordi Riba Segalàs, genannt Palanca, der zweite Lokalpotentat, mit dem der Ermordete fast ein halbes Jahrhundert um den Berg gekämpft hatte.

Josep Montané – der Blonde vom Hof Sansa – nannte sich nach dem Hof, denn da oben in den Pyrenäen den Namen eines Anwesens zu führen, kommt einem Adelstitel gleich. Er war zwar nicht der Erstgeborene und damit nicht der Erbe, aber mit seinem tyrannischen Charakter räumte er die Brüder rasch aus dem Weg. Er musste überall immer der Erste sein. Und oft hat er die anderen nicht nur verdrängt, sondern überrannt.

Aber Sansa war nicht der Erste, der in Tor eines gewaltsamen Todes starb. Fünfzehn Jahre zuvor, 1980, ebenfalls im Juli, gab es bereits zwei Tote. Sie waren Holzfäller und Palancas Leibwächter. Und man sagt, Sansa würde nicht der Letzte sein.

Nachdem ein halbes Jahrhundert um den Berg gestritten worden war, fällte der Richter von Tremp im Februar 1995 ein Urteil, das nach Blut riechen musste: Es machte Sansa zum Alleineigentümer. Die Streitigkeiten hatten Jahrzehnte gedauert, Sansa konnte seinen Sieg jedoch nur fünf Monate genießen.

Zwei Jahre später sollte dieses Verbrechen ohne Täter, eine Fehde im Zeichen unversöhnlicher Feinde, wie eine Bombe in mein Leben platzen.

2

EINE FERNSEHREPORTAGE

»Wes Brot ich ess, des Lied ich sing.« Wie oft habe ich dieses Sprichwort von meinem Großvater, Ramonet Flores, gehört. Als ich an einem Tag im Januar 1997 in der Redaktion von TV3 sitze, erinnere ich mich an ihn. Er war sein eigener Herr! Sein Wort war Befehl! Bei TV3 gibt es zwar keine starre Rangordnung, doch von Kindesbeinen an – und erst recht beim Militär – hat man mir Gehorsam eingebläut, so dass ich auch hier und trotz der lockeren Handhabung immer gehorche.

Es ist Mitte Januar, und eine Woche zuvor ist der Fall um den Berg von Tor wieder in die Schlagzeilen geraten. Dafür gibt es zwei Gründe: Zum einen hat das Landgericht von Lleida die beiden Angeklagten, die des Mordes am Bergeigentümer beschuldigt waren, freigesprochen. Zum anderen hat dasselbe Gericht eine Woche später festgestellt, dass der Berg, um dessen Besitz sich dreizehn Familien ein halbes Jahrhundert gestritten haben und der mittlerweile drei Menschenleben gefordert hat, zu Bruchteilen all seinen Bewohnern gehört.

Mein Chef Toni erzählt mir – er befiehlt nicht, sondern kommentiert, regt an –, dass er den Fall Tor für ein interessantes Thema hält. »Warum machen wir darüber keine Reportage?«, schlägt er vor, als ob er sich selbst darum kümmern will. Aber natürlich ist seine Frage an mich gerichtet: Er weiß, er braucht die Sache nur zu erwähnen und ich würde gleich loslegen. In dieser Hinsicht war ich schon immer ein Trottel.

In den achtziger Jahren, als ich noch Redakteur bei der Tageszeitung *Segre* war, hatte ich einiges über den Berg von Tor gehört und gelesen. Bereits damals hatte ich den Eindruck, dass es sich – wie wir das im Journalistenjargon nennen – um eine »Kastanie« handelte, also eine ziemlich heikle Sache, die schwierig zu recherchieren ist. Und jetzt gibt mir mein Vorgesetzter zur Aufgabe, diese heiße Kastanie zu schälen.

Es ist kurz nach dem Dreikönigsfest, die Leute von Tor sind mit den Nerven am Ende. In diesem Winter haben die Richter sie dazu verdammt, weiter mit ihrer Angst zu leben. Der Freispruch der beiden Angeklagten bedeutete, dass sich der oder die Mörder des alten Sansa noch auf freiem Fuß befand. Dazu kam, dass das Urteil von Lleida, das jedem Dorfbewohner ein Bruchteil des Berges zusprach, sie dazu zwang, ihre Eigentumsrechte an einem Grundstück einzuklagen, das sie ihrer Meinung nach von ihren Großeltern geerbt hatten.

Das Dorf Tor liegt in einer der unberührtesten Gegenden tief in den Pyrenäen von Lleida, im Vall Ferrera im Landkreis Pallars Sobirà, an der Grenze zu Andorra. Die Ortschaft besteht aus dreizehn Häusern, einige davon sind nur noch Ruinen, weil sie verlassen beziehungsweise nach dem Bürgerkrieg bei einem Kampf zwischen Maquisarden und der Guardia Civil in Brand gesteckt wurden. Übrig geblieben und bewohnbar sind insgesamt acht Häuser. Tor ist auch der Name des sich unmittelbar hinter dem Dorf erhebenden Berges. Als ich ihn zum ersten Mal hörte, dachte ich an den nordischen Gott Thor. Später erfuhr ich, dass der Ortsname gemäß einer Sage tatsächlich auf den Gott der Wikinger zurückgeht: Einst habe Thor seine Axt tief hineingeschlagen in den Berg, der wie ein Steinriese hinter den Häusern aufragt. Noch könne man die Kerbe erkennen. Mit diesem Hieb, so erzählen die Alten, wollte er den Platz kennzeichnen, wo man ihm eine Burg mit seinem Namen errichten sollte. In der Tat gibt es auf der Bergspitze eine Stelle, die der Kerbe einer gewaltigen, von einem Gott geschwungenen Axt ähnelt. Und gleich daneben baute man die Burg von Tor – das H wird sich im Nebel der Jahrhunderte verflüchtigt haben –, von der nur mehr die Reste eines runden Wachturms übrig sind.

Die Grundfläche des Berges von Tor, das bezeugen Messungen oder wohl eher Schätzungen aus dem Jahr 1896, umfasste lange Zeit 4800 Hektar. So steht es im Grundbuch von Sort. In dem letzten, präziseren Eintrag beläuft sich die Bergfläche nur auf 2300 Hektar. Das ist noch immer ein ansehnliches Stück Land.

Doch zurück zum Anfang. Mein Chef beauftragt mich mit der Reportage, und ich denke: »Es ist Januar. Um eine Reportage über Tor machen zu können, muss ich hinfahren. Das heißt, ich werde wohl zwei Tage dafür brauchen und muss mir ein Zimmer in einer nahe gelegenen Pension suchen. Zwei Tage Bergluft werden mir guttun.« Ich nehme Pol mit, und wir verstehen uns blendend. Er ist ein guter Freund. Beim Fernsehen machen wir die Reportagen für die Nachrichten immer zu zweit.

Ich recherchiere ein bisschen, finde aber nur wenig. Zuerst rufe ich in Alins an, dem Nachbardorf von Tor. Erstes Hindernis: In der Pension wird mir gesagt, dass die Straße nach Tor nicht befahrbar sei, weil dort zwei Meter Schnee liegen. Die Leute meinen damit, dass man nicht mit dem Auto hinaufkommt, wohl aber zu Fuß oder mit dem Schneemobil. Ein Fußmarsch nimmt mehrere Stunden in Anspruch und kommt deshalb nicht in Frage – ich würde der Feuerwehr nur unnötige Arbeit verschaffen. Also nehmen wir ein Schneemobil, das wird bestimmt lustig. Was die Unterkunft betrifft, gibt es keine Probleme. Alle Zimmer sind frei.

Weitere Hindernisse: Ich brauche Leute, die vor der Kamera über Tor und die Streitigkeiten unter den Dorfbewohnern reden wollen. Aber keiner der Beteiligten will von Journalisten etwas wissen. Das fängt ja gut an!

Ich wende mich an die Rechtsanwälte und siehe da, der eine oder andere will mir sogar helfen, das heißt, wir werden Bilder vom Dorf zeigen und ein Interview bringen, das die Reportage abrundet. Auf diese Weise kommen die Hauptfiguren doch zu Wort, wenn auch nur indirekt.

Noch ahne ich nicht im Entferntesten, wie sehr diese Reportage mein Leben auf den Kopf stellen wird.

Alins ist die größte Ortschaft im Vall Ferrera. Der Name des Tals, Ferrera, erinnert an die Eisenminen, die es dort vor vielen Jahren gegeben hat. Das Wasser weist immer noch einen hohen Eisenanteil auf, was nach Ansicht der Bewohner dazu führt, dass sie alle große Zahnprobleme haben. Im Winter leben nicht mehr als sechzig Menschen vor Ort, und im Sommer, sogar im August, findet man nie mehr als hundert. Das Tal ist eine Sackgasse. Es führt kein Weg hinaus. Auch wenn man sich dort mit der Pica d'Estats brüstet, dem höchsten Berg Kataloniens, verirrt sich selten jemand in diese Region. Schon gar nicht im Winter.

Die Inhaber der Pension haben zwei Burschen aus der Umgebung für uns aufgetrieben, einer ist aus Alins und der andere aus La Pobla. Sie sind bereit, uns mit dem Schneemobil nach Tor zu bringen. Pepita, die Gastwirtin, ist knapp über fünfzig, unverheiratet und eine Seele von Mensch. Beim Frühstück – offensichtlich sind wir die einzigen Gäste – kommt sie zu uns an den Tisch und sagt:

»Ihr habt Glück, dass so viel Schnee liegt. Dann wird da oben keiner sein.«

Sie scheint uns zu bemitleiden. Es klingt, als ob sie sagen würde: »Ihr Armen, ihr habt ja keine Ahnung, was euch da erwartet.« Pol und ich schauen uns verdutzt an, noch wissen wir nicht, was ihre Worte bedeuten. Wir trinken noch einen letzten Schluck Wein und treten hinaus auf den Platz von Alins. Unsere Fahrer warten schon mit den Schneemobilen.

Die Fahrt nach Tor ist abenteuerlich. Es sind dreizehn Kilometer durch den Wald. Die Leute aus der Gegend sprechen von einer Straße. Schon in Alins, am unteren Talrand, fallen die ersten Flocken, und mit jedem Kilometer wird die Schneedecke dicker. Die »Straße« ist ziemlich schmal und läuft am Fluss Noguera de Tor entlang. Je höher wir kommen, desto vereister ist der Wasserlauf. Die Schneedecke wird dicker und dicker. Pol, ein typischer Städter, trägt seine Sonntagsschuhe, nach einer halben Stunde sind seine Füße nass und kalt. Der Weg schlängelt sich durch eine lange tiefe Schlucht, die so eng ist, dass man meint, die Berge und Bäume müssten einem jeden Augenblick auf den Kopf fallen.

In der Schlucht ist es fast durchweg schattig, die kalten Farben, Grau und Dunkelgrün, überwiegen. Nur in den Biegungen bricht die Sonne durch die Bäume. Ein paar dieser herrlichen Lichtstrahlen reichen aus, die Waldlandschaft in bunt glitzernde Farben zu tauchen, die perfekte Kulisse für einen Märchenfilm. Die Gegend ist ideal zum Filmen, aber unsere Kamera liegt in Plastik verpackt in einem Rucksack, damit sie nicht feucht wird. Das Aus- und Einpacken ist zu aufwendig, das Dorf geht vor. Wenig später gleiten die Schneemobile an einem großen Felsblock vorbei, auf dem mit weißer Farbe und krakeligen Lettern geschrieben steht: »Dieser Berg ist Privatbesitz der Gesellschaft der Miteigentümer von Tor.« Unsere Chauffeure halten an und erklären, dass die Aufschrift von Sansa angebracht wurde, und fügen hinzu: »Der hat immer gedacht, ihm gehöre das alles. Der und Palanca konnten sich nicht riechen. Ein Glück, dass so viel Schnee liegt und keiner da oben ist …«

Aha! Schon wieder »Ein Glück, dass keiner da oben ist«. Ich wüsste nur zu gern, warum sie das sagen, aber bevor ich sie fragen kann, fahren wir weiter und wenige Minuten später sind wir in Tor. Der Schnee liegt so hoch, dass die Eingangstüren der Häuser sich kaum ausmachen lassen. Keine Menschenseele weit und breit, nur die Motoren unserer Fahrzeuge sind zu hören. Kurz vor dem Dorf halten wir an, um die Landschaft in unberührtem Zustand zu filmen, ohne unsere Radspuren. Obwohl der Fluss an vielen Stellen zugefroren ist, rauscht es gewaltig unter dem Eis. Das Wasser ist klirrend kalt.

Das Dorf erscheint mir nicht besonders schön. Auf dem Hauptweg sind drei herrenlose Autos abgestellt. Ein roter Renault 12, ein alter Land Rover und noch ein Fahrzeug, die Marke lässt sich nicht erkennen, weil es so tief im Schnee steckt und bis auf die Karosserie auseinandergenommen ist. Man fühlt sich eher wie auf einem Schrottplatz als in einem Dorf hoch oben in den katalanischen Bergen. Tor liegt 1790 Meter über dem Meeresspiegel und zählt zu den höchstgelegenen Dörfern der Pyrenäen.

Einer unserer Begleiter erklärt uns, wem welches Haus gehört, und dass die Autowracks ein Steckenpferd von Sansa waren. Er hatte für alles Verwendung, und Schrottautos waren anscheinend seine große Leidenschaft. Im Dorf finden wir noch eins, und auch am Berghang stehen mehrere. Er bekam sie in Andorra geschenkt oder kaufte sie für wenig Geld, fuhr ein paar Runden damit, bis sie schließlich den Geist aufgaben. Danach ließ er sie an Ort und Stelle stehen. Sansa sah sich immer als Herr und Gebieter über den Berg und die Dorfbewohner, und er tat immer nur das, was er wollte.

Nachdem wir das Haus, in dem er im Juli 1995 tot aufgefunden worden war, gefilmt haben, nehmen wir uns den Hof Palanca vor, ein riesiges Gebäude, das Sansas altem Erzfeind gehört. Ich bestaune die Mauern und die Größe – es hat drei Stockwerke. Die Familie Palanca muss einmal sehr einflussreich gewesen sein, um ein solches Haus errichten zu können, es stammt wohl aus dem 18. Jahrhundert. Während Pol filmt, gesellt sich einer unserer Begleiter zu mir und sagt: »Wenn Palanca jetzt aus seinem Haus käme, müssten wir uns schleunigst aus dem Staub machen.«

»Aber warum?«, entgegne ich leicht gereizt.

»Weil der keinen Spaß versteht, und dass ihr sein Haus filmt, noch dazu ohne seine Genehmigung, das wird ihm ziemlich gegen den Strich gehen. Der ist genauso durchgeknallt wie Sansa, oder sogar noch mehr. Deshalb kriegen die Leute hier auch kein Bein auf den Boden.«

»Sag mir das noch mal vor der Kamera«, fordere ich ihn auf.

»Du spinnst wohl! Los, wir müssen hier weg, es wird spät. Und erzählt bloß keinem von unserer Fahrt nach Tor, sagt einfach, wir wären nach Norís gefahren oder zum Pass Port de Cabús!«

Mein Angebot, ihn ins Fernsehen zu bringen, missfällt ihm offenbar. Wir filmen noch das Dorf und fahren dann bergauf in Richtung Andorra, zur Hochebene von Llumaneres, um Aufnahmen zu machen von der Gegend, die sich zwischen Tor und dem kleinen Fürstentum erstreckt. Und wieder stoßen wir auf eine Merkwürdigkeit: Es gibt zwei Wege von Tor nach Andorra, der eine heißt Pleià, der andere La Rabassa, beide führen über Llumaneres. Einer gehört Sansa, der andere Palanca, weil sie größtenteils durch deren jeweilige Gelände führen. Aber möglicherweise hatten die beiden dies einfach eines Tages entschieden, oder sie haben die Wege bauen lassen und betrachteten sich fortan als Eigentümer und rieben das beim geringsten Anlass jedem unter die Nase. An diesem Januartag 1997 ist der eine schon tot und der andere nicht da, also denken wir nicht weiter darüber nach.

Obwohl es erst drei Uhr nachmittags ist, geht die Sonne schon unter, und weil wir eine Rückfahrt im Dunkeln vermeiden wollen, entschließen wir uns, nicht bis zum Port de Cabús, dem Übergang nach Andorra, zu fahren, sondern umzukehren. Mit drei Minuten Film haben wir genug für die Reportage. Außerdem gibt es noch die Archivbilder von der Gerichtsverhandlung im Mordfall Sansa und Aufnahmen davon, wie die Angeklagten das Gefängnis verlassen. Wenn nötig können wir auch Zeitungsausschnitte einblenden, die über Tor und den Berg berichten.

Auf den Schneemobilen fahren wir zurück nach Alins. Wir sind durchgefroren – vor allem Pol – und wir freuen uns auf eine warme Mahlzeit.

3

PALANCAS AUFTRITT

In der Pension Montaña erwartet uns eine heiße Dusche und ein Abendessen. Für den Moment sind alle Sorgen vergessen, und wir trinken noch zwei Gläschen von dem regionalen Schnaps Ratafia. Gerade als ich den letzten Schluck nehmen will, betritt ein großer, kräftiger Mann den Raum, mit einem grimmigen Gesicht, das man so schnell nicht wieder vergisst. Wir sitzen in der Bar der Pension, im Erdgeschoss. Das Lokal ist nicht sehr groß, mit acht oder neun Tischen, einer Theke aus Stahl und zwei Türen, eine führt auf den Dorfplatz, die andere auf die Hauptstraße. Seitlich an der Wand steht ein Glasschrank mit Andenken für Touristen und Wanderkarten von der Gegend, und in einer Ecke gibt es eine Telefonkabine, denn die Pension ist ebenfalls für den öffentlichen Fernsprecher zuständig. In einem anderen Winkel, direkt unter der Decke, hängt ein großer Fernseher. Pol und ich sind die einzigen Gäste. Wir werden bedient von der Wirtin Pepita und ihrer Schwester Joana. Sie hilft aus, wenn es ihre Arbeit als Lehrerin in Esterri d'Àneu zulässt. Joanas Mann Josep verdient seinen Lebensunterhalt als Taxifahrer einer bunten Wagenflotte.

Als der besagte Mann das Lokal betritt, stellen sich die drei Wirtsleute automatisch hinter die Theke. Im ersten Augenblick vermute ich, dass sie damit dem neuen Gast ihre Aufmerksamkeit signalisieren wollen, aber wenn ich mir ihre Mienen ansehe, ahne ich, dass sie wohl eher Deckung suchen. Pol und ich sitzen an einem Tisch gleich neben der Theke und schauen fern. Der neue Gast setzt sich auf einen Barhocker genau hinter uns. Seine Stimme ist laut, tief und autoritär: »Abend! Einen Ratafia, wenn ich bitten darf!«

Eine der Schwestern Montaña huscht hinter der Bar hervor und fragt uns, ob wir noch etwas möchten. Sie beugt sich ein Stück herunter und flüstert: »Das ist Palanca!«

Sofort dreht sich Palanca zu uns um. Wir sitzen zwar mit dem Rücken zu ihm, aber seinen Blick spüren wir genau, er steht auf dem Gesicht der Frau geschrieben. Mit seiner herrischen Stimme dröhnt er, als richtete er sich an eine unsichtbare Menschenmenge: »Die beiden da sind wohl die Reporter, die rauf nach Tor gefahren sind, stimmt's?«

Ich habe einiges über Palanca gehört. Das Bild, das ich mir von ihm gemacht habe, entspricht einer Art wilder Bestie, die ihre Mitmenschen in Angst und Schrecken versetzt. Sein Aussehen stimmt mit der Beschreibung überein. Die Stimme und der Ton ebenfalls. Ich stelle mir vor, dass er uns beide mit einem Hieb in die ewigen Jagdgründe befördert, wenn ich nur den Finger bewege.

Also stürze ich den letzten Tropfen Schnaps herunter und überlege, ob ich etwas antworten soll. Pol schaut mich an und schweigt.

Noch habe ich mein leeres Glas nicht wieder auf den Tisch gesetzt, da höre ich, wie die Stimme den Kellner auffordert:

»Josep, gib den Herrschaften was zu trinken, die Runde geht auf mich!«

Ich kann schwören, dass der Fernseher läuft und zwar mit maximaler Lautstärke, aber er ist nicht zu hören. Das Einzige, was ich höre, ist mein Herz, das wild und laut pocht, und ein leises Würgen in meinem Hals.

Eine Stille breitet sich in Zeitlupe aus, mir kommt sie vor wie eine Ewigkeit, bis Josep, der Taxifahrer, sie zerreißt:

»Herrje, Palanca« – er dehnt den Namen, damit wir begreifen, wer uns einlädt –, »vielleicht solltest du erstmal fragen, ob die überhaupt noch was trinken wollen.«

»Red nicht und stell ihnen ein Glas hin, die Leute aus Barcelona wissen, was sich gehört, die schlagen keine Einladung aus. Ich glaube kaum, dass sie mich beleidigen wollen.«

Und zu uns gewandt: »Hab ich recht, meine Herren?«

Ohne eine Antwort abzuwarten, dreht er sich wieder zur Theke und schnauzt: »Na los, Josep! Glotz nicht so blöd, schenk zwei Gläser Ratafia aus, aber voll bis an den Rand! ... Und ihr? Wie hat euch Tor gefallen, eh? Gut?«

Der Ton hat an Härte verloren und klingt schon normaler. Er sitzt uns immer noch im Rücken an der Theke. Er scheint beinahe über uns zu thronen mit seiner Statur von 1,90 Meter, hoch oben auf seinem Hocker. Ich drehe mich um und mein Gesicht liegt auf einer Höhe mit seinem Knie.

Er trägt braune, ziemlich verschlissene Tuchhosen, Bergstiefel aus Leder, auch braun und alt, ein blauweiß kariertes Hemd und eine hüftlange Jacke, die angesichts der Kälte draußen einen eher dünnen Eindruck macht.

Pol schaut ihn an, dreht sich wieder um und zeigt ihm die kalte Schulter. Ich sitze direkt vor Palanca, sehe ihm ins Gesicht und erwidere:

»Ja, ein nettes Dorf. Und 'ne Menge Schnee da oben.«

Ich sage das, ohne nachzudenken. Ich habe so viel Schlimmes über ihn gehört, dass ich jetzt in seiner Gegenwart annehme, er wird mich gleich beschimpfen oder verprügeln. Das Gespräch ist kurz. Während der Kellner die Gläser vor uns auf den Tisch stellt, fragt Palanca ohne Umschweife: »Und was habt ihr da verloren, in Tor?«

»Wir machen eine Reportage über die Gerichtsverfahren und den Mord an Sansa. Wir sind hochgefahren, um das Dorf zu filmen. Übrigens, Sie sind eine Hauptperson. Wir würden gerne ein Interview mit Ihnen machen, geht das?«

Das ist mir einfach so rausgerutscht. Woher ich den Mut nehme, weiß ich auch nicht. Schon immer war ich ziemlich unverfroren, und irgendwie scheint mir das jetzt der geeignete Augenblick zu sein. Bevor wir nach Tor hochgefahren sind, hatte ich versucht, Palanca aufzutreiben, aber niemand wusste, wo er sich versteckte, und an seinen Stammplätzen hieß es, er sei unauffindbar. »Keine Angst, wenn er will, findet er dich«, wurde mir versichert.

»Ha! Ein Interview! Hör dir den an! Der will ein Interview mit mir!«

Er redet immer noch, als würde er vor einer versammelten Menge stehen, vor einem gefüllten Saal. Da sind aber nur wir beide, Josep, der Schwager aus der Pension Montaña, und er. Die Frauen haben sich bereits zurückgezogen.

Palanca fährt mit seinem Monolog fort. Mit der Zeit ist mir klar geworden, dass er nie zuhört, dass er jedes Gespräch führen muss und von dem, was sein Gegenüber sagt, nur das herauspickt, was ihm gerade passt.

»Ein Interview! Du hast sie wohl nicht mehr alle, was? Du sagst mir jetzt sofort, warum ihr nach Tor gefahren seid und mit wem ihr geredet habt! Also los! Ein Interview, ha!«

»Wie gesagt, wir sind von TV3 und drehen eine Reportage über den Berg von Tor ...«

»Ja, ja, Schluss!«, unterbricht er mich. »Und wer hat dir die Reportage erlaubt? Wer hat dir die Erlaubnis gegeben, eh?« Auf der Suche nach einem Verbündeten schaut er den Kellner an, doch der arme Mann blickt nur Hilfe suchend in die Runde.

»Die aus Barcelona meinen, sie können hier einfach so auftauchen und eine Reportage machen! Als wäre das hier ihr Eigentum! Ha! Reporter! Lügner! Ihr seid alle Lügner!«, brüllt er. »Lügner, das seid ihr! Ha! Ein Interview! Wer hat dich geschickt, eh? Für wen arbeitest du?«

Ich höre ihm zu und werfe gleichzeitig einen Blick auf Pol, der nicht weiß, ob er lachen oder weinen soll, und denke mir, dass sich mit dem Mann nicht vernünftig reden lässt. Mit jeder Sekunde, die verstreicht, spüre ich, dass ich seiner Tirade ein Ende setzen muss, sonst gibt es noch ein Unglück. Aber mir fällt nichts ein und da schreit er schon wieder: »Ihr aus Barcelona glaubt, euch gehört alles!«

Hier kommt mir der Gedanke, wie ich ihn ablenken kann.

»Hören Sie, ich bin nicht aus Barcelona, ich bin aus Lleida.«

Das hört sich zwar wie eine Lüge an, aber er hält trotzdem verdutzt inne.

»Ich bin aus Lleida, und wir wollen nur ein bisschen über den Berg und den Streit darum reden. Sie kennen die Sache am besten, und es wäre schön, wenn Sie uns alles darüber erzählen könnten. Denn wenn Sie darüber berichten, können Sie nicht behaupten, wir würden Lügen verbreiten.«

Ich merke, Palanca ist es nicht gewöhnt, dass man ihm direkt in die Augen schaut und seine Rede unterbricht. Ich habe Glück gehabt. Er beruhigt sich etwas, und seine Stimme ist jetzt viel sanfter: »Ach was! Mir kannst du so nicht kommen! Ha! Ein Interview! Geh zu Sansa, frag den, er soll dir selber sagen, wer ihn ermordet hat! Das will doch keinem in den Kopf: Da bringen sie vor zwei Jahren einen Mann um und noch immer weiß keiner, wer das getan hat! Und die zwei Säufer, die lassen sie laufen! Ich hab ja immer gesagt, dass es hier keine Gerechtigkeit gibt! In diesem Land gibt es keine Gerechtigkeit! Ha! Ein Interview! Und jetzt sagt der Richter, der Berg gehört allen Bewohnern! Typisch!« Palanca redet sich ganz allein in Rage. »Alles Diebe! Diebe! Die wollen mir den Berg klauen, das ist's. Und ihr auch!«

Mit einem Schluck trinkt er seinen Ratafia, knallt das Glas auf die Theke und steht auf. Er zieht die Hose hoch – dabei fällt mir auf, dass er einen dicken Wanst hat –, schaut Josep an und in einem fast majestätischen Ton, so als stünde er vor einer Versammlung, befiehlt er ihm:

»Sag denen, die sollen sich bloß vorsehen. Wenn sie noch mal nach Tor kommen, passiert was. Und sag den Kerlen, die sie hochgefahren haben, dass ich sie mir noch vorknöpfen werde.«

Er dreht sich um und verschwindet, ohne seine oder unsere Getränke bezahlt zu haben.

»Zum Teufel mit Palanca«, denke ich bei mir. Ich schaue Pol an, und dann müssen wir beide lachen, beinahe hysterisch und sichtlich erleichtert.

4

AUF INS VALL FERRERA

Am Ende fiel es uns sehr schwer, die Reportage auf drei Minuten zu verkürzen. Es gibt Geschichten, die lassen sich in dreißig Sekunden erzählen, für andere braucht man einen ganzen Tag. Und die Vorfälle in Tor ließen sich kaum in drei Minuten zusammenfassen. Francino, Sendeleiter der Tagesschau, in der unser Bericht erscheinen sollte, bestand auf strikte Einhaltung des Zeitplans.

»Genau drei Minuten! Keine Sekunde mehr!«

Es gibt Situationen, da würde ich liebend gerne jemandem die Gurgel zuschnüren und ihm ins Ohr pusten: »Drei Minuten, nur drei Minuten und keine Sekunde mehr ...« Stattdessen holte ich tief Luft, drehte mich auf dem Absatz um, marschierte in den Schneideraum und zerpflückte die Story in drei Minuten.

Gesagt, getan – und gesendet. So schlecht kann es nicht gewesen sein, denn am nächsten Tag kam Joan Salvat zu mir. Salvat ist der Chefredakteur von »30 Minuts«, dem Kronjuwel von TV3, und er sollte gleich dafür sorgen, dass mein Leben noch komplizierter wurde:

»Hör zu, ich hab die Story über Tor gesehen. Meinst du, das gäbe Material für eine Dreißiger?«

Salvat ist ein Hüne, größer noch als Palanca, aber nicht so ein Kraftprotz. Sein Gesichtsausdruck ist treuherzig, sein Tonfall klingt nach Sonntagspredigt. Er redet wenig. Wahrscheinlich ist das nötig, um sich zwanzig Jahre am Steuer einer der besten und schwierigsten Fernsehsendungen halten zu können. Wie der Name der Sendung besagt, dauern die Reportagen in diesem Programmplatz eine halbe Stunde, und in unserem Jargon heißen sie »Dreißiger«.

Ich war tatsächlich angenehm überrascht, dass Salvat höchstpersönlich aus der ersten Etage in die Nachrichtenabteilung, die Galeeren, herunterstieg, um mir eine Reportage über den Berg von Tor anzubieten. In dem Augenblick sah ich nur die positive Seite. »Ja, klar, in einer halben Stunde könnte ich die Sache angemessen schildern.«

Ich sagte: »Sicher, für eine Dreißiger und vier weitere dazu! Aber es gibt da ein Problem, die Leute dort oben sind ziemlich seltsam und wollen nicht mit uns reden.«

»Na, überlegt's euch. Wenn's klappt ... super.«

Unsere Equipe bestand wie gehabt aus Pol und mir. Dazu stieß Pepe, die Gelassenheit in Person. Der wäre ohne Weiteres imstande, Palanca die Kamera direkt vor die Nase zu halten, ohne bleibende Schäden davonzutragen – weder er noch die Kamera.

Das war Mitte Januar 1997.

Normalerweise sind die Leute begeistert, wenn man sie um ein Interview bittet, das sie ins Fernsehen bringt. Was Tor betrifft, hänge ich schon seit einer Woche am Telefon und habe noch keinen, nicht einen einzigen der Beteiligten überreden können, vor die Kamera zu treten. Sie weigern sich nicht nur, viele legen einfach den Hörer auf. Natürlich kann ich zur Not auf die Rechtsanwälte zurückgreifen, aber das ist nicht dasselbe. Für eine ausführliche Reportage, einen Dokumentarfilm, braucht man die Hauptpersonen. Die Anwälte wissen, wie bekannt die Sendung ist, für die ich recherchiere, und versuchen mir zu helfen, aber ihre Mandanten spielen nicht mit. Eine schöne Bescherung! Da bleibt nur ein Ausweg: das Telefon vergessen und die Leute persönlich aufsuchen. Auf ins Vall Ferrera, zu meinem Zimmer in der Pension Montaña von Alins. Und das Ende Januar!

Die Hauptpersonen meiner Geschichte verbringen den Winter verstreut in den Dörfern der beiden katalanischen Verwaltungsbezirke Pallars Sobirà und Pallars Jussà. Bevor wir uns dorthin begeben, könnte es nicht schaden, mit den amtierenden und ehemaligen Bürgermeistern zu sprechen, um die offizielle Version über Tor zu erfahren und die Hintergrundfakten aufzuarbeiten.

5

EINE KURZE GESCHICHTE VON TOR

Am Ende des 19. Jahrhunderts lebten in Tor dreizehn Familien mit vielen Kindern und ein paar Knechten. Das Dorf zählte insgesamt hundertfünfzig Seelen.

1889 trat der Código Civil, das Bürgerliche Gesetzbuch, in Kraft. Es war die Mutter der Gesetze und sollte Spanien und seine Gewohnheiten von Grund auf ändern. Bisher und vor allem im Hinterland galt das Wort mehr als ein Stück Papier. In Tor betrat niemand das Grundstück eines anderen, auch wenn die Grenzen nicht schriftlich festgelegt waren. Jeder wusste, wo die Grenzen der Anwesen verliefen, und es waren die Alten, die das Sagen hatten. Natürlich gab es auch Register und Notare. Die Notare besaßen großen Einfluss. Was der Notar anordnete, galt mehr als das Wort Gottes (und damals hatte Gott eine Menge zu sagen). Tor gehörte zum Notariat von Tírvia. Tírvia war größer und vergleichsweise leicht zu erreichen, es lag in einer weniger unwirtlichen Gegend und näher an der Zivilisation. Der Notar, Hermenegildo Danés y Colldecarrera, war angesehen und stand in gutem Einvernehmen mit den Alten von Tor. Er selbst warnte sie, dass ein gefährliches Gesetz im Anmarsch sei und sie ihren Grund und Boden eintragen lassen müssten. Die Lokalpotentaten von Tor hielten damals noch zusammen wie Pech und Schwefel und regelten die Angelegenheit im Handumdrehen.

Am 14. Juli 1896 gründeten sie die Gesellschaft der Miteigentümer des Berges von Tor, deren Statuten noch auf Spanisch formuliert waren. Man wollte verhindern, dass mit Inkrafttreten des Código Civil das Dorfleben und die gemeinsame Nutzung des Berges, vor allem die Weide- und Forstwirtschaft, beeinträchtigt würden.

Es gibt auch solche, die behaupten, dass die Alten von damals die Gesellschaft gründeten, weil sie den Jungen misstrauten und befürchteten, der neue Kodex und die neuen Zeiten würden den Berg in Parzellen zerstückeln und die jungen Hitzköpfe würden ihre Anteile an Fremde verkaufen. Deshalb bestimmte der Vertrag, dass die dreizehn Lokalpotentaten die Gesellschafter waren und zusammen die Eigentümer des Berges und somit von 4800 Hektar Land. Sie wurden »zu gesamter Hand Miteigentümer des Berges von Tor«. In den Statuten legte der gewiefte Notar gemeinsam mit den Alten fest: »Voraussetzung dafür, dass die derzeitigen Eigentümer, sowie später ihre Rechtsnachfolger, berechtigt sind, ihren unteilbaren Anteil zu behalten, ist, dass sie Einwohner von Tor und Familienvorstand sind und ihr Eigentum und ihren ständigen Wohnsitz vor Ort haben.«

Damals hätte niemand gedacht, dass eine so leicht erfüllbare Bedingung ein Jahrhundert später zur Tragödie führen würde.

Als ich mit Pol und Pepe ins Gebirge von Pallars fahre, um Aufnahmen für die »30 Minuts« zu machen, halten wir in Sort an, weil wir das Schriftstück im Amtsgericht einsehen und vielleicht filmen wollen. Sort ist die Kreishauptstadt der katalanischen Camarca Pallars Sobirà. Noch lange Zeit danach sollte ich mich an den Grundbuchbeamten und seine bezaubernde Sekretärin erinnern.

Ich bin überzeugt, dass das Grundbuch frei zugänglich ist und ich es problemlos einsehen kann. Forsch verlange ich das Verzeichnis von Tor. Die Frau, die mich bedient, klärt mich auf: »Tut mir leid, zuerst müssen Sie bei unserem Vorgesetzten die Erlaubnis einholen.«

»Warum? Ist das wirklich nötig? Ich will ja nur einen kurzen Blick in das Buch werfen.«

»Tja, es ist nur so, dass wir der Presse das Verzeichnis nicht zur Verfügung stellen dürfen.«

»Ich dachte, das Register wäre öffentlich, und jeder, also auch ich, könnte es einsehen.«

»Der Chef hat uns verboten, der Presse Einblick in die Bücher zu geben.«

Ich denke: »Das wird so ein Bürohengst sein, der sich wichtig nimmt, vielleicht ist er auf Beförderung aus und lässt sich bitten. Kein Wunder, Sort ist ein Dorf mit 1500 Einwohnern, ohne eigene Zeitungen, zwei Stunden von Lleida und über drei Stunden von Barcelona entfernt. Journalisten kommen hier nur alle Schaltjahre vorbei.«

Und ich sage, jetzt auf Spanisch: »Hören Sie, und wenn ich kein Reporter wäre, sondern jemand, der den Berg kaufen möchte, was dann?«

»Schon besser! In dem Fall zeige ich Ihnen die Bücher!«

»Na wunderbar!«

Und schon liegen sie vor mir.

Aber etwas Besonderes kann ich darin nicht finden. Namen, Daten und eine Reihe Zwangshypotheken wegen nicht bezahlter Steuern. Die Sache lief immer gleich ab: Jahrelang zahlte keiner Steuern, schließlich griff einer tief in die Tasche, die Hypothek wurde gelöscht und wieder vergingen Jahre, ohne dass jemand Steuern bezahlte. Wieder kam es zu einer Belastung und so weiter und so fort. Alle Vermerke datieren aus der Zeit nach 1950. Daraus lässt sich schließen, dass es den Dorfbewohnern vom Jahr der Eintragung ins Grundbuch an, also 1896, bis nach dem Krieg gut ging.

Einer der einflussreichen Männer aus dem Landkreis, dessen Eltern als Briefträger auch für Tor zuständig gewesen waren, erzählt mir, dass Tor vom Ende des 19. bis in die dreißiger Jahre des 20. Jahrhunderts zu den reichsten Dörfern der Pyrenäen gehört hatte. Damals wurde der Reichtum in Stück Vieh gemessen, und von Tor hieß es, dass die Luft dort »den Tieren himmlisch gut und den Leuten höllisch schlecht bekäme«. Aufgrund der ausgezeichneten Weidemöglichkeiten und der klimatischen Bedingungen im Frühling und Sommer gediehen die Tiere prächtig, und weil die Bauern einen großen Vorrat an Grünfutter anlegen konnten, hatten Kühe und Maultiere den ganzen Winter über genug zu fressen. Jeder, der einen guten Maulesel wollte, kaufte ihn in Tor. Und dafür musste man einen stattlichen Preis zahlen.

Die Sansas zum Beispiel besaßen rund dreißig Kühe, ein Dutzend Maulesel und hundert Schafe. Ein richtiges Vermögen. Auch die beiden anderen Lokalpotentaten von Tor waren nicht schlechter gestellt.

Immer schon hatte es in Tor drei führende Familien gegeben und damit drei Dorfvorsteher: die Sansas, die Palancas und die Cerdàs. Diese Namen sind seit dem 13. und 14. Jahrhundert verbürgt und haben sich bis zum heutigen Tag erhalten. Die anderen Familien waren zwar angesehen, aber nicht so mächtig. Viele der Männer verdingten sich bei den drei großen Höfen als Knechte, und manche Frau verrichtete bei den Dorfvorstehern Hausarbeiten. Es ist nicht überliefert, dass es in Tor zu Lebzeiten der Alten Streitigkeiten gegeben hätte. Der alte Sansa, Francesc Montané Cirés, der Großvater des Ermordeten, wurde am 5. November 1930 beerdigt. Die alten Familienchefs vererbten den Söhnen den Grund und Boden. Der nächste Sansa, Pedro Montané Doria, starb am 8. Juli 1954. Er hatte sieben Kinder: Teresa, Sisquet, Rosalia, Josep, Rosendo, Miquel und Alejandro. Teresa und Rosalia hatten als Mädchen keinen Erbanspruch. Sisquet erregte den Zorn des Vaters, als er sich in ein Mädchen verliebte, das dem Alten missfiel. Also rückte Josep Montané Baró als Erbe nach. Ein Jahr vor seinem Tod machte der Vater ein Testament. Er verpflichtete den Erben, dem Studiosus der Familie, Miquel, die Ausbildung zu bezahlen, und insgesamt 15 000 Peseten an die restlichen Kinder. Miquel wurde Gemmologe.

Nach dem Krieg brachten die Erben, der Hunger und ein allgemeiner Mentalitätswandel Veränderungen ins Dorf.

Der Winter war die Hölle. Die ersten Schneefälle schnitten das Dorf sechs oder sieben Monate völlig von der Außenwelt ab. (Früher soll es da oben noch mehr geschneit haben.) Auch heute gibt es auf dem Berg weder Telefon, Elektrizität noch fließendes Wasser. Für das Handy fehlt der Netzzugang, und wer nachts Licht will, muss Campinggas benutzen oder kleine Generatoren, die ein paar Stunden für Helligkeit sorgen. Wie schon im 19. Jahrhundert bestimmt die Sonne den Lebensrhythmus.

Die Bewohner von Tor hatten die Jahre des Überflusses genutzt. Ein gutes Beispiel für ihren damaligen Wohlstand ist die Tatsache, dass sie gemeinsam einen Dorflehrer anstellten, der während des Winters vor Ort wohnte und die Kinderschar unterrichtete – ein Luxus, den sich nur wenige Dörfer im Tal leisten konnten. Das Leben stand ganz im Zeichen der Gemeinschaft. Hinzu kam, dass die Leute eine Menge landwirtschaftlicher Produkte und Fleisch besaßen, womit sie den Eigenbedarf deckten und nichts zukaufen mussten. Damit gehörte man damals zu den reichen Leuten. Aber nach und nach geriet der Friede ins Wanken. In der Nachkriegszeit, als die meisten Alten gestorben waren, begannen die Wohlhabenden, ihre Kinder jeweils im Herbst nach Alins zu bringen, dem größten Ort im Tal. Sie brachten sie im Haus eines Verwandten oder Freundes unter, der im Gegenzug seine Kühe auf ihren Weiden grasen lassen durfte oder mit Nahrungsmitteln, Futter oder Vieh entgolten wurde. Die Kinder gingen zur Schule und lebten bis zum Frühling im Tal. Was wir heute für normal halten, wurde damals von vielen Leuten in Tor als Verrat angesehen. Was hatten die sich eigentlich dabei gedacht, die Kinder ins Tal zu schaffen? Der erste Neid kam auf. Ebenfalls neidisch blickte man auf den Erben vom Hof Palanca, der gegen den Wunsch seines Vaters eine Frau aus Alins heiratete und später sogar dorthin zog. Aus lauter Wut enterbte ihn sein Vater und vermachte alles dem jüngeren Sohn, Vicenç, der zwar auch nach Andorra gezogen war, aber in besserem Einvernehmen mit dem Alten stand. Der Enkel, Jordi Riba Segalàs, genannt Palanca, der Sohn des Enterbten, bekam die Folgen des vermeintlichen Verrats ebenfalls zu spüren. Er wurde nämlich – man höre und staune – in die Maristenschule nach Lleida geschickt! In die große Provinzhauptstadt! Das löste bei den anderen erst recht Hass und Missgunst aus, und sie machten all den Fortgezogenen ihren Austritt aus der Dorfgemeinschaft zum Vorwurf und sprachen ihnen ihr Anrecht auf den Berg ab. Der junge Palanca zeigte früh, dass ihm Tor im Blut und in seiner wilden Natur lag. Er ging nur zwei Halbjahre in die Schule, zwei Winter, aber in den Augen der anderen, insbesondere für den wenige Jahre jüngeren Sansa, war das lange genug, um in Tor als Fremder zu gelten und damit den Anspruch auf den Berg zu verlieren.

Diese kleinen Feindseligkeiten und Eifersüchteleien setzten beinahe unbemerkt ein, verstärkten und häuften sich. Jetzt, da ich den Fall gut kenne, zweifle ich daran, dass eine Chance auf Versöhnung besteht, solange die Betroffenen leben.

6

SCHMUGGLER

Nachdem wir schon zwei Wochen recherchiert hatten, lernten wir eine junge Frau kennen, die als Korrespondentin für eine Tageszeitung aus Barcelona arbeitete. Wir begegneten ihr in einer Kneipe mit Disco und Kegelbahn in Rialp und unterhielten uns über Tor und die Gegend von Pallars. Es war schon spät, Pepe und ich tranken ein letztes Gläschen Ratafia und fuhren los. Pol würde von der jungen Frau nach Alins gebracht werden. Eine Stunde später, als ich gerade eingeschlafen war, rüttelte Pol mich wach. Er sah aus, als wäre ihm der Leibhaftige begegnet.

»Mann, was ist los? Was machst du für ein Gesicht?«

Die beiden planten noch einen Abstecher nach Tírvia zu machen, aber gerade als sie die kleine, schmale Brücke über den Fluss Noguera de Vallferrera passieren wollten, wären sie fast von einem Range Rover gerammt worden, der mit Höchstgeschwindigkeit aus einem Seitenweg geschossen kam. Es war ein Wunder, dass ihr Peugeot 205 nicht in den Fluss stürzte, und Sekunden später, noch ganz benommen und entgeistert, sahen die beiden vierzehn weitere Fahrzeuge ohne Licht und in rasendem Tempo über die Straße brausen.

»Schmuggler!«

Sie befanden sich an einem strategisch wichtigen Punkt der Tabakroute zwischen Andorra und Pallars, dort, wo die Schieberkolonne für gewöhnlich versteckt hinter einem Pappelwäldchen wartet, bis das Führerauto ihnen grünes Licht gibt, was bedeutet, dass keine Guardia Civil in der Nähe ist. Der Anblick der vierzehn Wagen – alles Range Rover, alle rappelvoll mit Tabak, sogar der Beifahrersitz – hatte Pol einen mächtigen Schrecken eingejagt, und jetzt war er sauer, weil er die Kamera nicht dabei gehabt hatte und ihm eine tolle Szene durch die Lappen gegangen war.

Das war nicht das letzte Mal, dass wir den Schmugglern begegnen sollten.

Die strategisch günstige Lage von Tor an der Grenze zu Andorra hatte den Schmuggel dort zur Tradition werden lassen. Ende des 19. und Anfang des 20. Jahrhunderts schmuggelte man Gold oder Tiere. Während des Bürgerkriegs und in der Nachkriegszeit waren ganz unterschiedliche Waren im Umlauf. Juden sollen vor den Nazis nach Andorra geflohen und weiter über Tor nach Spanien gekommen sein. Mit dem wirtschaftlichen Aufschwung Andorras in den siebziger und achtziger Jahren wurde Tor zum wichtigen Umschlagplatz für Waren aller Art, was in nicht geringem Maße dazu beitrug, dass die Gegend um einiges unsicherer wurde.

Die Schmuggelstrecke über Tor ist deshalb so günstig, weil auf der andorranischen Seite die Straße sehr gut asphaltiert und sieben Meter breit ist und bis zur spanischen Grenze führt, bis zum Port de Cabús. Außerdem ist das spanische Umland schwer zu kontrollieren, denn es gibt viele Forstwege und lange Jahre patrouillierten dort nur wenige, schlecht bezahlte und somit leicht bestechliche Polizisten.

Wenn man die Leute der Gegend fragt, ob sie glauben, der Schmuggel hätte etwas mit dem Tod von Josep Montané, Sansa, zu tun, meinen einige, dass Sansas Temperament die Schmuggler nicht selten in Rage gebracht hätte. Das Gleiche gilt für Palanca. Beide sahen sich als die Gebieter über die Wege, und je nachdem, wie sie gerade gelaunt waren, legten sie Steinbrocken und Baumstämme auf die Fahrbahn, um die Wagenkolonne aufzuhalten. Notgedrungen mussten die Schmuggler mit dem jeweiligen Gebieter verhandeln, der gleich hinter dem Hindernis saß. Es heißt, Sansa sei ein härterer Unterhändler gewesen. Das kann man sich leicht vorstellen: »Verdammt, Sansa, lass uns durch! Du hast erst vor Kurzem zwei Flaschen JB und vier Stangen Winston gekriegt. Und gestern hast du die Portugiesen gratis durchgelassen.«

»Halt's Maul! Ihr wisst genau, dass das meine Straße ist, und wie man sieht, hat die mich ein Heidengeld gekostet. Ihr benutzt sie oft, macht sie kaputt und ich muss den Schaden reparieren.«

»Hombre, Señor Sansa, darüber lässt sich doch reden. Dann schicken wir eben eine Maschine hoch, die alles wieder in Ordnung bringt. Lass uns jetzt durch, es wird spät, sonst kriegen wir Scherereien.«

»Deine Scherereien interessieren mich einen Scheiß! Immer dieselbe Leier, du machst hier den Reibach und ich guck in die Röhre, verdammt noch mal!«

»Was willst du, Sansa? Geld? Morgen bring ich dir 5000 Peseten, und dann lässt du mich und meine Jungs den ganzen Sommer passieren, einverstanden?«

»5000! Was zum Teufel soll ich mit 5000? Du willst mich wohl verarschen, was? Du bist doch der Galicier, oder? Erst neulich bist du hier vorbei. Und tolle Autos sind das. Was ist das für 'ne Marke?«

»Range Rovers. Das sind die besten, Señor Sansa, weil sie hoch sind und viele Stangen reinpassen.«

»Donnerwetter, die sehen stabil aus.«

»Hombre, sí, aber die Wege hier machen alles kaputt. Stabil sind die schon, aber auch schnell ramponiert.«

»Also gut, pass auf. Ich lass dich durch, unter einer Bedingung. Wenn die Saison vorbei ist, gibst du mir einen Wagen, abgemacht?«

»Mach mal halblang, Señor Sansa, die Kisten sind sauteuer.«

»Da hast du's, wir kommen nicht ins Geschäft. Wenn ich daran denke, was mich der Weg gekostet hat, eh? Verdammter scheiß Galicier! Glaubst du, der war gratis? Gleich steht mir die Kacke bis zum Hals und dann lass ich keinen von euch mehr durch!«

»Okay, Señor Sansa, immer mit der Ruhe. Ich hab mir's überlegt. Wir können zeitweise ein Auto hier lassen und in der nächsten Saison holen wir's wieder ab. Sí?«

»Siehst du, alles halb so wild. Verfluchte Bande! Ihr geht mir ganz schön auf den Sack! Macht, dass ihr weiterfahrt, aber denk an unsere Abmachung, eh?«

»Sí, Hombre, claro, und du stellst dich meinen Konvois nicht mehr in den Weg, versprochen?«

»Jetzt zieht schon Leine ... und bestell deinen Kumpanen, die sollen sagen, sie gehören zum Galicier, dann wird's keine Probleme geben.«

Doch schon am nächsten Tag hatten Sansa und die Schmuggler die Abmachung vergessen, und bestenfalls konnte er ein paar Flaschen oder Zigaretten aushandeln. Tatsache ist, dass er einen Großteil, wenn nicht das ganze Familienvermögen, für den Bau der Straße von Tor bis Andorra verwendete. Sein Traum war, eine schnellere Verbindung zum Fürstentum zu schaffen als die von Tor nach Alins. Für ihn war Alins immer »unten«, da stritt er sich mit allen und jedem. Andorra war »oben« und es gab dort nur gescheite Leute, denn die waren steinreich und hatten es zu etwas gebracht.

Die Bürgermeister der Umgebung und der Kreistag von Lleida hatten ebenfalls mit dem unsicheren Gebiet um Tor und den merkwürdigen Interessenkonflikten zu kämpfen.

Jahrelang hatte man versucht, den Berg zu enteignen und eine feste Verbindungsstraße zwischen dem Vall Ferrera und Andorra zu bauen. Ende der achtziger und Anfang der neunziger Jahre war von vier Milliarden Peseten die Rede, um den Berg zu enteignen und den Straßenbau zu finanzieren. Die Regierung von Andorra zeigte sich gleichfalls interessiert, weil dadurch ein dritter Grenzübergang zustande kommen sollte, der die zwei bestehenden, die oft überfordert waren, hätte entlasten können. Aber offenbar haben sich etliche der großen andorranischen Familien dem Projekt widersetzt. Es heißt, die katalanischen Behörden hätten Abstand von dem Plan genommen, als sie herausfanden, dass französische Unternehmer und ein Abgeordneter der andorranischen Regierung nach Grundstücken in der Gegend suchten, um auf der Seite des Fürstentums große Einkaufszentren und im Grenzgebiet von Pallars eine »Schlafstadt« für die Arbeiter zu errichten.

7

DIE HIPPIES

In Tor klapperte ich ein Haus nach dem anderen ab, suchte vor allem die Leute mit einem direkten Bezug zu den Vorfällen auf. Nach und nach hat sich meine Hartnäckigkeit bezahlt gemacht, und es gelang mir, ihr Vertrauen zu gewinnen. Ich wollte die Zeit noch anderweitig nutzen und jemanden auftreiben, der mir über den Mord an Sansa etwas erzählen könnte. Dabei dachte ich besonders an die Hippies, die sich im Sommer 1995 in Tor aufgehalten hatten, und den Polizeileutnant, der den Abtransport von Sansas Leiche beaufsichtigt hatte. Dieser lebte noch in Llavorsí und machte einen sympathischen Eindruck. Als Erstes begab ich mich auf die Suche nach den Hippies – weiß der Himmel, warum die so genannt wurden, denn mit dem Slogan »Make Love Not War« hatten die Typen nichts am Hut – und musste dafür Pubs und Kneipen im Landkreis durchstöbern, weil sie dort die Wintertage verbrachten. Einige befanden sich sogar in Barcelona, im Bleiss, einer Kultkneipe. Es war Anfang Februar, und sie waren noch nicht nach Tor zurückgekehrt. Später redete ich mit den Hippies am Tatort, und einer ihrer Hunde verpasste mir bei der Gelegenheit einen Biss in die Wade.

Keiner weiß warum, aber Tor hat immer schon eine Menge seltsamer Leute angezogen, Menschen, die vor der Justiz flüchteten, Aussteiger, Drogenabhängige auf der Suche nach einem Luftwechsel oder Typen, die einfach die Nase voll hatten, loszogen und irgendwann im hintersten Winkel der Welt landeten. Wahrscheinlich, weil Tor der letzte Ort war, an dem man sie suchen würde, und weil die Guardia Civil viele Jahre hindurch so gut wie nie dort vorbeikam. Die Neulinge wurden von den Einwohnern als Hippies bezeichnet, egal was sie dachten, rauchten oder wie sie sich anzogen. Sie lebten von der Hand in den Mund und arbeiteten nur fürs Essen. Fast immer waren es Sansa oder Palanca, die ihnen erlaubten, ihre Bordes (so nennt man in den Pyrenäen Hütten aus Stein) zu benutzen, denn dadurch hatten sie Gesellschaft. Weder der eine noch der andere hatte Freunde oder Beziehungen zu den Ansässigen, und so wurden die Hippies für einen Lagerplatz in den Bordes und manchmal ein Stück Fleisch oder etwas Alkohol zu ihren Gefolgsleuten bei ihrem Kampf um den Berg. Die geheime Absicht, die hinter dieser Gastfreundschaft steckte, war, dass sie jemanden hatten, der oben »das Feuer in Gang hielt«, und sie sagen konnten, dass sie vor Ort wohnten. Denn nur so waren die Bedingungen des Gesellschaftsvertrags erfüllt.

Im Juli 1995 lebten sehr viele Hippies in Tor. Sie lagerten in den Bordes auf der Wiese Pleià. Diese liegt zwei Kilometer vom Dorf entfernt in Richtung Andorra und gehörte damals Sansa. Viele lebten schon dort, noch bevor im Februar das Gerichtsurteil Sansa zum Alleineigentümer erklärte, und noch Jahre später kamen sie her. Im Juli, als der Mord geschah, waren sie jedenfalls sehr zahlreich. Als ihre Anführer galten Mont und seine Freundin Marli, ein Ganovenpärchen, das sogar von den Hippies als Verbrecher und Schmarotzer betrachtet wurde. Wie die Geier lagen sie auf der Lauer und hofften immer, irgendeine Beute zu machen.

Den meisten Hippies war die Geschichte von der Miteigentümergesellschaft bekannt, aber Genaueres wussten sie nicht, und die Mehrheit kannte nur Sansas Version. Er hatte ihnen immer erklärt, dass er allein Anspruch auf den Berg habe, dass er der Einzige sei, der das ganze Jahr über in Tor lebte, und damit als Einziger das ganze Jahr über »das Feuer brennen hatte«. Das stimmte zwar nicht, aber es war auch nicht gelogen. Sansa, unverheiratet und ungesellig wie ein Bär, verbrachte mehr Zeit in Tor als die anderen, denn wenn es ihm gerade einfiel, fuhr er selbst bei meterhohem Schnee ins Dorf hoch und wohnte dort eine geraume Zeit allein. Aber seit den sechziger Jahren machten es Sansa und seine Familie wie die anderen auch, das heißt, sie verbrachten einen großen Teil des Jahres im Tal. Niemand wohnte im Winter in Tor. Die Sansas kauften sich ein Haus »unten« in Araós, näher bei den Menschen. Besser gesagt, sie kauften sich, was man eine »Winterresidenz« nennen kann. In dem Haus unten hatten nur bestimmte Familienmitglieder Kleidung im Schrank, denn Sansa – von der Familie Pepe genannt – blieb in Tor, damit das Feuer nicht ausginge und um die Anrechte auf den Berg zu bewahren. Das ist die offizielle Version. Tatsächlich kam auch Sansa den Winter über hinunter nach Araós. Aber sobald er witterte, dass es ein paar Tage gutes Wetter geben würde, machte er sich selbst bei viel Schnee auf nach Tor und blieb so lange, wie die Vorräte reichten. Es heißt, dass er nicht selten blau gefroren in Alins ankam, und zwar immer dann, wenn es viel geschneit oder er die letzten Krümel Brot verzehrt hatte. Und es heißt auch, dass er häufig einen Hund dabei hatte und dass Hund und Mann bis nach Andorra hinaufstiegen. Dafür schlüpfte er in normale Schuhe, an die er mit Draht ein paar alte, abgenutzte Skier befestigte, schnürte sich den Hund auf den Rücken und marschierte über den Pass von Cabús. Und dann legte er noch den ganzen Weg bis Andorra zurück. Im Sommer dauert dieser Marsch bei gutem Wetter und Weg viele Stunden. Im Winter braucht man dafür einen ganzen Tag. Sansa – so wird berichtet – machte die Reise in ein paar Stunden. Es kam vor, dass er den Hund und die Skier am Dorfrand von Pal abstellte, und das arme Tier musste warten, bis Sansa zurückkehrte. Geschichten wie diese – ob sie nun wahr sind oder nicht – haben aus ihm eine Art Legende gemacht.

Und Legenden gibt es eine ganze Menge in Tor.

Die Sansas sollen, als sie sich entschlossen, nach Araós überzusiedeln, alles Gold und Silber, das sie während langer Jahre angehäuft hatten, auf die Maultiere geladen haben, so erzählt man. Die armen Tiere hätten dermaßen viel schleppen müssen, dass sie, am Ziel angelangt, tot zusammenbrachen. Wenn man sieht, wie Sansa und seine Familie gelebt haben, kann man sich das kaum vorstellen. Sobald man in allen Tälern von ihnen sprach, wurden auch die Sansas zur Legende wie viele große Pyrenäenfamilien. Sie konnten machen, was sie wollten, ihre Fehler und Tugenden wurden in den Augen der anderen nur noch immer mehr. Auch die Hippies bildeten keine Ausnahme. Für sie war Sansa eine Art Guru, ein unsterbliches Wesen. Hinzu kam, dass seit dem Gerichtsurteil vom Februar 1995, das Sansa zum Alleineigentümer erklärt hatte, das Gerücht umging, er sei Multimillionär. Es wurde behauptet, er habe einen Schatz irgendwo auf dem Berg vergraben. Andere wiederum erzählten, er wisse, dass es auf dem Berg Gold gibt und dass er sich deswegen so für den Berg interessiere. Wieder andere, die bestimmt bekifft waren, meinten, er hätte den ganzen Berg verkauft und das Geld vergraben.

Unter den Hippies gab es zwei, die eine besondere Rolle spielen sollten: Gregori und Olivella. Gregori, weil er der Älteste und Intellektuellste war. Er kam schon länger als seine Kumpanen nach Tor und besaß zudem Sansas vollstes Vertrauen, was sich daran zeigte, dass er als Einziger in dem sagenhaften Haus der Sansas in Tor ein und aus ging. Laut Gregori kam das Unglück über Tor an dem Tag, als das Dach der Einsiedlerkapelle des Heiligen Ambrosius einstürzte, eines kleinen westgotischen Baus in unmittelbarer Ortsnähe.

Der andere, Olivella, war Sansas Leibwächter. Keiner wusste, wie er es geschafft hatte, aber Tatsache ist, dass er sich das Recht erworben hatte, unter einem Dach mit Sansa zu wohnen, vor allem seit dem Urteil von Tremp. Gregori wurde von allen geachtet, wohingegen man vor Olivella Angst hatte. Er wurde Skin genannt, weil er die Haare sehr kurz trug und schnell zum Prügeln aufgelegt war. Er hielt alle Welt in Schach, und nicht selten geriet er selbst mit Sansa in Streit. Dabei handelte es sich um lautstarke Auseinandersetzungen, die genauso schnell vorbei waren, wie sie angefangen hatten. Morgens lagen sie sich in den Haaren, und zwei Stunden später fuhren sie gemeinsam nach Barcelona. Seitdem der alte Sansa Eigentümer des Berges war, fuhr er oft nach Barcelona, und immer nahm er Olivella mit. Die Hippies erinnern sich, dass es im Sommer 1995, wenige Tage vor dem Mord an Sansa, zu einem besonders heftigen Streit zwischen den beiden gekommen war. Sansa verbot Olivella, den Boden seines Grundstücks auch nur anzurühren oder Löcher zu graben, und zuletzt hatte er sogar gedroht, ihm mit der Axt den Schädel zu spalten. Obwohl Morddrohungen in diesem Haus gang und gäbe waren, merkten die Hippies, dass es Sansa an jenem Tag bitterernst war. Wer eins und eins zusammenzählen konnte, dem bewies dieser Streit, dass Sansa etwas unter seinem Haus vergraben hatte. Die Veteranen hingegen waren der Ansicht, dass sich Olivella zu viel herausgenommen hatte und dem Alten der Kragen geplatzt war. »Der Drecksskin wird noch sein blaues Wunder erleben«, dachten sie und lachten sich ins Fäustchen.

8

SANSA DER GURU

Wie schon erwähnt befanden sich die Bordes de Pleià zwei Kilometer oberhalb von Tor in Richtung Andorra und waren Sansas Privatbesitz. Die Hütten und das angrenzende Land gehörten nicht der Gesellschaft der Miteigentümer. Dieser Ort war der helle Wahnsinn. Auf dem Weg zu der Wiese, gleich hinter dem Fluss, lagen ein paar Baumstämme, auf denen »Camping Sansa« stand, und an einer ziemlich hohen Tanne waren drei Wegweiser angebracht, die in Richtung »Andorra«, »Tor« und »Sansas Hütten« zeigten. Die Hütten standen gleich dahinter. Wie ein Totem steckte auf einem Pfahl ein Kuhschädel mit Hörnern. An dieser Stelle hatten Sansa und drei Veteranen – er nannte sie seine »Gesinnungsgenossen« – aus langen dünnen Stangen drei Kreuze errichtet, wie auf dem Kalvarienberg.

»Ein Kreuz für jeden Toten!«, antwortete Sansa auf die neugierige Nachfrage der Leute, die dort vorbeigingen, meistens Touristen, die aus Andorra kamen oder dorthin wollten und die es wagten, stehen zu bleiben und zu fragen. Und er fügte hinzu: »Zwei sind für die Toten von 1980. Das dritte Kreuz ist für den, der noch fehlt.«

Zwischen den beiden Hütten waren gut zwei Dutzend Pfähle in die Erde gerammt und an ihren Spitzen vertäut wie für ein Tipi. Das war Sansas Erfindung. Die Pfähle waren um ein Lagerfeuer angeordnet, und zuoberst war eine Kette befestigt, an die man einen Kochtopf hängen konnte.

Im Sommer 1995 lebten in den Bordes – zwei schäbige Hütten aus Holz und Steinen – mehr Leute denn je. Seit Sansa der alleinige Eigentümer des Berges war, wurde jeder Herumtreiber, der durch Tor kam, durch irgendein Versprechen zum Bleiben überredet. Sansa umgab sich gern mit Leuten. Er tischte ihnen eine Geschichte auf, lud sie auf eine Paella ein und versprach ihnen eine Parzelle des Berges oder Aktien aus dem Geschäft, wenn sie sich dort niederließen.

Das Geschäft war jeden Tag ein anderes und wurde umso bedeutender, je mehr Wein er getrunken oder Joints er gerade geraucht hatte. Seine Versprechen hielt er nie. Sie purzelten nur so aus ihm heraus, immer wenn er den Mund aufmachte, und das tat er andauernd. Aber er hörte nicht zu. Nur manchmal stellte auch Sansa eine Frage und erwartete eine Antwort, nämlich wenn er mit einer Frau sprach. Ansonsten gab er die Antworten für die anderen. Mit seinen Versprechungen verärgerte er alle, zumal er allen denselben Handel vorschlug und jedem dieselbe Parzelle anbot, und da sie natürlich untereinander schwatzten, fühlten sie sich von dem Alten hintergangen.

Trotzdem wurde Sansa von den Hippies geachtet, ja sogar gefürchtet. Sie hielten ihn für zu allem fähig und kannten seine tyrannische Ader. Wenn ihn die Wut packte, warf er sie aus den Hütten, und damit war der Sommer gelaufen. Im Grunde kam den Herumtreibern ein Anführer gerade recht, der ihnen eine Bleibe gab, mal als Richter fungierte, ihnen Geschichten erzählte und eine Zukunft verhieß. Viele waren dabei gewesen, wie er mit den Schmugglern und sogar mit der Guardia Civil herumgestritten hatte. »Der ließ sich nicht unterkriegen«, sagten seine Hippies.

Am 30. Juli, einem Sonntag, machten zwei der Hippies, Boro, auch Peroles genannt, und Xavi, eine Tour durchs Dorf. Dabei war der Kalendertag unwichtig, denn da oben wurde die Zeit einzig und allein von der Sonne bestimmt. Die zwei hatten keinen Céntimo in der Tasche und suchten in Tor etwas zu essen. Sisqueta, eine der alteingesessenen Dorfbewohnerinnen, die zeitlebens in Tor gewohnt hatte und eine Art Wirtschaft für Touristen auf der Durchreise betrieb, traute ihnen nicht mehr, und deshalb begaben sie sich zum Haus des Chefs.

In der Hoffnung auf ein Stück Käse oder etwas Brot verschafften sie sich Eingang. Xavi hielt draußen Wache, zusammen mit den Hunden. Die Hippies hatten ganz Tor mit Hunden überschwemmt, alles Mischlinge, kunterbunt, wild und schmutzig. Arme Viecher.

Boro stieg durch ein Hinterfenster in Sansas Haus ein. Das war nicht das erste Mal. Seit Tagen schon hatte niemand Sansa gesehen, und jeder nahm an, dass er sich in Barcelona aufhielt. Dort ging er entweder Geschäften nach oder ins Bordell. Das war für ihn im Grunde dasselbe.

Sansa fuhr je nach Lust und Laune hinunter in die Stadt. Manchmal, wenn ein Tourist aus Barcelona durchs Dorf kam, schloss sich der Alte ihm an. Zu jener Zeit hatte er jedoch die Gewohnheit, mit Olivella ins Tal zu fahren. Sie verbrachten drei oder vier Tage in der Stadt und machten sich dann wieder auf den Heimweg.

In Tor verriegelte keiner die Türen, denn das nützte nichts. Wer die Tür mit dem Schlüssel abschloss, der musste damit rechnen, dass man sie ihm eintrat. Nur eine Tür war heilig, die Aufzugstür. Ja, richtig, eine rote Aufzugstür mit kleinem Glasfenster. Das war die Haustür von Josep Montané, Sansa. Wenn jemand diese Rarität auch nur schief anguckte, ging er schon die Wände hoch. Alle anderen Türen und Fenster verschloss er mit Kordeln und Ketten. Da er genau wusste, dass man ihm ins Haus einsteigen würde, befestigte er an zwei Fenstern eine Art von Kordel, mit der gewöhnlich

Stroh- oder Heuballen für die Kühe gebündelt werden. Sein ganzes Haus war voll mit Kordeln. Er sammelte alles, was ihm in die Finger kam. Auch Stromkabel stapelten sich bei ihm. Hunderte Meter Kabel, das er einige Jahre zuvor gekauft hatte, um im Dorf Stromleitungen zu legen.

Sansa war die Idee für den Bau eines kleinen Elektrizitätswerks gekommen, das das Dorf mit Licht versorgen sollte. Die Grundausstattung dazu war vorhanden: eine alte kanadische Turbine – weiß der Himmel, wo er die aufgetrieben hatte – und ein kleiner Wasserfall im Fluss Noguera de Tor, der durch den Ort fließt. Mit vier Nachbarn baute Sansa eine Baracke, in der sie den Generator installierten. Er stellte vier Maste auf und befestigte Kabel daran, mittels derer der Strom an die Häuser geleitet werden sollte. Die Spannung erreichte keine 110 Volt. Es wurde also nicht heller, sondern weniger dunkel. Und eines Tages bekam Sansa aus heiterem Himmel einen Rappel und überwarf sich mit seinen Nachbarn. Daraufhin holte er die Kabel genauso schnell wieder runter, wie er sie aufgehängt hatte, und verwahrte sie in seinem Haus. Damit war die Episode von einem Elektrizitätswerk in Tor zu Ende.

9

ZWEI HIPPIES FINDEN EINE LEICHE

In Sansas Haus lagen überall Kabelrollen. Das Innere glich einem Schrottplatz, wo sich Gerümpel und Müll stapelten und vor allem Tonnen von Dreck, der sich während langer Jahre, in denen nie geputzt wurde, angesammelt hatte. Das Stromkabel war zentimeterdick, ließ sich nur schwer biegen und war deshalb für andere Zwecke kaum zu gebrauchen. Dagegen ließen sich die Kordeln für Stroh- und Heuballen sehr wohl zum Verschnüren verwenden. Sansa, der lange schon kein Vieh mehr besaß, hortete in seinem Stall trotzdem weiter Heu und Kordeln. Mit einer dieser roten Kordeln hatte er seine Hintertür zugebunden. Das bloße Vorhandensein dieser schwachen dünnen Kordel zeigte den Hippies, dass man diese Tür nicht anfassen sollte. An besagtem Tag im Juli 1995 kletterte Boro durch das Fenster neben der Tür.

Das Haus zog die Hippiebande magisch an. Sie wussten genau, wenn Sansa sie dort erwischte, würde er noch an Ort und Stelle mit ihnen abrechnen. Aber eben weil sie den Alten genau kannten, konnten sie ihre Neugier nicht zügeln und durchwühlten das Haus in seiner Abwesenheit, oder jedenfalls wenn sie davon ausgingen, er sei nicht daheim.

Boro steckte zunächst den Kopf durch ein kleines Fenster. Abgesehen von winzigen Lichtstrahlen, die durch die Ritzen in den Holzläden einfielen, war es drinnen stockfinster. Ein seltsamer Gestank lag in der Luft. Nachdem er ganz hinein geglitten war, stiegen ihm weitere Gestankswolken in die

Nase. Es war der Geruch von verfaultem Fleisch. Boro, der sich brüstete, einst Söldner gewesen und durch die ganze Welt gereist zu sein, der immer tausend Geschichten über seine Heldentaten zu berichten wusste – besonders wenn er bekifft oder angetrunken war –, schlich zögernd und ängstlich voran. Da war nur das Knarren seiner Schritte auf dem alten trockenen Holzboden. Er ließ sich von den dünnen Lichtstrahlen leiten, und plötzlich, als er die Küche erreichte, sah er im Zwielicht etwas, das aussah wie die Beine eines liegenden Menschen.

»Scheiße!«

Boro stieß einen so schauerlichen Schrei aus, dass Xavi, der noch auf der Straße wartete, sofort durch das Fenster sprang in der Annahme, sein trotteliger Kumpan hätte sich den Schädel angeschlagen ... Der Körper war über und über mit Würmern bedeckt und der Gestank unerträglich. Er lag rücklings auf dem Boden, die Arme waren seitlich ausgestreckt, die Handflächen zeigten zur Decke.

»Verdammt! Der ist tot!«

»Oh, Mann! Scheiße!«

»Was machen wir? Wer ist das?«

»Woher soll ich das wissen? Das ganze Gesicht ist von Würmern zerfressen!«

»Und wie das stinkt! Ich krieg keine Luft!«

»Los, wir hauen ab, sonst schieben die das uns in die Schuhe.«

»Aber wer ist das? Sansa ist in Barcelona, seit Tagen. Wer ist noch weg von hier oben?«

»Olivella! Das muss Olivella sein. Verdammt, die haben sich bestimmt gestritten, und da hat er ihn totgeschlagen.«

»Meinst du? Kann sein. Aber Olivella war ziemlich stark.«

»Sansa etwa nicht?«

»Die Jacke gleicht der von Sansa.«

»Echt? Du, besser wir holen die anderen. Los, komm weg hier!«

»Warte! Lass uns in den Taschen nachschauen, vielleicht hat der Kohle.«

»Du hast wohl den Arsch offen, was? Nichts wie weg, Mann. Wir gehen zu Gregori.«

10

GREGORI

Zu jener Zeit war Sansa zweiundsiebzig Jahre alt, was man ihm jedoch nicht ansah. Er war zwar nicht sehr groß, dafür aber kräftig und ungestüm. Mit Baumstämmen hantierte er, als wären es Zahnstocher, und wenn ihm die Kraft mal versagte, setzte er eben seinen Hitzkopf durch und kam auf die Art weiter.

Sie wollten nicht glauben, dass der von Würmern wimmelnde Körper am Boden, ohne Lippen und Augen, mit fleischlos bleckenden Zähnen ihr Guru sein sollte, der Eigentümer eines ganzen Berges, der sie umsonst in seinen Hütten aus Holz und Stein in einer der herrlichsten Gegenden der Pyrenäen leben ließ. Aber die Kleidung war die von Sansa. Die schwarze, abgewetzte und löchrige Lederjacke, die er immer offen trug, das heißt, eine Schulter und einen halben Arm entblößt, so dass man nie wusste, ob er sie gerade an- oder ausziehen wollte. Die Leiche trug ein quer gestreiftes Polohemd, wie Sansa es immer anhatte, nur war die Farbe unkenntlich, weil die Verwesungsflüssigkeit das Gewebe verändert hatte. Um den Hals des Toten war ein sehr langes Kabel gewunden. Es handelte sich um ein Stück von dem elektrischen Kabel, das Sansa für die Stromanlage im Dorf verwendet hatte. Man hatte einen einfachen Knoten hineingemacht, so als wäre man in Eile gewesen. Zu beiden Seiten lagen mehrere Meter Stromkabel. Die beiden Hippies hatten den Eindruck, dass die Leiche in einer großen Blutlache lag –

einer dunklen Flüssigkeit von gleicher Farbe wie der Holzboden.

Die Kopfhaare waren ausgefallen und klebten am Boden. Die Küche war sehr klein, und alles war mit einer mindestens fingerhohen Fettschicht bedeckt. Die Töpfe, die Sansa zum Kochen benutzt hatte, starrten vor Schmutz. Man sah ihnen an, dass sie seit langer Zeit kein Wasser geschweige denn Seife gesehen hatten. Xavi und Boro waren an Dreck gewöhnt und lebten selbst in äußerst bescheidenen Verhältnissen – Küchen aus Marmor oder Sandstein waren ihnen sozusagen unbekannt –, aber was sie dort sahen, übertraf bei Weitem alles, was sie bisher gekannt hatten. Die Hunde standen auf der Straße und bellten wie verrückt. »Hoffentlich ist das dieser Hurensohn von Olivella!«, dachten sie, auch wenn die Leiche nicht danach aussah. Sie rannten hinaus und machten sich auf die Suche nach Gregori. Als Veteran und Intellektueller würde der schon wissen, was zu tun sei. Außerdem besaß er den Schlüssel zu Sansas Haus und war der Einzige, der an diesem Tag ein Auto hatte.

Als Gregori vor vielen Jahren mit seinem Jeep zum ersten Mal nach Tor gekommen war, wollte er einen »Ausflug« machen. Der aus Aulèstia stammende Gregori war etwa fünfunddreißig, als er 1990 in Tor auftauchte. Er reiste gern durchs Land und lebte von Ausstellungen, die er in Barcelona organisierte. Sobald er ein bisschen Geld in der Tasche hatte, machte er einen Ausflug irgendwohin und blieb so lange wie möglich, bis er keine Pesete mehr hatte und in die Stadt zurück musste. Er organisierte vier Ausstellungen pro Jahr, verdiente sich etwas, und da er wenig Geld brauchte, fuhr er wieder hoch in die Berge auf der Suche nach unerforschten, faszinierenden Gegenden. Was er eigentlich finden wollte, war »sein Ort«. Also eine Gegend, die so unglaublich reizvoll wäre, dass es ihn nicht mehr zurück in die lärmende Großstadt zöge. Den Ort fand er in Tor. Anfangs machte er mehrere Reisen hinauf. Er und Sansa wurden dicke Freunde. Sansa erzählte ihm von seinen großen Plänen. Sie betrachteten die Sterne und der Alte lehrte ihn, sie auf seine Weise zu deuten. Sansa war verträumter als der größte aller Träumer, und das gefiel Gregori. Wenig später erwies ihm Sansa die Ehre, als Erster eine eigene Hütte bewohnen zu dürfen, und stellte ihm zu diesem Zweck einen Platz auf der Wiese Pleià, am Fuß des Pic Negre zur Verfügung. Gregori und Sansa begannen, Holz und Steine zusammenzutragen, ganz im Stil der Indianer aus dem Wilden Westen. Das Ergebnis ihrer Unternehmung war eine sehr gemütliche Hütte in Zeltform. Über der Eingangstür war die Inschrift »Sansa« eingeritzt, und auf der Tür prunkte ein Wappen. Es sollte einen Doppeladler darstellen, »wie auf den Adelswappen des österreichischen Kaiserhauses«, erläuterte der Alte.

Mit der Zeit und der Ankunft neuer Hippies vergrößerte sich die Anlage. Hinter Gregoris Hütte lag die von Boro, eine Art Höhle, besser gesagt ein Loch in der Erde, das man mit Pfählen, Ästen und Plastikplanen abgedeckt hatte. Das Dach schützte allenfalls gegen die Sonne, bei Regen stand dem Bewohner das Wasser bis zu den Knöcheln. Im Sommer 1995 teilten sich die Dauercamper Gregori und Boro die Wiese mit einem Dutzend »Gästen« des Eigentümers.

Gregori war ihr Anführer, was nicht bedeutete, dass er dieser Bande von Zukunftslosen den Weg wies oder gar Befehle erteilte. Aber er war der Schlichter bei ihren Streitigkeiten. Wenn er etwas sagte, war es, als spräche Sansa. Dieser hatte ihn sozusagen adoptiert. Er hatte ihm alles gezeigt und ihm klargemacht, dass er niemandem trauen dürfe. Bald stellte Gregori fest, dass es besser war, von vielen Dingen nichts zu wissen, und er beschloss, sich aus allem herauszuhalten. Die

Leute konnten machen, was sie wollten, es war ihm gleich, er ging unbeirrt seines Weges. Deshalb hatte es ihn wahrscheinlich auch nicht weiter beunruhigt, dass der junge Typ, Olivella, genannt Skin, in Sansas Haus einzog.

Am 30. Juli 1995 um zwei Uhr nachmittags machte Gregori gerade ein Nickerchen auf der Wiese Pleià. Der Schlaf stellte sich bei ihm schnell ein und half ihm, den Hunger für eine Weile zu vergessen. Sein Hunger war zwar nicht übermäßig groß, doch gerade in den vergangenen Tagen war es um ihre Vorräte nicht gut bestellt gewesen. Eine Menge Hippies lagerte in den Bordes und niemand hatte Lebensmittel dabei.

In diesem Sommer, so erzählen die Einwohner von Tor, glichen die Bordes de Pleià einem Auffanglager für Säufer, Verbrecher und für Hunde. Eine Republik, in der es drunter und drüber ging, und derjenige, der am lautesten brüllte, war der Chef. Zu viele Menschen ohne Arbeit und ohne Geld. Gregori gefielen die Leute auch nicht, aber er hoffte, dass sie alle – Paco und Carmen, Esther und Ángel, Mont und Marli – bald ihre Sachen packen und verschwinden würden, damit er und Boro wieder Ruhe hätten. Hin und wieder lud er sich Freunde ein, zum Beispiel Iolanda, und kurz bevor Sansa umgebracht wurde, war Xavi da gewesen, ein Asphaltflüchter. Xavi lebte gern in der freien Natur und aß, was er im Wald so auftrieb, er trug immer eine Nikon bei sich sowie ein paar Goretexstiefel, die, wie er verkündete, seine zweite Haut seien. Nie zog er sie aus, weder beim Schlafen noch beim Waschen im Fluss, was er ohnehin nur selten tat. Trotzdem gehörte er zu denen, die noch den besten Eindruck machten.

Es war Xavi, der vom Dorf bis zu den Bordes lief und die Sache Gregori meldete. Er brauchte keine zehn Minuten für eine Strecke, die er sonst in einer halben Stunde zurücklegte.

»Schnell, komm, da ist ein Toter in Sansas Haus!«

»Was erzählst du da, Mann?«, entgegnete Gregori und legte die Hand als Sonnenschutz über die Augen.

Seine Bewegungen und Reaktionen waren immer sehr bedächtig.

»Wenn ich dir's doch sage! Da liegt ein Mann, der ist schon seit Tagen tot, voller Würmer, aber wir wissen nicht, wer er ist!«

Gregori stand langsam auf. Sein Körper hatte im Gras einen Abdruck hinterlassen. Er klopfte sich die Kleider ab, ging zum Jeep, der neben den Hütten geparkt war, und fuhr nach Tor hinunter.

»Wer zum Teufel kann das sein? Sansa ist doch in Barcelona, oder? Olivella hat sich in den letzten Tagen nicht blicken lassen ... vielleicht ist es Olivella.«

»Das haben Boro und ich auch gedacht, aber die Jacke der Leiche sieht aus wie die von Sansa.«

»Red keinen Scheiß! Der Alte? Unmöglich!«

Als Gregori die Leiche sah, kamen auch ihm Zweifel. Er konnte nicht glauben, dass es Sansa war, aber ihm war nicht wohl bei der Sache. In dem blauen, rostigen Jeep mit Stoffdach fuhren sie nach Araós zu Sansas Bruder, Rosendo, seinem nächsten Angehörigen im Tal. Es war drei Uhr nachmittags. Im Dorf wusste noch keiner, was geschehen war und in welchem Maße dieser Vorfall Tor erschüttern sollte.

11

WER IST OLIVELLA?

Die Brüder Sansa sahen sich nicht oft. Pepe war seit eh und je ein Individualist, ein Kämpfer und großer Maulheld gewesen. Von Kind an sah er sich als der rechtmäßige Besitzer des Berges. Seine Geschwister hatten das Dorf gegen Mitte der sechziger Jahre verlassen und lebten in La Seu, Araós oder Barcelona. Schon als Kind hatte er sich mit Palanca und Cerdà immer wegen jeder Kleinigkeit in die Haare bekommen. Sie zankten sich pausenlos und wetteiferten, wer mehr Zeit im Dorf verbrachte und damit die größeren Anrechte besaß. Wenn einer »hinunter« zur Schule ging, höhnten die anderen beiden, dass dies Grund genug sei, die von der Gesellschaft festgelegten Rechte zu verlieren. Als im Februar 1995 das Urteil von Tremp Sansas Alleineigentum am Berg feststellte, prophezeite ihm seine ganze Familie ein böses Ende. Es heißt, gleich nach dem Urteil sei es zum Streit mit seiner Mutter gekommen und er hätte sie aus dem Haus geworfen und nach Araós geschickt. Von den Geschwistern stand Rosendo Pepe am nächsten, auch wenn diese Nähe vor allem daher rührte, dass der Bruder bloß eine halbe Stunde entfernt in Araós lebte. Pepe fuhr im Winter oft dorthin und wohnte bei Rosendo und seiner Mutter.

Darum schlug Gregori sofort vor, sie sollten Rosendo verständigen. Zum einen, weil der Tote tatsächlich Sansa sein könnte, zum anderen, weil, selbst wenn er es nicht war, in Sansas Abwesenheit jemand von der Familie die Entscheidungen treffen müsste. Rosendo war kein Mann vieler Worte. Während sie in Gregoris Jeep nach Tor hinauffuhren, sprachen sie wenig.

»Und wenn es Pepe nicht ist – wer dann?«, fragte Rosendo.

»Keine Ahnung. Vielleicht Olivella.«

»Und wer ist dieser Olivella?«

In diesem Augenblick wurde Gregori klar, dass auch er nicht wusste, wer dieser Olivella eigentlich war. Und er fragte sich, wie, wann und warum Olivella nach Tor gekommen war, und wie er es geschafft hatte, so gut Freund mit Sansa zu werden, dass der Alte ihn sogar in seinem Haus schlafen ließ. Ein Privileg, das er, der älteste der Hippies, nie genossen hatte.

Miquel Olivella – Skin – tauchte im Frühling 1993 oder 1994 in Tor auf. Gregori beobachtete damals, wie er zusammen mit einem etwas älteren Mann eintraf. Dieser arbeitete schon länger in einem Sägewerk in der Gegend, und Gregori kannte ihn vom Sehen. Er nahm an, dass sie auf der Durchreise waren oder Holz kaufen wollten. Er machte sich keine weiteren Gedanken. Aber jetzt, im Jeep mit Rosendo, erinnerte er sich an die Begebenheit, und plötzlich kam sie ihm verdächtig vor. Er wunderte sich, dass Sansa sich so gefreut hatte, Olivella zu sehen, als habe er ihn gekannt oder als wäre er ihm von jemandem empfohlen worden. Er hatte ihn sogar umarmt, und das tat er sonst nie. Wenn er einem die Hand gab, war das schon viel. Auch ließ er die Männer gleich ins Haus. Olivella trug beim Hineingehen einen Sack über der Schulter, kam jedoch mit leeren Händen wieder heraus. Zuerst dachte Gregori, dass es sich dabei um ein Geschenk für Sansa gehandelt hatte, aber im Laufe der Wochen, als er sah, dass Olivella jede Nacht bei Sansa schlief, folgerte er, dass in dem Sack seine Wäsche gewesen sein musste. Vor ein paar Wochen – Olivella und Sansa befanden sich in Barcelona – stieg er in Sansas

Haus ein und stellte fest, dass Olivella tatsächlich dort Quartier bezogen hatte. Er maß der Sache keine Bedeutung zu. Vielleicht war er ja ein bisschen eifersüchtig, aber da Olivella der Einzige war, der den Vorzug genoss, in Sansas Haus zu leben, dachte er, dass Olivella wohl der Sohn eines Freundes sein müsse, und vergaß das Ganze.

Aber dann fragte Rosendo ihn Dinge, die ihn zum Nachdenken zwangen.

»Also Pepe und der Mann waren gute Freunde, richtig?«

»Tja, weiß ich auch nicht. Zumindest sah man die beiden in letzter Zeit immer zusammen.«

Tatsächlich präsentierte ihn Sansa als seinen Leibwächter, und Olivella benahm sich entsprechend: Er bedrohte alle Leute, und einem hatte er sogar mal Prügel verpasst, weil der »den Chef angemacht hatte«, wie die Hippies es ausdrückten.

»Und wo kommt er her, dieser Olivella?«

»Keine Ahnung, der hat nie über sich geredet.«

Dabei fiel Gregori ein, dass ihm Olivella in jenem Frühling, sie rauchten gerade einen Joint, erzählt hatte, dass er zwei Jahre zuvor als Rausschmeißer in einer Diskothek gearbeitet und dass der Job ihm gefallen habe, weil er die Leute windelweich schlagen durfte. Die Joints sollten Olivella beruhigen. Er war nämlich fuchsteufelswild, weil er gerade einen heftigen Streit mit Sansa gehabt hatte. Unter normalen Umständen hätte ein solcher Streit jeden eingeschüchtert, aber in Tor war nichts normal. Alles dort war überzogen und Morddrohungen an der Tagesordnung. Olivella hatte sich den Zorn des Alten zugezogen, weil er ohne seine Einwilligung im Haus herumhantiert hatte.

»Wenn du noch mal den Boden anfasst, kriegst du die Axt in den Schädel«, brüllte ihn Sansa an.

»Du kannst mich mal kreuzweise! Große Töne, aber nichts dahinter!«

»Ich sag dir das zum letzten Mal. Wenn ich dich noch mal erwische, schmeiße ich dich raus! Nein ... ich schlag dir den Schädel ein und verscharr dich unterm Bett! Hier fasst du nichts an und gräbst keine Löcher, kapiert? Arschloch!«

Die Beschimpfungen wurden wie gewöhnlich immer heftiger. Das ging so eine Weile, bis sie es satthatten, oder jemand vorbeikam, der ihnen ein anderes Gesprächsthema verschaffte.

Auf der Fahrt nach Tor erzählte Gregori Rosendo nichts von dieser Unterhaltung. Er befürchtete, Sansa hätte Olivella in einem Tobsuchtsanfall totgeschlagen. Und er fragte sich: »Was hat er wohl am Boden gemacht, das den Alten so in Rage brachte?« Sansa hatte ihn beschuldigt, »Löcher gegraben« zu haben. Was waren das für Löcher? Gregori hatte nie an den Humbug von vergrabenen Schätzen und Geld geglaubt. Er wusste nur zu gut, dass Sansa oft tagelang nichts zu beißen hatte. Aber das mit den Löchern gab ihm zu denken.

12

»DA OBEN IST MAN SCHNELL ÜBER ALLE BERGE!«

Kurz nach vier Uhr kamen sie in Tor an. Obwohl Gregori ihnen verboten hatte, noch mal ins Haus zu gehen oder mit jemandem über die Sache zu sprechen, hatten Boro und Xavi – die Hippies, die die Leiche gefunden hatten – Sisqueta und die anderen Nachbarn verständigt. Doch sie trauten sich nicht ins Haus, standen versammelt auf der Straße und warteten auf Rosendo.

Gregori und Rosendo stiegen wortlos aus dem Auto und betraten Sansas Haus. Alle schwiegen. Sie begrüßten sich nicht einmal. Da war nur das Rauschen des Flusses und das Gebell der Hippiehunde, die sich um einen Schinkenknochen zankten, den sie in Sisquetas Abfall gefunden hatten.

Sie waren nur ganz kurz im Haus.

Sisqueta, die eigentlich Pilar heißt – eine kleine, dickliche Frau, aber kräftig und mit leicht erregbarem Temperament –, wurde von allen ausgefragt, weil sie zu Recht in dem Ruf stand, immer am Fenster zu lauern und sich nie etwas auf der Straße entgehen zu lassen. Sisquetas Haus liegt ungefähr fünfundsiebzig Meter vom Hof Sansa entfernt. Im ersten Stock befindet sich das Esszimmer mit einem großen offenen Kamin, wie in allen Häusern der Gegend. In der Wand zur Straße neben der Feuerstelle ist auf halber Höhe ein Fenster. Es scheint wie gemacht für Sisqueta: Wohlig warm kann sie von ihrem Stuhl aus alles beobachten, was im Dorf vor sich geht. Oder zumindest alles, was auf der Straße passiert, ihr Haus liegt direkt am Weg nach Andorra. Allen, die bei ihr anklopfen, bereitet Sisqueta eine Mahlzeit. Und die meisten ihrer Gäste kommen wieder.

Zwischen Sansas Haus und Sisquetas Fenster liegen das Haus von Palanca und ein Stall. An diesem Tag im Juli stellte ihr jeder zwei Fragen: »Das kann doch nicht sein, dass du nichts gesehen hast?«

»Nein, verdammt! Ich hab nichts gesehen und nichts gehört. Schon eine ganze Weile habe ich Sansa und den Hippie nicht mehr gesehen.«

»Und Palanca? Wo ist Palanca? War er diese Woche nicht da?«

»Warum fragst du mich? Ihr wisst genau, wie unberechenbar der ist, einmal ist er da und dann wieder nicht. Keine Ahnung, wo er steckt.«

»Aber Palanca verkehrt nur mit dir. Und wenn du nichts weißt ... großartig. Und Lázaro? Weißt du, wo der steckt?«

»Ihr seid lästig! Lasst mich in Ruhe, ja?«

Lázaro war ein schwieriger Bursche, der als Knecht für Palanca arbeitete. Ein Mann um die dreißig aus Jaén, der eines Tages in Tor auftauchte, ohne dass jemand den Grund kannte.

Er erzählte, dass er auf der Suche nach Stuten aus den Pyrenäen gewesen wäre, um sie nach Andalusien zu bringen, und als er die Gegend kennenlernte, beschloss er da zu bleiben und bot Palanca seine Hilfe an. Zu zweit trieben sie damals eine Herde von hundertfünfzig Pferden den Berg hoch und runter, was oft zu Konflikten führte. Lázaro umschwänzelte Sisquetas Tochter, und häufig aßen er und Palanca bei Sisqueta. Er war ein komischer Kauz. Gutmütig, aber bekannt für seine gewalttätige Natur. Kaum vier Tage in Tor, redete er schon wie Palanca, nur mit dem Akzent aus Jaén. Palanca allein war schon zum Fürchten, wenn er jedoch mit seinem neuen Kumpel daherkam, machte man besser einen großen Bogen um die beiden.

Als Rosendo die Leiche sah, war er sich sicher:

»Das ist Pepe, ganz eindeutig! Das sind seine Kleider, die Jacke und Schuhe, die er immer trug. Wir müssen die Polizei benachrichtigen.«

Die Kaserne von Llavorsí lag dem Dorf am nächsten und wurde von einem aufgeweckten andalusischen Leutnant befehligt, der erst seit Kurzem in der Gegend war. Dort ging die Meldung am späten Nachmittag ein. Laut Dienstvorschrift musste in diesem Fall die »Sondereinheit« verständigt werden, die als Kriminalpolizei im Auftrag des Untersuchungsrichters handelte. Und dafür war die Kaserne von La Seu d'Urgell zuständig.

»Wachtmeister! Rufen Sie die Kaserne von La Seu d'Urgell an, die sollen unverzüglich jemanden von der Kriminalpolizei herschicken!«

»Jawohl, Herr Leutnant!«

»Ach, und wir brauchen Licht. Bringen Sie ein paar Laternen oder so was.«

»Jawohl, Herr Leutnant!«

»Nein, warten Sie! Hatten wir nicht irgendwo Scheinwerfer?«

»Doch, Herr Leutnant, aber da oben gibt es keinen Strom.«

»Verdammt! Stimmt! Und in einer halben Stunde ist es stockfinster. Und benachrichtigen Sie das Gericht. Nein, warten Sie, das mache ich lieber selber. Ich rufe den Richter an und Sie in La Seu d'Urgell. Heute werden wir nicht ins Bett kommen.«

Der Leutnant wusste, dass zu dieser Zeit, also um fünf Uhr nachmittags, die Leute nicht so leicht aufzutreiben wären, und er war sich gar nicht sicher, ob er im Amtsgericht von

Tremp, das für diesen Bezirk zuständig war, noch jemanden fände oder in der Kaserne von La Seu, der er unterstand und die ihm in solchen Fällen Unterstützung schicken musste. Hinzu kam, dass man von La Seu bis Tor zwei Autostunden brauchte und von Tremp eine gute halbe Stunde.

»Wachtmeister! Schicken Sie sofort zwei Polizisten nach Tor, und dass mir niemand was anrührt. Der Tote soll bleiben, wo er ist, aber ... Ach, und sagen Sie den Beamten, sie sollen den Dorfbewohnern und den Hippies klarmachen, dass ja keiner verschwindet, klar? Da oben ist man schnell über alle Berge!«

»Jawohl, Herr Leutnant!«

»Ich hab doch gewusst, dass uns die Bande Penner irgendwann Scherereien machen wird. He, Gregorio, sind Sie sicher, dass es sich um Sansa handelt?«

»Ja, Herr Leutnant. Äh ... nicht ich, der Bruder, Rosendo, ist sich da sicher. Ich hatte meine Zweifel. Ich habe gedacht, es könnte Olivella, der Skin, sein. Sie wissen schon, der Schläger, aber Rosendo sagt, es ist Sansa.«

»Auweia! Und wo ist dieser Olivella?«

»Ich weiß es nicht. Den haben wir schon eine Zeitlang nicht mehr gesehen. Wir dachten, die beiden wären gemeinsam nach Barcelona gefahren.«

»Mist, verdammter! Bisher hatten wir alles so gut im Griff ... Wachtmeister! Haben Sie die Kaserne schon angerufen?«

»Jawohl, Herr Leutnant! Von den Laborleuten ist keiner da, aber sie sind benachrichtigt.«

»Sobald Sie wissen, wer herkommt, geben Sie mir Bescheid, verstanden?«

»Man hat mir gesagt, dass der diensthabende Beamte, Sargento Yanes, kommen soll.«

»Scheiße, das hat uns gerade noch gefehlt!«

13

SARGENTO YANES

Sargento Yanes wurde von den Polizisten entweder bemitleidet oder gehasst. Viele Kollegen mochten ihn, weil er ein gutmütiger Mensch war, aber er tat ihnen leid, seitdem er zur »Einheit für Information und Innere Angelegenheiten« gegangen war. Die Agenda dieser Abteilung umfasste in erster Linie Verbrechen, Diebstähle und Korruption. Aber besonderes Augenmaß richtete man auf die Bestechungsversuche in der Kaserne von La Seu d'Urgell, weil diese die Schmuggler von Andorra zu kontrollieren hat. Yanes war sein Lebtag bei der Guardia Civil gewesen und eine von Grund auf ehrliche Haut. Statt wegzusehen und – wie seine Vorgänger – nichts zu unternehmen, tat er einen gefährlichen Schritt und schnappte sich den Fahrer des Hauptmanns. Eine der Schieberbanden hatte ihm gesteckt, dass die Guardia Civil sie immer auf frischer Tat ertappte, weil sie dem Chauffeur nicht mehr Geld geben wollten. Die anderen Banden hingegen, die großzügiger schmierten, hatten freie Bahn.

Yanes schaffte es, den Fahrer vor Gericht zu bringen, aber mit dem Hauptmann hatte er weniger Glück. Die anderen Befehlshaber rieten dem Hauptmann, sich versetzen zu lassen oder aus dem Polizeikorps auszuscheiden, wenn er einen Skandal vermeiden wollte. Ohne es zu wollen, löste Yanes in der Kaserne eine Lawine aus, denn die Vorgesetzten in Madrid beschlossen, fast das ganze Personal auszutauschen. Ein weiterer Nebeneffekt war, dass viele Beamte, die sich unter der Hand ein Taschengeld verdienten, indem sie ein Paket oder ein mit Zigaretten gefülltes Auto durchließen, ihr Einkommen aufs Kleinste geschrumpft sahen. Deshalb wurde der arme Yanes gehasst.

Dem Leutnant von Llavorsí war klar, dass er bei einer Zusammenarbeit mit Yanes von Seiten der Guardia Civil keine Erleichterungen zu erwarten hatte, und erst recht nicht vom Gericht von Tremp, wo der Offizier auch nicht gern gesehen war, weil er dort als Umstandskrämer verschrien war und man seine Untersuchungsmethoden – gelinde gesagt – für verbesserungsfähig hielt. Die Richter, die sich in Tremp abwechselten, wollten sich das Leben nicht schwerer als nötig machen, und Yanes gehörte zu den hyperaktiven Typen, die keinen Feierabend kennen. Seine Berichte waren lang, er beantragte Dutzende von richterlichen Anordnungen, kurz: Er war den Richtern lästig, für die Tremp nur eine kurze Zwischenstation darstellte. Was sie gar nicht schätzten, das war vermeidbarer Ärger.

Derselbe Richter, der im Februar 1995 durch sein Urteil Sansa zum Alleineigentümer des Berges von Tor erklärt hatte, musste jetzt die Ermittlungen leiten, die dabei helfen sollten, Sansas Mörder zu finden.

»Herr Leutnant! Sargento Yanes ist schon auf dem Weg hierher. Er sagt, Sie sollen losfahren, sie würden sich oben treffen.«

»Vale, vale, Wachtmeister. Ich muss noch auf den Richter und den Gerichtsmediziner warten.«

»Und ... noch etwas, Herr Leutnant.«

»Was denn, Wachtmeister?«

»Ich habe die Scheinwerfer gefunden, und der Mechaniker von nebenan will uns einen Generator überlassen. Wenn wir ihm das Benzin bezahlen, können wir ihn mitnehmen.«

»Hombre! Que bien! Prima! Sagen Sie ihm, er soll den Tank füllen und dazu einen Kanister. Bezahlt wird er demnächst.«

»Zu Befehl, Herr Leutnant!«

»Ach ... und gehen Sie in die Kantine und holen Sie ein paar Stullen und Bier, sonst kriegen wir heute nichts mehr in den Magen.«

»Sofort, Herr Leutnant!«

Wenn es schon an Werktagen schwierig war, den Richter nach siebzehn Uhr ausfindig zu machen, war das an einem Sonntag, noch dazu im Juli, geradezu unmöglich. Dennoch: Um zwanzig Uhr kamen der Leutnant, der Richter und der Gerichtsmediziner im Nissan Patrol der Guardia Civil am Tatort an. Yanes war schon seit einer Stunde vor Ort.

Die Nacht war pechschwarz. Wie jedes Jahr waren auch in diesem Sommer nur wenige Häuser in Tor bewohnt, nämlich die von Sansa, Sisqueta, Cerdà, Bernat und Perexic. Palanca kam und ging, wie gewöhnlich. An diesem Tag war er nicht da. Die vier Nachbarn standen seit drei Uhr nachmittags vor Sansas Haus. Unterdessen war es kühl geworden. Sie sprachen wenig. Sisqueta blieb stur bei ihrer Behauptung, und keiner fragte sie nochmals, warum sie von ihrem Fenster aus denn nichts gesehen hatte. Wenn einer den Mund aufmachte, dann um festzustellen, dass es sich bereits um den dritten Mordfall in ihrem Dorf handelte.

»Unglaublich! Hier hat man keine ruhige Minute mehr. Es ist schrecklich!«

»Immer mit der Ruhe, Mília, vielleicht ist er ja an Altersschwäche gestorben.«

»Ja, sicher, und deswegen holen sie den Richter und die Guardia Civil. Du bist naiv, Concepció. Wie schön es sein muss, immer in den Sternen zu leben!«

»Was sagst du da?«

»Aber verstehst du denn nicht? Das wird wie beim letzten Mal. Nachts traut sich keiner mehr auf die Straße. Mich werdet ihr jedenfalls nicht sehen. Und morgen gehe ich nach Tremp. Hier oben mach ich kein Auge zu.«

»Ja, stimmt, etwas unheimlich ist das schon. Besonders für uns beide, die wir keinen Mann im Haus haben.«

»Sei still, ich krieg Gänsehaut!«

»Ruhe! Da kommt ein Auto, das muss der Richter sein.«

»Sí, sí, das ist der Richter, ein Spanier. Neulich haben sie auf dem Markt erzählt, dass er aus dem Norden stammt und sein Vater auch Richter ist. Hoffentlich klärt er die Sache schnell auf.«

»Er ist noch kein Jahr in Tremp, aber das Urteil, das Sansa den Berg verschaffte, hat er im Handumdrehen gesprochen. Entweder ist er verteufelt schlau oder stockdumm.«

»Genau! Mit einem Stein sollte man ihm den Schädel einschlagen!«

»Hui, Sisco! Hast du das Urteil immer noch nicht verdaut?«

»Wie denn? Er macht Sansa zum Eigentümer, und mir sagt er, ich hätte keinen Anspruch! Dabei weiß doch jeder, dass ich mich ein halbes Leben für die Gesellschaft der Miteigentümer krumm gemacht habe. Nicht ein einziges Mal ist er nach Tor gekommen, um festzustellen, dass Sansa der Eigentümer ist. Aber jetzt bleibt ihm keine andere Wahl. Hoffentlich erstickt er dran!«

Sisco war der Alte vom Hof Cerdà, der anderen mächtigen Familie im Dorf neben den Sansas und den Palancas. Tatsächlich hatte er mehr Motive als Palanca, den Toten zu hassen, denn Cerdà und Sansa hatten anfangs gemeinsam eine Klage gegen Palanca eingereicht, und zum Schluss sprach der Richter alles Sansa zu. Am Tag, als das Urteil von Tremp öffentlich gemacht wurde, glaubten alle, dass Palanca es niemals anerkennen und jeden Augenblick in die Luft gehen würde. Aber wer die Leute von Tor besser kannte, der wusste, dass Cerdà weit mehr betroffen war, denn das Urteil hatte ihm nicht nur das Recht auf den Berg abgesprochen, es erkannte ihm sogar das Recht der Erbfolge auf den Berg ab. In den Monaten nach dem Urteil verlor Cerdà viele Kilos, und es heißt, er hätte einen kleinen Infarkt gehabt.

14

JOSÉ LUIS PÉREZ PÉREZ, DER RICHTER

José Luis Pérez Pérez war noch jung und Tremp war einer seiner ersten Arbeitsorte. Es war das Schicksal der Bürger, die zur Gerichtsbarkeit der Kreishauptstadt von Pallars Jussà gehörten: Jedes Jahr, oder bestenfalls alle zwei Jahre, wechselte der Richter, weil die Stelle als Sprungbrett galt und keiner für längere Zeit dort bleiben wollte. Das brachte Komplikationen mit sich, jeder Richter hatte eine andere Arbeitsweise. Das Personal wusste nicht mehr, wo ihm der Kopf stand, und ließ die ständigen Wechsel mit stoischer Gelassenheit über sich ergehen. Die Behörden beklagten sich bitterlich, doch für dieses Problem gab es keine einfache Lösung.

Aber José Luis Pérez Pérez überraschte alle Welt durch den Elan, mit dem er den zivilrechtlichen Streitfall um den Berg von Tor, der schon ins fünfzehnte Jahr ging, in Angriff nahm. Die Klage war 1981 eingereicht worden, doch alle Richter, die in Tremp Zwischenstation machten, vermieden den Fall, als sie die Aktenberge, Instanzen und Probleme vor sich sahen. Zwei Nachbarn, Sansa und Cerdà, hatten die Klage gemeinsam eingereicht und wurden durch einen einzigen Anwalt gegen die anderen elf Nachbarn vertreten. Sie forderten vom Richter, er solle klarstellen, dass die anderen keinen Anspruch auf Mitgliedschaft in der Gesellschaft der Miteigentümer hatten, da sie nicht mehr ständig in Tor wohnten und deshalb die Vertragsgrundlagen der im Juli 1896 gegründeten Gesellschaft nicht mehr erfüllten. Das Ziel der Kläger war, alleinige Eigentümer zu werden, um einen Pachtvertrag mit einem Andorraner abzuschließen, der in Tor eine Skistation bauen wollte. Dieser Pachtvertrag hatte schon zwei Menschenleben gekostet. Der Mord an Sansa hatte wahrscheinlich auch etwas damit zu tun. Die Klage wurde von einem Rechtsanwalt namens Tassies aus Tàrrega eingereicht, der zur Anwaltskammer von Lleida gehörte. In Wirklichkeit arbeitete er stellvertretend für einen renommierten Anwalt aus Barcelona, Joaquín Hortal, der sich nicht direkt an einer Streitsache aus dem Bezirk Lleida beteiligen durfte.

Das Klageverfahren hatte sich so herausgezögert, weil jeder Schritt, jede Benachrichtigung zwischen dem Gericht und den Betroffenen, Monate oder sogar Jahre brauchte. Ein weiterer Faktor war, dass die Beklagten alles daransetzten, den Prozess hinauszuzögern, und im Rahmen der Prozesskostenhilfe Anwälte auf Staatskosten beantragten, die sie gleich darauf ablehnten. Darin war Palanca ein richtiger Experte. Die ständigen Wechsel der Richter behinderten ebenfalls eine Beschleunigung des Verfahrens. Bis schließlich José Luis Pérez Pérez nach Tremp kam. Sofort griff er sich die Akte Tor, so als hätte er ein besonderes Interesse daran, gerade diesen Fall zu lösen. Das Gerichtspersonal schüttelte verwundert den Kopf, aber da es schon an Merkwürdigkeiten gewöhnt war, stellte es keine Fragen. Als Pérez Pérez wenige Monate später das Urteil fällte, fielen die Leute aus allen Wolken, insbesondere weil er den Berg Sansa allein zusprach und alle anderen leer ausgingen, sogar die Familie Cerdà, die zusammen mit Sansa die Klage eingereicht hatte. Man konnte noch verstehen, dass Palanca nichts bekam, da er und Sansa Todfeinde waren, aber dass der Richter Cerdà überging, dass wollte niemandem in den Kopf. Das Urteil basierte größtenteils auf den Argumenten, die Tassies und Hortal vorgebracht hatten, und hielt für bewiesen, dass Sansa als Einziger das ganze Jahr über in Tor lebte. Jeder wusste, dass er die meiste Zeit dort oben war, aber keineswegs das ganze Jahr. Und es gab auch Leute, die behaupteten, dass Cerdà die meisten Tage dort verbrachte.

Cerdà und Sansa hatten zwar die Klage gemeinsam eingereicht, aber insgeheim hassten sie sich, weil sie beide dasselbe Ziel verfolgten: Alleineigentümer des Berges zu werden. Für die Klage hatten sie sich gegen Palanca verbündet, ohne nur im Traum daran zu denken, dass einer von ihnen leer ausgehen würde. Natürlich gingen die benachteiligten Parteien in Berufung.

Zusammen mit dem Freispruch der Angeklagten im Mordfall Sansa sollte das Berufungsverfahren später, im Januar 1997, zur Entscheidung kommen und war gleichfalls der Auslöser für meine Beteiligung an der Untersuchung. Während ich die Reportage für »30 Minuts« vorbereitete, wurde das Urteil von Lleida vom Obersten Gerichtshof geprüft. Das neue Urteil gefiel keinem. Es erklärte, dass das Grundstück zu einem Bruchteil allen Bewohnern von Tor zustand, ob einer nun alteingesessen war oder nicht, ob er Nachkomme der dreizehn Unterzeichner von 1896 war oder nicht. Das schloss das Bistum ein, dem dort die Kirche und ein paar Grundstücke gehören, und sogar die Hippies, die dort leben. Der urteilende Richter gab somit weder den einen noch den anderen recht, er wählte den Mittelweg und beschied, der Berg gehöre allen. Der Oberste Gerichtshof brauchte drei oder vier Jahre zur Entscheidung, und der Mord an Sansa blieb unterdessen unaufgeklärt.

15

DER RICHTER UND DER SARGENTO

Kurz nachdem José Luis Pérez Pérez nach Tremp gekommen war, schloss er enge Freundschaft mit dem Gerichtsmediziner Paco Viñuela, einem korpulenten und liebenswürdigen Mann, der auch eine Augenarztpraxis besaß. Als Augenarzt war er bekannter, in seiner Eigenschaft als Gerichtsmediziner wurde er glücklicherweise selten benötigt. Man sah sie immer zusammen in Tremp und bald waren sie als »das Duo« bekannt.

Bei ihrer Ankunft in Tor an diesem Julisonntag machten sie einen nervösen Eindruck. Sie waren sehr hektisch. Der Leutnant und Sargento Yanes dachten, sie wären deshalb so aufgeregt, weil es ihr erster Mordfall war. Es kam ihnen nicht in den Sinn, dass der Mann, der die Überführung der Leiche vornehmen musste, derselbe war, der dem Toten einst den Berg zugesprochen hatte.

Ohne aufdringlich zu werden, wollte Yanes dem Richter helfen. Es war früher zwischen ihnen zu Reibereien gekommen, und jetzt war er darauf erpicht, neue Probleme zu verhindern.

»Bitte hier entlang, Euer Ehren, und nehmen Sie sich in Acht, es ist sehr dunkel und schmutzig. Achtung!«, sagte er mit lauter Stimme. »Macht Platz, lasst den Señor Richter vorbei.«

Im Inneren des Hauses waren zwei Polizeibeamte, die sich um den Stromgenerator und die Scheinwerfer kümmerten,

Xavi und Boro, die Hippies, die den Toten gefunden hatten, Gregori, Rosendo und zwei weitere Beamte, die Sargento Yanes und den Leutnant aus Llavorsí begleiteten. Zu viele Leute. Der Sargento, der die Untersuchung leitete und für die Beweisaufnahme zuständig war, wurde sofort fuchsteufelswild.

»Verdammt noch mal, wieso ist hier so ein Auflauf? Los, los, alle Mann raus! Bestimmt ist die Hälfte der Beweise bereits zerstört worden. Na wird's bald, verlassen Sie den Tatort!«

Der Gestank war unerträglich. Alle hielten sich Taschentücher vor Mund und Nase.

»Sind Sie sicher, dass das Opfer José Montané Baró ist?«, fragte der Richter.

»Ja, das meine ich, Euer Ehren. Denn das behaupten die Zeugen, die ich vernommen habe, insbesondere der Bruder des Verstorbenen«, erwiderte der Sargento.

»Das ist kein ausreichender Grund. Wir werden die Leiche zunächst als nicht identifiziert behandeln.«

»Aber ... Euer Ehren! Der anwesende Bruder sagt, dass er die Kleider, die Schuhe und sogar die Haare wiedererkennt!«

»Wie soll er denn bei der Dunkelheit die Haare erkennen und alles voll mit Würmern! Nein, nein, nicht identifiziert und basta. Und sagen Sie dem Bruder, er soll morgen ins Gericht kommen und mir alles Notwendige erzählen. Was haben Sie mir über die Inaugenscheinnahme des Tatorts zu berichten?«

»Nichts, denn ...«

»Was? Nichts? Zu welcher Sorte Kriminalpolizist gehören Sie eigentlich? Was heißt das? Soll ich die Arbeit alleine machen? Sie sind mir eine große Hilfe, Yanes!«

»Ich hätte Sie schon informiert, aber ich bin noch nicht dazu gekommen.«

»Wissen Sie, wie spät es ist, wie eiskalt, und wie höllisch es hier stinkt? Also, wir machen Folgendes: Ich werde die Überführung der Leiche unterschreiben, und Sie werden alles untersuchen und aufpassen, dass Ihnen nichts, aber auch gar nichts, entgeht. Morgen um Punkt acht Uhr habe ich den ausführlichen Bericht in meinem Büro. Und sorgen Sie dafür, dass der Körper ins Leichenschauhaus von Tremp kommt. Dort wird man die Obduktion vornehmen. Verstanden?«

»Ja, Euer Ehren.«

Der arme Sargento traute seinen Ohren nicht. Warum dieser Wutanfall gegen ihn? Als der Richter draußen war, schrie er ins Haus zurück: »Yanes! Wie wurde er umgebracht?«

»Ich glaube, er wurde erdrosselt. So sieht es zumindest aus. Ein Kabel ist um seinen Hals gewunden. Aber ob Strangulation die *Causa mortis* ist, dafür müssen wir die Obduktion abwarten, nicht wahr?« Yanes benutzte liebend gern technische Ausdrücke, die seiner Ansicht nach die Glaubwürdigkeit unterstrichen.

»Sicher, sicher. Das werden wir schon herausfinden«, bestätigte der Gerichtsmediziner, der bislang den Mund nicht aufgemacht hatte.

Der Richter und der Gerichtsmediziner hielten sich zwei Stunden in Tor auf. Es waren zwei lange, anstrengende Stunden, vor allem für den Richter. Man darf annehmen, dass ihn die Umstände aus dem Gleichgewicht gebracht hatten: ein Sonntagabend, die Dunkelheit, die kühle Nacht in einem winzigen Dorf, das bereits durch schlimme Gewalttaten von sich reden gemacht hatte. Aber vor allem waren da viele reale und imaginäre Blicke auf ihn gerichtet, denn Pérez Pérez hatte das Urteil gefällt, das den Mann zum Alleineigentümer gemacht hatte, der jetzt in seinem Haus lag, brutal ermordet und mausetot.

16

KEINER WEISS VON NICHTS

Auf der Straße vor dem Haus stand noch eine kleine Gruppe, es waren die vier Nachbarn, Gregori und die beiden Hippies, die die Leiche gefunden hatten. Sansas Tür wurde von einem Scheinwerfer beleuchtet. Die Gruppe war einige Meter von der Tür entfernt und das Licht reichte nicht bis zu ihnen, also stellten sie sich vor das Auto der Guardia Civil, das den Richter und den Gerichtsmediziner ins Dorf gebracht hatte. Der Fahrer musste vergessen haben, die Scheinwerfer auszuschalten. So wurde zumindest der Weg beleuchtet und die Leute konnten etwas sehen, auch wenn die Scheinwerfer nur ihre unteren Körperhälften beschienen. Man konnte bei der Szenerie schon etwas Angst bekommen.

Der Richter näherte sich der Gruppe. Neben ihm, eine starke Taschenlampe in der Hand, ging Sargento Yanes.

»Yanes, beleuchten Sie die Gesichter dieser Leute.« Er trat noch näher heran. »Wer sind Sie?«, fragte er bestimmt.

»Das sind die Nachbarn, Euer Ehren, ich habe schon mit ihnen gesprochen.«

»Sargento! Würden Sie bitte still sein? Sehen Sie nicht, dass ich mit diesen Leuten spreche? Also, gibt es hier einen Bürgermeister?«

Die Leute trauten ihren Ohren nicht. Sie konnten nicht fassen, dass der Richter von Tremp nicht wusste, dass Tor kein eigenes Bürgermeisteramt besaß, sondern zu Alins gehörte. Sie antworteten, dass sie keinen hätten. In diesem Augenblick hatte der Richter seinen Irrtum offenbar schon bemerkt und versuchte jetzt abzulenken.

»Warum sind Sie bei der Kälte nicht in Ihren Häusern? Wenn der Sargento Sie schon vernommen hat, dann sind Sie hier nur im Weg. Oder hat mir jemand von Ihnen etwas Wichtiges mitzuteilen? Haben Sie eine Vermutung, wer der Täter sein könnte?«

Eine der Frauen konnte sich nicht beherrschen.

»Hören Sie, wir sind hier auf der Straße in unserem Dorf, und hier stören wir niemanden. Was fällt Ihnen eigentlich ein?«, und mit dem Rücken zum Richter wandte sie sich an die anderen Frauen: »Hört euch den an! Soweit kommt's noch, nicht mal die Straße ist uns mehr. Die gehört wohl auch Sansa, was? Und dann erdreistet der sich, uns zu fragen, wer Sansa umgebracht hat! Wer ist denn hier der Richter?«, fauchte sie und drehte sich ihm wieder zu: »Finden Sie das raus, und zwar schnell, wir wollen hier nämlich wieder ruhig schlafen!«

José Luis Pérez Pérez musste sie besänftigen: »Natürlich. Schon klar.« Dann fragte er sie: »Also, hat jemand von Ihnen in letzter Zeit etwas Verdächtiges bemerkt?«

Alle Augen richteten sich auf Sisqueta. Diese stemmte sofort die Hände in ihre Hüften, warf einen wütenden Blick in die Runde und schnaubte: »Warum zum Teufel seht ihr mich an? Ich habe euch schon zwanzigmal gesagt, dass ich nichts gesehen habe! Nichts, gar nichts! Ich dachte, Sansa wäre in Barcelona.«

Eine andere Dorfbewohnerin, Emília, die alle Mília nannten, fügte mit weinerlicher Stimme hinzu: »Wissen Sie, hier ist alles verdächtig. Seit vielen Jahren haben wir in diesem Dorf keinen Frieden mehr. Und jetzt noch ein Toter!«

»Ja, jetzt beruhigen Sie sich erst mal. Wir werden uns bemühen, den Schuldigen so rasch wie möglich zu finden.«

»Ja, ja, nur ruhig«, warf auch Yanes ein, um den Richter zu unterstützen. »Also, wenn jemand etwas gesehen hat, das zur Aufklärung des Falls beitragen kann, richten Sie sich bitte an den Herrn Richter oder an mich.«

José Luis Pérez Pérez, der junge Richter, fand, dass er lange genug in der Kälte gestanden hatte. Es war Zeit zu gehen, er fühlte sich unbehaglich. Wenn er jemanden verhören wollte, würde er ihn ins Gericht zitieren.

Als sie abfahren wollten, war die Autobatterie leer. Der Fahrer versuchte mehrmals, den Geländewagen in Gang zu bringen, doch vergeblich. Die Scheinwerfer wurden immer schwächer, und davor stand das Grüppchen von sechs oder sieben Personen, die die Szene aufmerksam verfolgten. Die Scheinwerfer beleuchteten ihre Bäuche, und ihre Gesichter waren nur ungenau zu erkennen. Mehr als einer grinste hämisch. Nur zwei Meter lagen zwischen dem Richter und den Nachbarn. José Luis Pérez Pérez nutzte die letzten Lebenszeichen der Autobatterie, um seine Fensterscheibe hochzufahren. Der Gerichtsmediziner, der schon länger im Landkreis wohnte, streckte die Hand nach vorne und klopfte ihm auf die Schulter.

»Ganz ruhig, Pepe, die beißen nicht. Nur vor Palanca solltest du dich in Acht nehmen, der ist verrückt. Aber der ist ja nicht da.«

Die Worte des Arztes bestürzten den Richter.

»Verdammt, das stimmt! Wo ist Palanca?«

Er wollte das Fenster hinunterlassen, aber die Batterie war schon zu schwach, also öffnete er die Tür und rief den Sargento, der mit dem Leutnant aus Llavorsí die Szene aus einiger Entfernung beobachtete.

»Yanes!«

»Ja, Euer Ehren.«

»Wo ist Palanca? Haben Sie ihn schon aufgespürt?«

»Nein, Euer Ehren. Niemand hat ihn gesehen. Weder ihn noch seinen Knecht Lázaro. Die stehen beide auf meiner Liste. Meiner Meinung nach sind das die Hauptverdächtigen. Außerdem sind sie schon seit zwei Tagen spurlos verschwunden. Seien Sie ganz beruhigt, die werde ich schon finden, Euer Ehren.«

»Ich verlasse mich auf Sie. Also, hasta mañana.«

Der Leutnant stellte dem Richter und dem Gerichtsmediziner seinen Wagen zur Verfügung. Sobald sie das Dorf hinter sich gelassen hatten, stieß José Luis Pérez Pérez einen tiefen Seufzer aus und zündete sich eine Zigarette an.

Die Nachbarn warteten, bis man die Leiche verladen und abtransportiert hatte, dann gingen sie schlafen. Aber in dieser Nacht tat keiner von ihnen ein Auge zu.

17

AUF DER SUCHE NACH BEWEISEN

Am folgenden Tag legte Sargento Yanes dem Richter als Erstes alle Informationen vor, die er und seine Männer zusammengetragen hatten. Sie reichten drei Dokumente ein: das Protokoll der Beweisaufnahme durch Augenschein, eine Zeichnung des Tatorts und eine Liste mit den wichtigsten Proben, die sie in der Nacht finden konnten. Yanes und seine Beamten wussten, dass das Verbrechen nur schwer aufzuklären wäre, sie dachten aber nicht im Traum daran, dass es sich als unmöglich erweisen würde.

Der Bericht kam zu keinem besonderen Ergebnis. Sie beschrieben das Haus und stellten fest, dass die Leiche mit einem Antennenkabel um den Hals – in späteren Berichten verbesserte man diesen Punkt: Es handelte sich um ein Stromkabel – in der Küche lag, und dass sich auf dem Boden Flecken befanden, die möglicherweise dadurch entstanden waren, dass man den Körper von einem nahen Patio bis in die Küche geschleppt hatte. Besonders hervorgehoben wurde die große Unordnung im Haus, und dass die Beamten in der Küche und im Zimmer, wo Miquel Olivella geschlafen hatte, Fingerabdrücke genommen hatten. Zudem wurden ein paar Flaschen Ponche Caballero und drei Zigarettenstummel sichergestellt.

Folgendes war dem Bericht zu entnehmen:

Die obigen Ausführungen sind wichtig, falls Euer Ehren eine Auswertung der Fingerabdrücke anordnen oder es für nötig erachten sollte, anhand der Zigarettenstummel eine DNA-Probe und -Analyse zu veranlassen, da die besagten Zigaretten möglicherweise von dem genannten MIGUEL OLIVELLA geraucht wurden.

Nachdem er den Bericht abgegeben hatte, fuhr der Sargento nach Tor.

Um zehn Uhr hielt sein Wagen vor Sansas Haus. Seine beiden Assistenten waren schon dort: ein Dienstbeamter und ein junger Polizist, der ein Praktikum bei der Kriminalpolizei absolvierte. Die Straße war menschenleer, aber hinter den Fensterscheiben lauerten viele Augenpaare.

»Sargento, als wir ankamen, stand die Tür offen«, berichtete der Assistent aufgebracht.

»Verdammt! Wer ist gestern zuletzt hier weg? Um wie viel Uhr seid ihr eingetroffen? Waren denn die beiden Beamten von Llavorsí nicht da?«

»Um acht Uhr waren wir hier, da stand niemand vor der Tür. Die beiden Beamten tranken gerade Kaffee bei Sisqueta. Heute Nacht war es hier oben eisig kalt, Sargento.«

»Das darf doch nicht wahr sein! Wenn der Richter das erfährt, bin ich geliefert. Ist denn jemand ins Haus gegangen?«

»Das weiß ich nicht, Sargento. Wir haben nichts feststellen können, bei dem Dreck ...«

»Egal, schauen wir mal nach. Alle Fenster öffnen! Aber vorsichtig, zerstört keine Beweise.«

Noch immer war der Boden übersät mit Würmern, und man konnte eine klebrige Flüssigkeit erkennen, die die Umrisse eines Körpers hatte. Der Boden war aus alten, ausgetretenen Holzbohlen, durch deren Ritzen ein Lüftchen blies.

Im ganzen Haus stank es immer noch nach verfaultem

Fleisch, und erst als die Fenster aufstanden und die hellen Sonnenstrahlen und frische Luft einströmten, verebbte der Verwesungsgeruch allmählich.

Das Chaos, das man in der Nacht mithilfe von Taschenlampen und Scheinwerfern erahnen konnte, kam jetzt voll und ganz ans Tageslicht und bot einen verstörenden Gesamteindruck.

»Beim heiligen Namen meiner Mutter!«, entsetzte sich der Sargento. »Das ist ja der reinste Schweinestall! Wie kann man nur in so einem Loch leben? Hier werden wir nie einen Beweis finden!«

In einem zweiten Bericht hieß es:

Nach Inaugenscheinnahme des Hauses des Verstorbenen [sic] konnten aufgrund des verwahrlosten Zustands der einzelnen Räume keine Fingerabdrücke ausgewertet werden. Das lag an der darin herrschenden Unordnung und an der mangelhaften Sauberkeit und Hygiene, und weil fast alle Möbel und Gegenstände aus altem, schmutzigem, schlecht erhaltenem Holz gebaut waren. [...] In dem Haus wurde auf offener Feuerstelle mit Holz geheizt und die Küche war alt und verkommen. Der Rauch zog durch alle Räume, schwärzte die Wände, Decken, alle Kleidungsstücke und sonstigen Gegenstände mit Ruß sowie Fettschichten, die eine Spurensicherung unmöglich machten.

Während Yanes und seine Männer erneut den Tatort untersuchten, machten sich in Tremp drei Gerichtsmediziner – eine Ärztin aus Balaguer, eine andere aus Cervera und der Arzt aus Tremp – daran, die Obduktion der Leiche vorzunehmen. In ihrem Bericht notierten sie, dass sie insgesamt vierhundertzwanzig Minuten, also sieben Stunden, dafür gebraucht hätten.

Die Obduktion ergab folgende Schlussfolgerungen:

1. Der Tod von JOSE MONTANE BARO ist auf zwei Vorgänge zurückzuführen: zum einen auf eine traumatische Mehrfachverletzung und ein Schädel-Hirn-Trauma mit schwerer Schädelfraktur und zum anderen auf einen mechanischen Erstickungsvorgang durch Strangulation mit einem Strick. Es ist davon auszugehen, dass das Ersticken die unmittelbare Todesursache war, da dieser Vorgang schneller vonstattengeht als der traumatische. Es sei trotzdem darauf hingewiesen, dass auch die Schädel-Hirn-Verletzung für sich genommen zum Tod führt.

2. Es ist möglich, dass die Leiche eine Zeitlang nicht am Fundort gelegen hat. Dafür sprechen unseres Erachtens folgende Gründe:

a) Abwesenheit von Dipteren, in dem Zimmer, wo die Leiche gefunden wurde, bei gleichzeitiger Anwesenheit einer großen Menge Dipterenlarven auf dem Körper.

b) Die Haut von Gesicht und Händen ist trocken und pergamentartig und weist deutliche Anzeichen von Mumifizierung auf. Dazu kommt es ausschließlich in trockener, luftiger und möglicherweise sonniger Umgebung. Ein solcher Zustand kann aber auch entstehen, wenn durch die Ritzen im Holzboden, auf dem die Leiche lag, ein starker Luftzug in dem Raum heraufzieht.

c) Abwesenheit von Kampfspuren im Raum, wo die Leiche gefunden wurde. An diesem Ort befand sich alles in »relativer Ordnung«, bedenkt man die übliche Unordnung, welche in Unterkünften alter alleinwohnender Menschen auf dem Land bisweilen anzutreffen ist.

3. Der Todeszeitpunkt ist der strittigste Punkt, da verschiedene Faktoren in Betracht zu ziehen sind:

a) Die unterschiedlichen evolutiven Stadien der Verwesung und Autolyse der Leiche. Einige Körperzonen weisen eine fortgeschrittene Auflösung (mehr als 15–20 Tage) auf, bei anderen hingegen scheint der Verwesungsbeginn jüngeren Datums zu sein, wie verschiedene Bereiche am Rücken und Gesäß (zirka 6–8 Tage) zeigen.

b) Die Mumifizierung der freiliegenden Zonen (Gesicht) lassen uns ebenfalls ein Datum vermuten, das mindestens 15 Tage zurückliegt.

c) Der letzte und vielleicht wichtigste Hinweis betrifft die gefundenen Larven. Die untersuchten Larven befanden sich alle im selben Evolutionsstadium und zwar in einem sehr fortgeschrittenen, was ihre Größe und Beschaffenheit betrifft. Da in dem Raum keine Dipteren gefunden werden konnten, folgern wir, dass keine zweite Fortpflanzung stattfand, und damit alle Larven von der ersten Eiablage der Fliegen stammen. Aus dem bisher Gesagten und in Anbetracht der Dauer des vollständigen Zyklus der Fliege Calliphora können wir folgern, dass die Leiche nicht mehr als ZWEI WOCHEN alt ist.

Ein Abschnitt dieses Berichts interessierte Sargento Yanes jedoch ganz besonders:

Nach Entblößung des Körpers findet sich auf der Haut, zu beiden Seiten des Thorax, eine Substanz organischer Herkunft, die ebenfalls unter dem Polohemd und unter der Jacke zu finden ist und an beiden Kleidungsstücken haftet. Wir haben Proben von dieser Substanz genommen und an das Instituto Nacional de Toxicología geschickt, wo sie untersucht und mit anderen Substanzen verglichen wird, die in der Nähe des Leichenfundorts sichergestellt wurden.

Vielleicht hatte man den alten Sansa an einem unbekannten Ort verprügelt, ihm den Schädel eingeschlagen, ihn erdrosselt und danach halb gefesselt in seine Küche geschleppt. Die Ärzte vermieden es, ein genaues Datum anzugeben, weil sich die festgestellten Fakten widersprachen: Die Mumifizierung des Körpers datierte den Tod auf mehr als fünfzehn Tage zurück, wohingegen die Leichenfauna nicht mehr als zwei Wochen alt sein konnte. Da Sansa am 30. Juli gefunden wurde, musste er frühestens am 15. Juli getötet worden sein.

Der Sargento und seine Assistenten verbrachten den ganzen Tag damit, Haus und Umgebung zu durchkämmen. Der Praktikant sollte den unteren Hofteil absuchen. Dort befand sich eine zu einem Lagerschuppen umfunktionierte Scheune, in der Olivella sein Quartier hatte. Die Dachbalken und einige der Stützpfeiler waren aus Holz. An einem der Pfeiler hing ein Sieb, wie man es zum Goldwaschen benutzt. In der vorangegangenen Nacht war es ihnen nicht aufgefallen. Der Polizist nahm es ab und fand einen handgeschriebenen Zettel an einem Nagel. Er war nicht versteckt, aber er wurde vom Sieb halb verdeckt.

»Sargento! Kommen Sie, schnell! Ich hab was gefunden!«

Das Papier war sehr dünn, beidseitig beschrieben, und der Verfasser hatte offenbar auf einem Holztisch mit unregelmäßiger schmutziger Oberfläche geschrieben, denn das Blatt war mit Flecken übersät und das Schriftbild krakelig. Die Nachricht war am Anfang auf den 21. Juli 1995 datiert und am Ende auf den 22. Juli. Der Verfasser hatte sich auf dem Zettel mit seiner Personalausweisnummer und einer unleserlichen Unterschrift eindeutig zu erkennen gegeben: Es war Miquel Olivella.

18

DER ZETTEL

21. Juli 1995

Geehrte Señores der Jendarmerie,
ich war zwei Jahre in diesem Loch.
Señor Montaner will mich rausschmeißen aber nach deutschem Recht wenn du mer als 9 Monate in einer Bude lebst, gehört die dir und das ist mein Fall.
Der Besitzer hat mir erlaubt hier zu wonen und das habe ich getan dann haben wir gestritten und nach 24 Monaten wonen will er mich rausschmeißen und ich bin nicht einferstanden denn ich habe fiel Geld ausgegeben um damit der Ort wonbar ist. Ich habe nichts gegen den Señor aber es geht nicht heute ja und morgen nein zu sagen.
Ein Mann ein Wort und wenn er kein Wort halten kann soll ers nicht geben.
Ich habe Zeugen das Señor Sansa mir diese Unterkunft gegeben hat im Tausch zu einem Fahrzeug im Wert von 3 000 000 Peseten und wenn Sie mich rauswerfen wollen ist das verdammt schwer weil das deutsche Gesetz sagt ser richtig das eine 9 Monate nicht bewonte Bude dem gehört der drin wont.
Papiere gibts fiele aber ein Mann muss sein Wort halten.

Miguel Olivella
Personalausweis Nr. 36.981.xxx
22.7.95

19

ERSTE VERDÄCHTIGE

Die Hauptverdächtigen auf Yanes' Liste waren Palanca und vor allem Lázaro, sein Knecht. Palanca als Anstifter und Lázaro als Handlanger. Man hatte Yanes schon von dem Gehilfen erzählt, er wusste, dass dieser ein Problemfall war, und es hieß, unter Palancas Führung sei er zu allem fähig. Lázaro wurde – zu Recht oder Unrecht – Gewalttätigkeit nachgesagt. Palanca und Sansa waren dafür bekannt, dass sie ihren Willen brüllenderweise durchsetzten. Von Lázaro sagte man, er hätte das Messer immer sofort bei der Hand. Es gab sogar Personen, die unter seinem Autositz eine Pistole gesehen haben wollten. Kaum war dieser Junge aus Jaén in die Gegend gekommen, da stand er auch schon im übelsten Ruf.

Man schrieb ihm eine ganze Palette Drohungen zu, reale oder erfundene. Es hieß, er habe sogar einem Abgeordneten der Generalitat de Catalunya – der katalanischen Regierung – die Zähne gezeigt, als der Politiker gemeinsam mit zwei Polizisten aus dem Landkreis die Arbeiten für eine Brücke besichtigte. Lázaro saß damals in seinem Wagen, und die Beamten waren gerade zum Fluss hinuntergestiegen.

»Was ist hier los? Was treibt ihr da?«, wurden sie von Lázaro angeschnauzt, der sie von seinem Jeep aus beobachtete. Er hatte den Oberkörper halb aus dem Fenster gereckt, während die anderen die Uferböschung hinabkletterten, um die Brücke von unten zu inspizieren.

Die Beamten schwiegen. Sie kannten ihn schon. Aber der

Abgeordnete zeigte sich höflich, denn er glaubte, der Mann wäre ein Ansässiger, der sich für die Verbesserung des Fahrwegs interessierte. Die Brücke stand genau an der Kreuzung, wo der von Sansa kontrollierte Weg Pleià und der von Palanca kontrollierte Weg La Rabassa aufeinanderstießen.

»Guten Tag«, grüßte der Abgeordnete.

»Den guten Tag kannst du dir sonst wohin stecken! Ich hab gefragt, was ihr da macht, wer hat euch die Erlaubnis gegeben?«, rotzte Lázaro auf Spanisch.

»Erlaubnis?«, wunderte sich der Abgeordnete und schaute die Beamten an, so als wollte er fragen: Was ist denn das für einer? »Hören Sie, ich glaube, hier liegt ein Missverständnis vor. Wir brauchen keine Erlaubnis. Wir befestigen die Brücke neu. Das ist sicher in Ihrem Sinn, dass wir die Brücke neu befestigen, nicht?« Und in der Annahme, dass ein Hinweis auf sein Amt besänftigend auf sein Gegenüber wirken würde, sagte er: »Übrigens, ich bin von der Generalitat.« Aber Lázaro wurde nur noch wütender: »Ha! Generalitat! Ein Terrorist und Dieb, das bist du! Ein Dieb! Klauen willst du, sonst nichts! Diese Straße gehört Palanca, und du darfst hier gar nichts. Bestimmt bezahlt dich Sansa, der Hurensohn, auch so'n Dieb. Der größte Dieb von Katalonien!«

Der Abgeordnete stand wie vom Donner gerührt. Die beiden Beamten schwiegen betreten und starrten auf den Boden, sie mussten mit diesem Typen weiterhin auskommen. Als Ranghöchster musste der Abgeordnete die Situation meistern, weshalb er Anstalten machte, die Böschung hinaufzuklettern, um mit Lázaro zu sprechen. Der beobachtete sie von oben, ohne auch nur daran zu denken, aus dem Wagen zu steigen.

»Wohin, du Dieb?«, fuhr Lázaro ihn an.

»Was fällt Ihnen ein? Ich verbitte mir diese Beleidigungen!«, empörte sich der Abgeordnete und machte zwei Schritte nach vorn. Den dritten ließ er bleiben.

»Wenn du noch einen Schritt machst, kriegst du die Tür ins Maul, du Dieb! Ein Dieb, ein dreckiger, das bist du!«

Lázaro wedelte mit der Jeeptür wie mit einem riesigen Fächer, und der Politiker, dem die Tür bedrohlich nah an der Nase vorbeisauste, trat zurück. Fast wäre er die Böschung hinuntergefallen. Jetzt schalteten sich auch die Beamten ein.

»So, jetzt reicht's!«, sagte der Ältere der beiden, ein Einwohner aus Àreu, und schritt auf das Auto zu. Er kannte das Gebaren von Lázaro und Palanca nur zu gut.

»Schau an! Noch so ein Mutiger! Was willst du, eh? Was? Ich weiß, wo du wohnst, eh! Pass bloß auf, ich weiß, wo du wohnst!«

Der zweite Beamte konnte nicht helfen, er musste den Abgeordneten stützen, der sein Gleichgewicht noch nicht wiedergefunden hatte. Der Ältere machte einen Schritt nach vorn, aber da hatte Lázaro seinen Jeep schon angelassen und fuhr los mit der Bemerkung: »Ich fahre jetzt nach Andorra, und wenn ich wiederkomme und ihr seid noch da, kriegt ihr's mit mir zu tun!«

Der Politiker war totenbleich, wie versteinert. Die Beamten versuchten, ihn zu beruhigen. Sie erklärten ihm, dass solche Vorfälle in der Gegend an der Tagesordnung seien, aber es nie zu mehr käme. Und in ihrem eigenen Interesse betonten sie, dass sie in Wäldern, wo sich derartiges Gesindel herumtrieb, immer noch unbewaffnet patrouillieren mussten.

Von solchen Geschichten wimmelte es nur so im Landkreis. Einige waren wahr, andere erfunden, doch fast immer war der Held Lázaros Meister. Es kam so weit, dass Palanca sich nicht einmal von der katalanischen Polizei, den Mossos d'Esquadra, einschüchtern ließ. Weil die Polizei wusste, dass es zu solchen Vorfällen kommen konnte, gaben sie den Abgeordneten der Generalitat de Catalunya bei ihren Besuchen in der Gegend immer Geleitschutz. Gabriel Balcells vom Landwirtschaftsministerium musste bei seinem Besuch in Tor zusehen, wie Palanca mit einem Stein die Motorhaube seines Wagens demolierte, ihn beschimpfte und bedrohte. Man konnte Palanca und Lázaro so viele Geldbußen und Mahnungen verpassen, wie man wollte, die beiden ließen sich nicht unterkriegen. All dies trug zu immer mehr Legenden bei, die sich um den Knecht und seinen Herrn rankten.

Auch Sargento Yanes war klar, wie sehr das Urteil zugunsten Sansas die Gemüter in Tor erregt hatte. Oft musste er zu den Bordes de Pleià hochfahren, weil einer der Herumtreiber in La Seu wieder einmal ein Delikt begangen und sich dann in Tor versteckt hatte. Aber er bekam die Gesetzesbrecher nie zu fassen, sie versteckten sich in den Wäldern, und sein weiß-grünes Dienstfahrzeug verriet ihn immer. Die anderen Hippies bestritten selbstverständlich jede Beziehung zu den Gesuchten. Yanes erinnerte sich, Sansa einmal vor Ort angetroffen zu haben, als er gerade dabei war, mit der ganzen Truppe eine Paella zu essen.

»Señor Sansa, mit den Leuten werden Sie noch mal Ihr blaues Wunder erleben. Sie sind ein anständiger Mann. Ich verstehe einfach nicht, warum Sie den Typen hier Unterschlupf gewähren.«

»Warum? Weil sie gern hier sind. Das sind Weltbürger und hier ist der beste Fleck auf der Welt. Wo wären die besser aufgehoben, eh? Außerdem leisten sie mir Gesellschaft. Keine Angst, Sargento, hier mache ich das Gesetz, und wer sich nicht benimmt, dem schneid ich die Eier ab.«

»Sie müssen's ja wissen. Aber seien Sie vorsichtig.«

Bei seinen Besuchen in Tor redete er auch mit den anderen Nachbarn, und sie beschwerten sich über das »Hippiepack«. Alle gaben Sansa die Schuld, und niemand verbarg seine Entrüstung darüber, wie der Alte sich benahm, seitdem das Urteil verkündet worden war.

»Jetzt posaunt der überall herum, dass er die Unabhängigkeit für Tor fordert«, sagte an einem Junitag 1995 eine der Frauen aus dem Dorf erregt.

»Ja, und jeder Frau, die ihm über den Weg läuft, erklärt er, er suche eine Prinzessin für sein Reich«, fügte eine andere aus der Runde hinzu. Sie saß im Schatten vor Sisquetas Haus.

»Der war ja schon immer verrückt, aber nun ist er ganz übergeschnappt. Weiß der Himmel, wie das noch enden wird«, sagte eine dritte.

Wenn Yanes zufällig auf Palanca stieß, nahm das Gespräch bedrohliche Formen an.

»Hier wird es noch mehr Tote geben, Sargento. Sie verstehen, was ich meine, nicht? Dieser Hurensohn von Sansa ist der Erste, und als Nächstes sind wir dran, wir alle«, wiederholte Palanca gebetsmühlenartig. Das passierte immer, wenn er in Rage war.

Als Yanes erfuhr, dass man in Tor einen Toten gefunden hatte, begab er sich deshalb gleich auf die Suche nach Palanca und seinem Knecht, doch niemand hatte sie gesehen. Lázaro besuchte manchmal Sisqueta, weil er mit ihrer jüngsten Tochter eine Affäre hatte, aber weder die Mutter noch die Tochter kannten seinen Aufenthalt.

Yanes benachrichtigte alle Kasernen in den Pyrenäen. Er war wütend und sehr beunruhigt.

»Die werden ja nicht blöd sein und sich versteckt halten, damit auch noch der Letzte Verdacht schöpft. Aber wo, verdammt noch mal, sind sie denn?«

Nachdem sie den von Olivella unterzeichneten Zettel gefunden hatten, fuhr der Sargento sofort nach Tremp, um sich vom Richter einen Fahndungs- und Haftbefehl ausstellen zu lassen. Sein Assistent saß am Steuer des Nissan Patrol.

»Hombre, fahr nicht so schnell!«, schnaubte Yanes.

»Verzeihung, Sargento, aber wenn wir den Richter nicht gleich auftreiben, wird uns der Kerl entwischen.«

»Sag mir noch mal, was dir dieser Gregori, der Penner, erzählt hat.«

»Vor zwei Wochen hat er mitgekriegt, wie sich Sansa und Olivella gestritten haben. Die haben sich gegenseitig mit dem Tod gedroht.«

»Hm, finden allein reicht nicht, wir brauchen auch einen Verhaftungsgrund. Mal sehn, dieser Olivella – welches Motiv könnte er für den Mord an Sansa haben? Der Zettel ist total lächerlich. Er wird den Mann doch nicht töten, nur weil der ihn aus dem Haus geworfen hat, und dann – sozusagen als Krönung des Ganzen – einen Zettel hinhängen, oder?«

»Ja, stimmt, aber mehr haben wir nicht, Sargento.«

»Dann konzentrieren wir uns eben voll und ganz auf diese Spur, und danach sehen wir weiter. Wenn wir diesen Schläger auftreiben, wird das Verhör schon die Wahrheit ans Licht bringen.«

Olivella, der Skin, den alle Hippies wegen seiner Gewalttätigkeit fürchteten, war zu der Zeit bei seiner Mutter in Barcelona. Aus Mangel an Beweisen weigerte sich der Richter, einen Fahndungs- und Haftbefehl auszustellen, aber er schickte eine Order an die Guardia Civil von Barcelona, dass man ihn dort suchen solle. Am 2. August, drei Tage nachdem Sansas Leiche gefunden worden war, stellte Olivella sich freiwillig. Zwei Stunden später ließ der Richter ihn laufen. Yanes durfte dem Verhör nicht beiwohnen, nicht einmal Olivellas Zeugenaussage sollte er lesen. Und zu allem Überfluss musste er wieder einen Rüffel einstecken.

»Hombre, Yanes, Sie verplempern meine Zeit. Glauben Sie wirklich, dass ein Mörder in aller Öffentlichkeit sein Opfer bedroht, einen unterschriebenen Zettel mit Personalausweisnummer hinterlässt und dann seelenruhig bei seiner Mutter auf die Verhaftung wartet?«

»Na ja, Euer Ehren, das sieht zwar unwahrscheinlich aus, aber es gibt Beweise …«

»Beweise? Schauen Sie, Olivella ist ein Herumtreiber, wenn es sich um einen anständigen Bürger handelte, stünde der nicht einmal auf Ihrer Liste. Der Kerl ist wütend geworden und hat sich mit Sansa gestritten, gut. Aber er hat ihn nicht getötet. Seien Sie so nett und strengen Sie sich an mit Ihren Ermittlungen. In Ordnung?«

»Jawohl, Euer Ehren.«

»Und das nächste Mal bringen Sie mir etwas Handfestes oder ich muss Ihren Vorgesetzten bitten, Sie vom Dienst zu suspendieren.«

Yanes setzte die Untersuchung so gewissenhaft wie möglich fort. Er musste eine neue Richtung einschlagen, aber er hatte keinerlei Anhaltspunkte, wohin sie ihn führen sollte. Lázaro war zwei Tage später wieder aufgetaucht. Er war mit seinem Bruder in La Pobla de Segur Pferde hüten und hatte, wie er angab, von dem Mord an Sansa erst durch die Zeitungen erfahren. Daraufhin kehrte er sofort nach Tor zurück. Palanca hatte sich zwei Tage in Os de Civís aufgehalten, einem Dorf in der Comarca Alt Urgell, das über Fußpfade von Tor aus rasch und einfach, aber mit dem Auto nur über Andorra zu erreichen ist. Er gab an, sich dort versteckt zu haben, aus Angst, auch umgebracht zu werden. Als er erfuhr, dass man ihn suchte, kam er ins Dorf zurück.

»Der Hund hat sich seinen Tod selbst gesucht«, behauptete Palanca in einem Interview mit dem spanischen Fernsehen zwei Tage nach dem Leichenfund in Tor.

»Und wer, glauben Sie, hat ihn umgebracht?«, fragte die Berichterstatterin spöttisch.

»Ich! Ich habe ihn umgebracht!«, höhnte Palanca. »Seht ihr das denn nicht? Alle Welt weiß, dass ich ihn getötet habe. Ha! Er hat es so gewollt! Er fühlte sich als der große Eigentümer, ha! Und jetzt hat er seinen Lohn: Würmer, voller Würmer! Zum Lachen, das Ganze!«, giftete Palanca in einem seiner Selbstgespräche, die immer von einem Thema zum anderen hüpften. »Man hat ihn in seinem eigenen Haus abgemurkst, oder irgendwo sonst, aber hier hat keiner was mitgekriegt! Das ist ein Geisterdorf! Will bloß wissen, was der Richter und die Guardia Civil jetzt machen. Mal sehen, wo die nach dem Mörder suchen.«

Yanes stürzte sich in die Ermittlungen: Er verhörte zu verschiedenen Gelegenheiten alle, die sich im Juli im Dorf aufgehalten oder es auf der Durchreise passiert hatten; er ließ DNA-Proben nehmen und schickte sie an die Labore. Besser gesagt, er schickte sie an den Richter, und der Richter unterzeichnete die Anträge für die zuständigen Behörden. Trotz dieser Bemühungen kamen sie zu keinem Ergebnis. Sie tappten im Dunkeln.

Am 9. Oktober führte ein unerwartetes Ereignis zur Klärung des Falls. Zumindest schien es so.

20

»ICH HABE ALLES GESEHEN.«

Ein Mann namens Antonio Gil José betrat die Kaserne von La Seu, fragte nach Sargento Yanes und bezichtigte ein Hippiepärchen des Mordes an Sansa.

»Ich habe alles gesehen«, behauptete Gil José.

Yanes, der verzweifelt nach neuen Anhaltspunkten suchte, beschloss, ihm Glauben zu schenken. Seine Beschreibung des Verbrechens stimmte genau überein mit den Verletzungen, die Sansas Tod herbeigeführt hatten. Außerdem galten die vermeintlichen Mörder schon seit Längerem als Schmuggler und sie lebten im Juli 1995 unter den Hippies, die sich in den Bordes de Pleià tummelten.

Bevor er die beiden festnahm, führte Yanes den Denunzianten Antonio Gil José dem Richter vor.

»Euer Ehren, ich glaube, dass Sie seine Aussage zu Protokoll nehmen und anschließend eine Entscheidung fällen sollten. Ich bin mir nicht sicher, aber immerhin ist der Mann ein Zeuge, er will alles gesehen haben und seine Beschreibung ist sehr, sehr präzise.«

Yanes erwartete die Antwort des Richters nicht ohne Befürchtungen, doch dieser zeigte sich sehr aufgeschlossen.

»Gut, dann wollen wir mal sehen, was uns der Mann zu erzählen hat.«

Noch am selben Nachmittag unterzeichnete er den Haftbefehl für Josep Mont Guitart und Marli Pinto Gomes. Die Beamten nahmen die beiden kurz darauf in ihrer Wohnung fest, und wenige Stunden später wurden sie ins Gefängnis von Lleida eingeliefert. Antonio Gil José behauptete, er habe sie bei einem Streit mit Sansa belauscht, von dem sie eine Schuld von einer Million Peseten eintreiben wollten. All dies habe sich in einem Patio im hinteren Teil von Sansas Hof ereignet. Gil José behauptete, ganz zufällig vor Ort gewesen zu sein. Der Mann, Josep Mont, habe Sansa in die Eier getreten. Als sich der Alte vor Schmerzen krümmte, habe die Frau, Marli Pinto, eine ehemalige brasilianische Prostituierte, die als jähzornig bekannt war, Sansa mit einem Holzknüppel einen Schlag auf den Kopf gegeben. Antonio Gil José habe zu diesem Zeitpunkt, »am 19. oder 20. Juli«, den Vorfall nicht gemeldet, weil er nicht gewusst habe, dass der Alte tot sei. Er sah noch, wie dieser sich bewegte, als ihn die beiden ins Haus schleppten, und da nahm er an, der Alte würde schon wieder zu sich kommen. Er reiste als Saisonarbeiter nach Mallorca, und erst zwei Monate später, als er wieder nach La Seu kam, erfuhr er, dass Sansa tot war, und meldete die Sache. Der Richter glaubte ihm, und der Todeszeitpunkt wurde auf den 19. Juli festgelegt, ein Datum, das mit den Ergebnissen der Obduktion übereinstimmte. Er erklärte die Untersuchung für abgeschlossen und kurz darauf klagte er die Verhafteten des Mordes an. Es wurden keine weiteren Nachforschungen betrieben.

Mont und Marli – wie sie allseits gerufen wurden – verbrachten vierzehn Monate im Untersuchungsgefängnis Centre Penitenciari Ponent und beteuerten stets ihre Unschuld. Anfang Dezember 1996 wurde ihnen am Landgericht Lleida der Prozess gemacht, und noch am 24. Dezember, an Heiligabend, ließ man sie laufen. Sie wurden freigesprochen und das Urteil wurde am 28. Dezember, am Tag der unschuldigen Kinder, öffentlich verkündet.

Das Verbrechen von Tor blieb weiterhin ungelöst. Ihren

Freispruch verdankten Mont und Marli hauptsächlich der Tatsache, dass das Gericht Gil Josés Aussage keinen Glauben geschenkt hatte.

21

FREIGESPROCHEN

Die ersten Zweifel am Wahrheitsgehalt der Zeugenaussage kamen dem Gericht aufgrund der auffälligen Persönlichkeit des Zeugen Gil José.

Der Zeuge war wegen Depressionen und Alkoholmissbrauchs in psychiatrischen Anstalten und als Notfall in Krankenhäuser eingeliefert worden. Das von der Verteidigung beantragte psychologische Gutachten beschreibt den Zeugen als ein Individuum, das »weder verwirrt ist noch psychiatrische oder pathologisch strukturierte Symptome aufweist, sondern eher eine Persönlichkeit mit depressiven und paranoiden Zügen darstellt, die sich jedoch gut an die eigene Realität oder Umwelt (Außenseitertum) anzupassen versteht«, und bezeichnet ihn als eine Borderline-Persönlichkeit mit »einer sehr geringen Neigung zu Erfindungen«.

Trotz dieser Definition befand das Gericht, dass Gil José ein unausgeglichenes psychologisches Profil aufwies, welches in Kombination mit seiner Abneigung gegen Josep Mont und Marli Pinto, die er selbst eingestanden hatte, seine Glaubwürdigkeit minderte.

Das Urteil stellte zudem fest:

Im Hinblick auf die Glaubhaftigkeit der Aussage des Belastungszeugen kommt das Gericht zu dem Schluss, dass die Aussage nicht in einem notwendigen Maße für wahr gehalten werden kann, um die Angeklagten des Verbrechens zu überführen. Der Zeuge berichtet, er habe zufällig dem Angriff von José Mont und seiner Begleiterin Marli Pinto gegen José Montané beigewohnt, während er im Patio des Hauses hinter einer Mauer gestanden habe. Ungeachtet der ersten Erklärungen des Zeugen, seine Notdurft verrichtet zu haben, als er in Tor hinter Sansas Haus angelangte, was er in Wahrheit Hunderte Meter entfernt am Flussufer getan hatte, bevor er von der Rückseite auf das Haus zuging, und ungeachtet des Unterschieds zwischen Patio und Garten, die auf dem Hof Sansa nebeneinander liegen, ist festzuhalten, dass der Zeuge den von ihm berichteten Streit hören und einen Teil des Angriffs von dem Ort aus sehen konnte, den er bei der Rekonstruktion der Tat angab. Es ist nicht schlüssig, dass der Zeuge den Tathergang nicht erklären kann, d. h. es ist nicht nachzuvollziehen, wie die Angeklagten das Opfer den Hang hinauftragen konnten – falls der Angriff im Gartenbereich des Patios stattgefunden hat –, weil sich an der Stelle, der die beiden Bereiche trennt, Gegenstände befanden, die vom Besitzer dort gelagert wurden. Dem Untersuchungsrichter zufolge, der den Augenscheinbeweis protokollierte, habe »ein nicht sehr steiler Hang überwunden werden müssen, der durch Bretter, Stangen, Holz und andere Objekte verstellt war, die so vorgefunden wurden und die laut dem Zeugen am Tag der Tat dort lagerten«. Allerdings ist die Aussage des Zeugen Antonio Gil, was die Ausführung der Gewalttat angeht – zunächst ein Tritt von José Mont in die Genitalien von José Montané, und, als sich dieser vor Schmerzen krümmt, ein Schlag auf den Schädel mit einem Stock von Monts Begleiterin –, vollkommen mit den Ergebnissen der forensischen Obduktion zu vereinbaren, die die Kopfverletzung des Opfers als tödlich angibt und die Existenz von Hämatomen in der Schamgegend bescheinigt. Gleichwohl ist zu präzisieren, dass die bei der mündlichen Verhandlung angegebene Todesursache, nämlich eine Schädelfraktur, von der Presse notiert wurde und damit Zugang zur breiten Öffentlichkeit gefunden hatte. Zudem lässt sich nicht ausschließen, dass der Zeuge auf anderem Wege zu Informationen über die Tat gelangt sein konnte.

[...] Obwohl der beschriebene Tathergang im Großen und Ganzen wahrscheinlich erscheint, bestehen also rationale Zweifel, ob das Verbrechen tatsächlich so vonstattenging, wie der Zeuge behauptet.

Der mangelnde Nachweis der Anwesenheit des Zeugen Antonio Gil in Tor – und allgemein auf dem spanischen Festland – zu diesem Zeitpunkt ist tatsächlich der Glaubhaftigkeit und Kohärenz der Zeugenaussage abträglich. Es gibt keinen objektiven Beweis oder ein Indiz, das seine Aussage, sich zur Tatzeit auf dem spanischen Festland befunden zu haben, stützen bzw. belegen kann. Ganz im Gegenteil, verschiedene Indizien ergeben, oder geben dem Gericht Anlass zu glauben, dass der Zeuge möglicherweise nicht die Wahrheit sagt. Denn, obgleich sich der Zeuge seit Anfang 1995 in Palma de Mallorca aufhielt, wohin er mit José Mont wegen eines Geschäfts reiste, das nicht zustande kam, und er, wie er berichtet, nur zweimal auf das spanische Festland zurückkam, erinnert er sich nicht oder zweifelt zumindest, wie er im Juli auf das Festland gelangte. Der Guardia Civil gegenüber sagte er aus, dass er das Schiff nahm (Dokument 315), dem Richter sagte er, dass er mit dem Flugzeug gekommen sei (Dokument 435), und während der Verhandlung sagte er zuerst aus, dass er mit dem Flugzeug gereist sei, um kurz darauf zu behaupten, mit dem Schiff gekommen zu sein.

Auf sorgfältigste Weise zerlegte das Urteil von Lleida eine Untersuchung, die alles andere als sorgfältig geführt worden war. Sargento Yanes hatte alles in Bewegung gesetzt, um zu beweisen, dass Mont und Marli in Tor gewesen waren, aber er konnte Gil Josés Anwesenheit in Katalonien nicht beweisen (oder man hatte es ihm nicht gestattet), eine Sache, die zumindest auf den ersten Blick leicht nachprüfbar schien. Die Richter waren sich sicher, dass im Juli 1995 aufgrund der vielen herumlungernden Leute und eines allgemein erhöhten Alkoholkonsums in Tor ein ziemlich explosives Klima herrschte. Sie nahmen zudem an, dass es »andere Personen gab, die mit dem Verstorbenen im Streit lagen, zum Beispiel Miquel Olivella«. Aber dem Zeugen Gil José glaubten sie kein Wort, doch gerade seine Aussage war die Basis der Anklage von Seiten des Staatsanwalts und des Untersuchungsrichters. Außerdem gab es Schwierigkeiten mit anderen Zeugen. Batallé, ein Schmuggler, der Mont und Marli um die mutmaßliche Tatzeit in seinem Lieferwagen von Tor bis La Seu gefahren habe und dabei gehört haben wollte, wie die beiden sich in Morddrohungen gegen Sansa ergingen, war nicht zur Verhandlung erschienen. Die Aussage eines weiteren Zeugen, Joan Andreu Jové, war ungültig. Dieser soll laut Gil José als Kellner im Gasthaus Fonda Europa in Granollers gearbeitet und ihn am 19. Juli 1995 nach Tor begleitet haben. Aber als dieser vermeintliche Zeuge zur Verhandlung erschien, behauptete er, Gil José noch nie in seinem Leben gesehen zu haben.

Man kann sagen, dass das Urteil sowohl dem Untersuchungsrichter als auch Sargento Yanes eine Lektion erteilte und Mont und Marli von jeder Schuld freisprach. Der Ermittlungsstand allerdings war abermals wie vor Gil Josés Erscheinen.

22

SARGENTO YANES PACKT AUS

Im Februar 1997 befand sich in Tremp noch immer derselbe Untersuchungsrichter. José Luis Pérez Pérez war schon über zwei Jahre dort, und es konnte nicht mehr lange dauern, bis er sich eine größere Stadt suchen würde. Die Mehrheit der Richter blieb nicht länger als anderthalb, maximal zwei Jahre in Tremp. Es war allgemein bekannt, dass das Gericht von Lleida sein Urteil vom Februar 1995, das Sansa zum Alleineigentümer erklärt hatte, aufgehoben und zudem die Angeklagten im Mordfall freigesprochen hatte. Bereits während der Verhandlung am Landgericht von Lleida wurde lauthals beklagt, dass die Untersuchungen zum Fall nicht gerade sorgfältig geführt worden seien. Aus Sicht der Justiz waren das zwei Schläge ins Gesicht von José Luis Pérez Pérez. Ich weiß nicht, wie er die Entscheidungen aufgenommen hat, er wollte sich mit mir darüber nicht unterhalten. Er hat mich nicht einmal zu sich gelassen. Zweifellos wäre er eine besonders interessante Figur für die Reportage gewesen, aber wie das oft bei Richtern der Fall ist, wollte er vom Fernsehen nichts wissen.

Sargento Yanes dagegen empfing mich sofort. Ein halbes Jahr vor dem Freispruch im Fall Tor war er ans Straßenverkehrsamt von Lleida versetzt worden. Nicht als Verkehrspolizist, sondern als Mitarbeiter der Sachverständigenabteilung, wo man die Ursachen von Verkehrsunfällen untersucht und seine Erfahrungen als Ermittler nützlich sein konnten. Er war auf der neuen Stelle nicht glücklich, und der Freispruch von Mont und Marli hatte ihn ziemlich empört. Er empfing mich in seinem Büro in der Kaserne von Secà de Sant Pere, einem sehr großen Gebäude am Stadtrand von Lleida. Hier waren alle Beamten der Guardia Civil aus der Provinzhauptstadt untergebracht. Das Büro war winzig, und nur mit Müh und Not passten ein Tisch, zwei Stühle und eine alte Olivetti-Schreibmaschine hinein.

»Na, wie geht es Ihnen?«, fragte ich auf Spanisch.

»Sprechen Sie ruhig katalanisch mit mir. Ich lebe schon lange hier und meine Frau ist von hier. Aber ich mache eine Menge Fehler«, entgegnete er in einem Gemisch aus Spanisch und Katalanisch.

»Keine Bange, wir werden uns schon verständigen.«

»Also, was führt Sie her?«

»Es ist so: Ich mache gerade fürs Fernsehen eine Reportage über den Berg von Tor, und man hat mir gesagt, dass Sie die Untersuchungen geführt haben ...«

»Untersuchungen? Es kam zu keinen Untersuchungen! Irgendwann wird man schon herausbekommen, was da wirklich geschah«, sagte er jetzt wieder auf Spanisch. Ich wechselte ebenfalls die Sprache.

»Wie bitte? Und das sagen Sie mir einfach so?«

»Mann, sprechen Sie katalanisch, verstehe ich bestens.«

»In Ordnung«, sagte ich wieder auf Katalanisch. »Also, Sie waren Chef der Kriminalpolizei von La Seu, und Sie haben Mont und Marli festgenommen. Beide waren vierzehn Monate inhaftiert. Wie können Sie da behaupten, dass es keine Untersuchung gab?«

Seine Antwort kam auf Spanisch. »Natürlich gab es Ermittlungen, das schon. Ich will sagen, dass es zu keiner richtigen Untersuchung gekommen ist.«

»Aber ... jetzt noch mal von vorn: Sind Ihrer Ansicht nach Mont und Marli schuldig oder nicht?«

»Ich glaube, was ich glaube, aber man hat mir nicht gestattet, es zu beweisen«, sagte er barsch.

»Was? Wer hat Ihnen nicht gestattet, es zu beweisen?«

»Das tut nichts zur Sache. Das ist Schnee von gestern. Jetzt ist nichts mehr zu machen. Die beiden können nicht zweimal für dieselbe Tat vor Gericht kommen, und den armen Teufel Gil José wird man eines Tages tot auffinden, und damit ist eh alles gelaufen.«

Ich traute meinen Ohren nicht. Der Mann packte aus, er sagte doch tatsächlich, dass es weitere Tote geben würde und dass man seine Ermittlungen behindert habe. Und das alles in weniger als dreißig Sekunden Gesprächszeit, und ich musste ihm nicht einmal Honig um den Bart schmieren. Der Mann schien es richtig eilig gehabt zu haben, seine Story vom Stapel zu lassen, und ich hatte die Kamera nicht dabei! Ich wusste ja nicht, ob man mich durchsuchen würde, außerdem war ich überzeugt, dass ich mich mächtig anstrengen müsste, um etwas aus ihm herauszuquetschen, denn man hatte mir gesagt, er würde nie mit der Presse reden. Ich war aufgeregt!

»Hören Sie, Sargento, so können Sie das nicht stehen lassen, Sie müssen mir alles erzählen. Was halten Sie davon, wenn ich Sie zum Abendessen einlade und wir in aller Ruhe darüber reden?«

»Blödsinn, jetzt ist Ihre Chance. Ich sitze hier und rede mit Ihnen, nicht? Jetzt oder nie.«

Normalerweise habe ich immer einen Schreibblock der Marke Clairefontaine bei mir, ungefähr handgroß, die lassen sich prima in die Tasche stecken und für Notizen verwenden. Wenn ich annehme, der Interviewte könnte sich erschrecken, ziehe ich ihn nicht heraus, verlasse mich ganz auf mein Gedächtnis, und sobald das Gespräch vorbei ist, notiere ich die wichtigsten Dinge.

»Ich will nicht vor die Kamera. Ich werde Ihnen alles erzählen, was Sie wissen wollen, aber ins Fernsehen möchte ich nicht«, sagte er, so als würde er mir ein Sonderrecht einräumen.

»Natürlich«, murmelte ich und dachte, das ist besser als nichts.

Ich hatte das Gefühl, der Mann wollte sich etwas vom Herzen reden, aber ohne Scherereien zu bekommen. Mich interessierten vor allem die Informationen, die Sache mit den Bildern würde ich schon irgendwie geregelt kriegen.

»Ich vertraue Ihnen«, sagte Yanes. »Sie haben ein ehrliches Gesicht.« Wir sprachen wieder spanisch.

»Muchas gracias. Obwohl ich gerade ziemlich verdutzt aussehen muss, denn so viel Offenheit hatte ich nicht erwartet.«

»Offenheit? Hören Sie, wegen dem Fall bin ich von La Seu weg ... Nein, eigentlich nicht. Die Würfel waren schon vorher gefallen. Seit dem Tag, als ich dem Hauptmann auf die Pelle rückte und seinen Fahrer vor Gericht brachte, war es eine beschlossene Sache, dass ich von La Seu abkommandiert werden würde.«

»Sie meinen die Schmuggelgeschichte, oder?«

»Sí.«

»Aber ... Was hat das mit Tor zu tun?«

»Sehr viel. Da oben hat alles mit Schmuggel zu tun. Und sprechen Sie katalanisch, nur keine Hemmungen.«

»Okay. Ich bin gerade etwas verwirrt. Noch mal ... Sie sagen also, man hätte Ihre Untersuchung behindert. Wer? Wann? Warum sagen Sie das?«

»Haben Sie das Urteil gelesen?«

»Ja, sicher.«

»Ist Ihnen nicht aufgefallen, dass das ganze Urteil darauf abzielt, den Belastungszeugen unglaubwürdig zu machen? Ich frage Sie, bei wie vielen Verbrechen verfügt man über einen Augenzeugen, also jemanden, der alles gesehen hat und die Verbrecher direkt belastet? Das kommt so gut wie nie vor! Aber in diesem Fall hatten wir einen Zeugen, und den haben sie in der Luft zerrissen. Das Gericht behauptete, er hätte ›ein unausgeglichenes Profil‹, weil er depressiv war und trank. Verdammt, halb Spanien ist depressiv und trinkt! Und dann schreiben die ehrenwerten Herren Richter, es bestünden ›rationale Zweifel‹, ob das Verbrechen tatsächlich so vonstattenging wie der Zeuge behauptet.« Um das Zitat aus dem Urteil hervorzuheben, verfiel er in eine Art Singsang.

»So etwas bringt mich zur Weißglut!«

»Können Sie das Urteil auswendig?«

»Möglich, ist mir noch gar nicht aufgefallen. Passen Sie mal auf, da ist ein Typ, der behauptet, die Tat gesehen zu haben, und der erklärt, was passiert ist, und das stimmt mit den Wunden des Toten überein, aber trotzdem sind da Zweifel. Warum? Weil denen das so in den Kram passt! Weil ich massenhaft Leute kenne, die für viel weniger im Gefängnis gelandet sind. Und das ist nicht alles. Das Beste ist, dass sie sagen: ›*Der mangelnde Nachweis der Anwesenheit des Zeugen Antonio Gil in Tor – und allgemein auf dem spanischen Festland – zu diesem Zeitpunkt ist tatsächlich der Glaubhaftigkeit und Kohärenz der Zeugenaussage abträglich.*‹ Der Mann ist doch ein Herumtreiber! Der weiß nicht, wo hinten und wo vorn ist! Und wen, verdammt noch mal, interessiert schon, wie Gil José aufs Festland kam? Der Kerl war da, hat alles gesehen und basta! Das ist für mich genug.«

»Aber, Sargento, zuerst hat er der Guardia Civil erzählt, er sei von Mallorca mit dem Schiff gekommen, danach hat er dem Richter erklärt, er habe ein Flugzeug genommen, und bei der Verhandlung will er mit dem Flugzeug und drei Sätze später mit dem Schiff gereist sein. Sein Name wurde nie auf einer der Passagierlisten gefunden, und an den falschen Namen, den er angegeben haben will, kann er sich nicht erinnern. Ein bisschen undurchsichtig das Ganze, finden Sie nicht auch?«

»Weil Sie und die Richter diese Leute nicht kennen. Das ist eine andere Welt. Die wissen nicht, an welchem Tag sie leben. Die meisten kennen nicht einmal ihren wahren Namen. Was mir besonders nachgeht, ist, dass niemand an ihm gezweifelt hätte, wenn wir seine Anwesenheit auf dem Festland hätten beweisen dürfen.«

»Ja war er nun hier oder nicht?«

»Das ist ja die Schweinerei ... Ich weiß es nicht!«, brüllte er und schlug mit der Faust auf den Tisch. »Ich habe das nicht nachprüfen können, weil mir gesagt wurde, dass sei nicht wichtig. Vom Staatsanwalt und Nebenkläger kam auch keine Unterstützung, und damit hatte der Anwalt der Angeklagten leichtes Spiel, die Anschuldigungen zu zerpflücken und den Freispruch durchzusetzen.«

»Aber am Tag des Urteils hat sich der Zeuge noch sehr in Widersprüche verstrickt, finden Sie nicht? Und auf den Fotos und im Fernsehen sah man ihn mit einem wilden Bart. Das hat seiner Glaubwürdigkeit auch geschadet, nicht?«

»Und sein irrer Blick!«

»Wie bitte?«

»Na klar! Der Kerl hatte Angst. Der hat Angst! Er hat mich von Anfang an um Schutz gebeten. Der sah überall Gespenster. Sie wissen nicht, wie das ist. In La Seu d'Urgell existiert eine unbekannte Unterwelt, und wer da reinrutscht, der kommt nicht mehr raus. Und der arme Wurm wusste nicht, in welches Loch er kriechen sollte, weil er Angst hatte, die Freunde von Mont und Marli würden ihn umlegen. Und dann kommt der Schwachkopf ins Gericht, als hätte er sich ein Jahr lang nicht gewaschen und rasiert!«

»Das heißt, er hat sich selbst unglaubwürdig gemacht.«

»Ja. Wir hätten ihn unterstützen müssen.«

»Aber die Beweislage war auch vertrackt. Batallé, der bezeugen sollte, dass Mont und Marli Sansa mit dem Tod bedroht hatten, ist nicht erschienen.«

»Das habe ich vermasselt. Das Schwein hat mich reingelegt. Der hat nie alles gesagt, was er wusste. Ich hätte Batallé offiziell vorladen müssen, stattdessen rief ich ihn an, und da hat er mich versetzt.«

»Auch der Todeszeitpunkt und die Rolle der Hippies da oben sind unklar geblieben.«

»Wie zum Teufel soll da was klar sein? Die leben ohne Uhr und Kalender. Niemand von denen weiß, an was für einem Tag er lebt.«

»Und doch behaupteten Mont und Marli, dass sie nicht in Tor gewesen sein konnten, weil ihr Auto eine Panne hatte. Und sogar eine Rechnung der Werkstatt haben sie herbeigeschafft.«

»Na und? Wissen Sie, wo die Schmuggler ihre Wagen reparieren lassen? In eben dieser Werkstatt. Was starren Sie mich so an? Sehen Sie denn nicht, wie einfach es ist, in so einer Werkstatt eine Rechnung für jeden beliebigen Tag zu bekommen?«

»Gut, also Sie sprechen wieder von Schmugglern, aber das Motiv scheint doch das gewesen zu sein, dass Mont und Marli vom Alten eine Million Peseten forderten.«

»Sansa schuldete vielen Leuten Geld. Und genau das stinkt mir, dass nämlich Mont und Marli überhaupt nicht genug Schneid hatten, ihn umzubringen. Ich glaube, da war noch jemand.«

»Sargento! Sie machen mich wahnsinnig!«

»Egal, vergessen Sie's.«

»Nein, nein, das fehlte noch. Ich kann mich umschauen. Dass ein Urteil gefällt wurde, bedeutet nicht, dass ich keine Nachforschungen anstellen kann.«

»Seien Sie vorsichtig. Das ist eine ziemlich schmutzige Angelegenheit.«

In diesem Augenblick klingelte das Telefon, ein vorsintflutlicher Apparat aus grauem Plastik.

»Sargento Yanes am Apparat! Mit wem spreche ich, por favor?«

Ich hörte nur Yanes' Antworten, aber es war schnell klar, um was es ging.

»Zwei Tote? Schon wieder auf der Nacional 2! Also schön, bin sofort da. Ihr könnt das Gutachterfahrzeug vorfahren, ich hab die Klinke schon in der Hand.«

Wir verabschiedeten uns.

»Es tut mir leid, Sie haben ja gehört, ein Notfall, ich muss weg.«

»Natürlich. Darf ich Sie demnächst anrufen? Und wieder vorbeikommen? Es gibt vieles, was ich noch nicht verstanden habe.«

»Schön vorsichtig, junger Mann. Sie lassen sich da auf eine ganz, ganz haarige Geschichte ein.«

»Ja, ja, aber helfen Sie mir. Ich kann an der Stelle ansetzen, wo Sie aufhören mussten.«

»Dann schaffen Sie den Beweis heran, dass Gil José in Katalonien war und damit in Tor gewesen sein konnte.«

»Und wo finde ich den Mann?«

»Keine Ahnung. Der hat mich schon lange nicht mehr angerufen. Zuletzt hat er, glaube ich, in einem Schlachthof in La Seu gearbeitet, aber ich bin mir nicht sicher. Probieren Sie's da. Wenn er nicht dort ist, wissen die vielleicht, wo er gewohnt hat, und der Spur können Sie nachgehen.«

Er gab mir die Hand, ergriff einen Koffer, der neben seinem Schreibtisch stand und machte sich auf den Weg. Bevor er das Büro verließ, sagte er noch: »Und passen Sie auf Ihr Unschuldsgesicht auf ... Nicht dass da ein Kratzer draufkommt.«

23

»WENN ICH WIEDER AUFSTEHE, FLIESST BLUT!«

Wir arbeiten schon seit vierzehn Tagen an der Reportage und haben noch nicht einmal fünf Minuten guter, brauchbarer Aufnahmen. Es ist schon bald März 1997. In der Pension Montaña in Alins hat man mir gesagt, dass der Schnee weggeschmolzen ist und man in Kürze mit dem Jeep nach Tor hochfahren kann. Um die Zeit zu nutzen, machen wir uns auf nach La Seu, in der Hoffnung, den Belastungszeugen Antonio Gil José aufzutreiben. Glücklicherweise ist La Seu nicht sehr groß, es hat knapp 12 000 Einwohner, und es gibt nur zwei Schlachthöfe. Im ersten kennt man ihn nicht, also bleibt der andere. Von Lleida kommend, kurz vor der Stadt linker Hand und noch ehe man die Brücke über den Fluss Valira erreicht, fährt man am Gebäude der Milchwerke von La Seu und einer Autowerkstatt vorbei, und gleich dahinter geht es über eine kleine Straße zum Schlachthof.

Es ist fünf Uhr nachmittags. Alles scheint wie ausgestorben. Wir sind zu dritt: Pol, Pepe und ich. Wir sind uns einig, dass nicht noch mehr Tage vergeudet werden dürfen, und versuchen, jedes Interview sofort zu filmen. Wir sind mit dem Fernsehwagen gekommen, der Schriftzug des Senders TV3 ist schon auf zehn Kilometer zu erkennen. Zum Anpirschen ist das nicht gerade nützlich, aber uns bleibt keine Wahl. Wir parken an einer Stelle, die offensichtlich zum Ein- und Entladen des Viehs dient. Es gibt nur eine offene Tür, auf die gehen wir zu. Wir sprechen kein Wort, aber keinem von uns ist es ganz geheuer, diese Stille ... So als würde gleich etwas passieren und wir müssten die Beine in die Hand nehmen.

»Ich geh da rein«, sage ich.

»Pol, setz dich ans Steuer und lass den Motor laufen. Und du, Pepe, halt die Kamera bereit, für alle Fälle.«

»Für welche Fälle?«, fragt der wunderbare Pepe, der immer in anderen Sphären lebt.

»Falls es was zu filmen gibt, Mann!«

»Aber was soll denn hier zu filmen sein? Da ist doch keiner! Alles, was uns hier passieren kann, ist, dass die uns rausschmeißen. Willst du das filmen?«

»Red keinen Blödsinn, ich weiß doch auch nicht. Ach egal, mach, was du willst.«

Halb wütend, halb eingeschüchtert – warum, weiß ich selbst nicht – gehe ich hoffnungsvoll hinein. Ich lasse mich von Geräuschen leiten: Schläge und das Plätschern von Wasser. Schließlich sehe ich einen jungen Mann mit weißen Gummistiefeln und einem grünen Overall. Er ist dabei, große Blutlachen zu entfernen. Ich beobachte ihn eine Weile, denn er hat mich noch nicht entdeckt, und ich denke, dass es keinen Grund gibt, Angst zu haben. Der Typ kennt mich ja nicht und weiß nicht, was ich will. Ich denke: »Ich sage hallo, frage ihn und bin weg.« Plötzlich dreht er den Wasserschlauch in meine Richtung. Im letzten Moment kann ich noch zur Seite springen. Als er mich sieht, dreht er den Wasserhahn zu und zuckt mit dem Kopf, so als wollte er sagen: Und du, was willst du?

»Tag! Ich suche Antonio«, rufe ich, um den Anschein zu erwecken, es handele sich um einen alten Bekannten, von dem ich sicher wüsste, dass er hier sein muss.

»Welchen Antonio?«

»Gil José. Antonio Gil José. Man hat mir gesagt, er arbeite

hier. Er ist etwa fünfundvierzig, nicht sehr groß, dunkelhaarig ...«

»Ach, Antonio!«

»Ja, genau, Antonio.«

»Der ist nicht da. Der hat Frühschicht. Du findest ihn wahrscheinlich im La Font de Cristall.«

»Wo?«

»Na die Kneipe, im neuen Stadtteil von La Seu, neben der Allee und dem Supermarkt.«

Mit dem Stiefel malt er eine Skizze in die Blutlache vor ihm. Fünf Minuten später sind wir dort. Es handelt sich um eine kleine Kneipe mit Restaurant, zwei Räume, neu und eng. Im ersten stehen rechts eine Theke und links an die Wand gerückt ein paar Tische. Hinten in einer Ecke hängt der Fernseher unter der Decke und daneben ist die Tür zum zweiten Raum, dem Restaurant mit ungefähr zwanzig Esstischen. Es ist schon später Nachmittag, deshalb sind kaum Leute da: die Kellnerin – eine Frau von vielleicht sechzig Jahren –, ein junges Pärchen, vier Alte, die Karten spielen. Wir setzen uns an den Tisch unter den Fernseher. Gil José kennen wir nur von den Fotos, die wir in den Zeitungen *Segre* und *La Mañana* gesehen haben, und von flüchtigen Bildern, die am Tag des Urteils, Anfang Dezember 1996, ausgestrahlt wurden, als er den wilden Bart trug. Wenn er den noch trägt, erkennen wir ihn leicht. Sonst wird's schon schwieriger. Da es nicht der junge Mann mit der Freundin sein kann und wohl auch nicht einer der vier Alten, beschließen wir, ein Weilchen zu warten und zu sehen, wer noch kommt.

»Was soll's sein?«, fragt uns die Kellnerin fast im Befehlston.

»Eine Coca-Cola, ein Bier und ein Mineralwasser ohne Kohlensäure«, bestellt Pol.

»Sagen Sie«, werfe ich ein, bevor sie verschwindet, »war

Antonio heute schon da?« Ich versuche dieselbe Masche wie im Schlachthof und spreche den Namen spanisch aus.

»Welcher Antonio? Antonios haben wir hier mindestens zwanzig am Tag!«

Sie fährt zum letzten Mal mit einem dreckigen Lappen über den Tisch und dampft ab. Das kann ja heiter werden! Ein paar Minuten später kommt sie mit den Getränken, schaut mich verächtlich an und knurrt: »Ihr seid die vom Fernsehen, stimmt's?«

Wir schauen uns überrascht an.

»Woher wissen Sie das?«, fragt Pepe.

»Na, ich hab gesehen, wie ihr aus dem Auto gestiegen seid!«

Logisch. Wir haben genau vor dem Lokal geparkt, und von der Theke aus lässt sich durch die großen Fenster die ganze Straße überblicken.

»Na klar!«, seufzt Pepe erleichtert.

»Möchte wetten, ihr sucht Antonio Gil.«

»Ja, genau den Antonio suchen wir.«

»Der ist auf dem Klo. Lange kann das nicht mehr dauern, der hockt da schon 'ne halbe Stunde. Der macht's immer gleich: Kommt her, um zu kacken, und nachher ist stundenlang alles verpestet.«

Wir lachen noch, als die Tür der Toilette aufgeht und ein kleiner Mann heraustritt, ohne Bart, aber mit Schnauzer und einem sehr traurigen Gesicht. Er setzt sich an die Theke, auf einen Hocker, vor dem bislang ein herrenloses Bier stand, mit dem Gesicht zur Straße und dem Rücken zum Fernseher. Auch er sieht sofort unseren Wagen, dreht sich zu uns um und macht ein überraschtes Gesicht. »Wenn ich mir den nicht gleich vorknöpfe, entwischt er uns«, denke ich, stehe auf und nähere mich ihm mit einem Lächeln auf den Lippen.

»Guten Abend, Senyor Gil. Wie geht's? Wir sind vom Fernsehen. Könnten wir uns kurz unterhalten?«

»Ach je, und was wollt ihr von mir?«, fragt er ein bisschen verschreckt und starrt in sein halb leeres Glas.

»Wir machen eine Reportage über den Berg von Tor, und da Sie ein wichtiger Zeuge in dem Fall waren, haben wir gedacht, dass Sie uns sicher eine Menge erzählen können.«

»Ist das denn immer noch Gesprächsstoff? Wann ist das endlich vorbei?«

»Nun, wir finden, dass dem Fernsehen nie alles gesagt wurde und ...«

»Der Teufel soll mich holen, wenn über Tor je alles gesagt wurde! Ganz klar!«

»Dann sind wir uns ja einig. Setzen wir uns doch in ein stilles Eckchen und reden ein bisschen.«

»Nein! Hier nicht! Warum meinst du wohl, sitze ich immer mit dem Gesicht zur Tür? Ich trau keinem. Die haben mehrmals versucht, mich umzubringen, und ich bin sicher, sie versuchen's wieder. Aber ich hab ihnen gesagt: Wenn ihr mich kriegt, dann macht's richtig, denn wenn ich wieder aufstehe, fließt Blut!« Er hält mir die Faust unter die Nase. Seine Hand ist mit Narben übersät und stark gezeichnet von der vielen Arbeit.

»Wo gehen wir denn hin? Zu Ihnen?«

»Keine gute Idee. Ich will nicht mit euch gesehen werden.«

Da fällt mir ein, dass ich mit meinen Kollegen besprochen hatte, die Hauptfiguren der Reportage alle nach Tor zu bringen und dort zu filmen. Der Schnee schmilzt schon.

»Und wenn Sie uns nach Tor begleiten?«, schlage ich vor. Jetzt ist sowieso keiner da oben und wir können ihn am Tatort filmen.

»Einverstanden. Nächste Woche Montag hab ich frei. Aber ihr müsst mir das Taxi bezahlen.«

»Ja, sicher, selbstverständlich! Keine Angst. Wo und wann?«

»Hierhin, La Font de Cristall, morgens um acht!«

»Sehr gut, abgemacht. Aber hören Sie, Sie lassen uns nicht sitzen, eh?«

»Wo denkst du hin? Antonio Gil José hält sein Wort! Und jetzt zahl das Bier und auch noch das nächste.«

Es bleibt uns nichts anderes übrig, als an das Wort dieses Männchens zu glauben, das aussieht wie die leibhaftige Einsamkeit und das Pech in Person.

24

MONT UND MARLI

Wo wir gerade in La Seu d'Urgell sind, nutzen wir die Gelegenheit, Josep Mont und Marli Pinto aufzuspüren. So ist unsere Arbeit: Zuerst spricht man mit dem Denunzianten, erst danach mit den Denunzierten. Es war nicht weiter schwer, sie ans Telefon zu bekommen. Die ganze Lokalpresse besitzt ihre Nummer, und mir wurde sie von Freunden bei der Zeitung *Segre* gegeben. Vor Tagen schon hatten wir mit Mont verabredet, ihn anzurufen, sobald wir in La Seu wären, und er sollte uns dann einen Treffpunkt nennen.

»Senyor Mont?«

»Ja, am Apparat.«

»Ich bin der Fernsehreporter. Wir sind jetzt hier. Können wir uns heute Abend sehen?«

»Natürlich. Haben Sie das Geld mitgebracht?«

»Geld? Was für Geld?«

»Hat Ihnen mein Sekretär das nicht gesagt? Ich lasse mir jetzt die Interviews honorieren.«

»Nein, keine Ahnung und sowieso zahlen wir nie, außerdem haben Sie beim letzten Mal nichts davon gesagt ...«

»Keine Panik, Junge, das war ein Scherz!«

»Mann, und ich falle noch drauf rein!«

»Nun denn, wissen Sie, wo das Mundial ist, auf der Promenade? Da treffen wir uns, um sieben. Aber ein Abendessen wird wohl noch drin sein, was?«

»Ja, sicher, das ist drin.«

»Na also, dann könnt ihr schon mal einen Tisch für heute Abend reservieren. Ich komme mit meiner Mannschaft.«

»Ihrer Mannschaft? Und aus wie vielen Leuten besteht Ihre Mannschaft?«

»Das kann ich nicht sagen, ich muss sie erst zusammentrommeln, aber vier oder fünf sicher. Also, bis nachher.«

Was für ein seltsamer Typ! Nett, sogar liebenswürdig, aber echt komisch. Und diese Unterhaltung ist nur eine kleine Kostprobe dessen, was uns heute Abend erwartet. Ich nehme an, dass seine »Mannschaft« aus all denen besteht, die bei der Guardia Civil ausgesagt hatten und im Juli 1995 in Tor waren.

Josep Mont Guitart ist ein sehr schlanker Mann und wurde vor siebenundvierzig Jahren in La Seu d'Urgell geboren. Er hat keinen Beruf und arbeitete als Schmuggler, Maurer, Geschäftsmann. Für kurze Zeit führte er einen Laden, aber vor allem betrog er über Jahre hinweg gutgläubige Leute wie Gil José. Mont ist unglaublich wortgewandt, ein Schlangenbeschwörer aus den Pyrenäen, der sich darauf spezialisiert hat, Einfaltspinseln den Kopf mit verlockenden Geschäftsversprechen zu verdrehen, und sie um Vorschüsse anzugehen, die sie niemals wiedersehen würden. Im Juli 1995 lebte Mont bereits seit einigen Wochen mit einer ganzen Reihe von »Arbeitern und Geschäftspartnern« in Tor, denn auch Sansa hatte, nachdem er Alleineigentümer geworden war, allen möglichen Leuten lukrative Angebote gemacht.

Josep Monts Freundin ist Brasilianerin, heißt Marli Pinto Gomes und ist ebenfalls siebenundvierzig Jahre alt. Eine hässliche Frau mit viel Temperament, eine Exprostituierte, von der es heißt, die Justiz von Rio de Janeiro, ihrer Geburtsstadt, suche sie wegen Mordes an einem Polizisten. Ich glaube, das ist ein Gerücht, denn die Frau hat ihre Identität nie verheimlicht, und bei der Guardia Civil sagte man mir, dass sie nur als Prostituierte vermerkt ist. Die beiden leben in Josep Monts Wohnung an der Hauptstraße von La Seu. Sie sind Alkoholiker und haben schon öfters in aller Öffentlichkeit spektakuläre Streitereien ausgetragen.

Um sieben Uhr abends sitzen wir im Mundial, einem bekannten Café in Alt Urgell, das den Ruf hat, ein Treffpunkt von Schmugglern zu sein, aber auch von Polizisten. Heute ist nicht viel los. Das Fernsehen ist laut gestellt, und ein Spielautomat rattert irgendwo im Hintergrund. Wir suchen uns einen Tisch am Fenster aus, mit Blick auf die Promenade. Von dort haben wir gute Sicht auf den Lokaleingang.

Nacheinander werden wir von den Anwesenden gemustert. Es sind ausschließlich Männer, und ich vermute, sie versuchen herauszufinden, ob wir zu den Bullen oder zu den Dieben gehören. Die Kellnerin, ein junges diskretes Mädchen, kommt unwillig an unseren Tisch, nimmt unsere Bestellungen auf und verschwindet, ohne uns anzuschauen. Alles scheint ganz normal, beinahe zu normal.

Um halb acht sind Mont und Marli noch immer nicht erschienen. Ich wähle Monts Handynummer.

»Hier spricht der Privatsekretär von Señor Mont Guitart, mit wem spreche ich, por favor?«, lallt eine Männerstimme in den Hörer. Mir ist sofort klar, da hat einer den Alkoholspiegel auf Höchststand. Er betont besonders dieses »Mit wem spreche ich«, eine Frage, die gewöhnlich von der Guardia Civil gestellt wird.

»Ist Señor Mont zu sprechen? Ich bin vom Fernsehen.«

»Einen Augenblick, ich frage mal nach.«

Funkstille.

»Ja, Mann, wo zum Teufel steckst du?«, ruft Mont mit erregter Stimme.

»Im Mundial, wo denn sonst? Wir warten schon eine halbe

Stunde!«, erwidere ich im selben Ton, aber ohne zu brüllen, um nicht alle Augen ringsum auf mich zu ziehen.

»Ah! Im Mundial! Ich wusste nicht mehr, wo wir uns verabredet hatten. Rührt euch nicht vom Fleck, wir sind schon unterwegs.«

»Bei der heiligen Mutter Gottes!«

Noch während ich das Gespräch meinen Freunden erzähle und wir über die surrealistische Situation staunen, betreten Mont und Marli bereits das Lokal. Es ist unmöglich, die beiden Vögel zu beschreiben, die sie begleiten. Die Kleidung! Die Visagen! Im Sonntagsstaat! Allen, auch Mont, ist der Anzug zu groß, und hässlich sind sie, hässlich wie die Nacht. Die Gestalten von Berlanga, Buñuel und Valle Inclán oder auch die tollsten Typen von Jesús Quintero sind die reinsten Waisenknaben gegen diese Truppe. Sie gehen in Richtung Theke, merken aber sofort, dass wir die vom Fernsehen sind, was nicht weiter verwundert, denn all die anderen kennen sie. Mont und Marli begrüßen uns, die anderen zwei bleiben an der Theke stehen.

»Wie geht's, Muchachos?«, fragt Marli, umarmt und küsst uns.

»Hola, Jungs! Fein, dass ihr so pünktlich seid!«, lacht Mont und gibt uns die Hand.

Marli ist dermaßen blau, dass sie kaum aufrecht stehen kann. Sie schwankt hin und her, aber sie fällt nicht. In der Hand hält sie eine Zigarette mit mehr Asche als Tabak, und trotz der Schlenker, der Umarmungen und ihren ständigen Handbewegungen – sie gestikuliert pausenlos – fällt die Aschenschlange nicht von der Zigarette. Dann sieht sie Pol.

»Hui, was bist du schnuckelig, mein Herzbübchen! Mmh ... und ein knackiges Jungchen dazu!«, juchzt sie und begrabscht sein Gesicht mit beiden Händen, so als wollte sie ihn nicht auf die Wangen küssen, sondern vollmundig abknutschen.

Und tatsächlich beginnt sie ein Landemanöver, das unweigerlich die Lippen meines Freundes zum Ziel hat. Der dreht verzweifelt den Kopf zur Seite, soweit ihm das der Krallengriff dieser Vogelscheuche erlaubt. Durch die Drehung gerät die Zigarette ins Wackeln, und die Asche fällt ihm auf die Brust. Marli stürzt nach vorn, um ihm das Hemd zu säubern, er aber, vor lauter Schreck, rückt nach hinten und nimmt den Tisch mit, so dass alle Gläser und Flaschen umkippen. Der Lärm ist ohrenbetäubend, alle schauen zu uns herüber. Pol würde am liebsten im Boden versinken. Das ganze Spektakel hat vielleicht zehn Sekunden gedauert, uns kam es vor wie eine Ewigkeit. Und nach dem Sturm liegt eine Totenstille, ein drückendes Schweigen im Raum, bis Josep Mont die Anwesenden anschreit:

»Kein Problem, Leute! Alles halb so schlimm!« Er schaut mich an und fügt hinzu: »TV3 bezahlt das Ganze und schmeißt die nächste Runde!«

»Was faselt der Irre da!«, denke ich, aber ich wage nicht, etwas einzuwerfen. Mein frostiges Grinsen muss ziemlich dämlich wirken. Was für ein Glück, dass niemand filmt oder knipst. Die Szene ist vollkommen lächerlich. Und wir sitzen mittendrin und müssen mit der gesammelten »Mannschaft« auch noch zu Abend essen!

Die Kellnerin beruhigt uns mit einem netten Blick und einem Lächeln. Sie kassiert, was wir getrunken haben, und wir verlassen das Lokal. Da wir das Essen filmen wollen, weil wir auf diese Weise eine eigene Sequenz mit Mont und Marli in die Reportage einbauen können, haben wir einen Tisch im Hostal Dolcet reserviert, in Atlàs, einem Dorf gleich neben La Seu. Es ist das renommierteste Restaurant im Landkreis, und man hat mir versichert, dass wir ein Nebenzimmer bekommen werden.

25

EIN VERQUALMTES ABENDESSEN

Um neun Uhr sitzen wir im Restaurant. Der Tisch ist viereckig. An einer Seite sitzen Mont und Marli, ihnen gegenüber wir drei und rechts von uns sitzen die beiden anderen der »Mannschaft«. Josep Mont gibt den Ton an, und Marli ist sein Echo, aber ein Echo, das nicht dasselbe wiederholt, sondern an Monts Sätze Bemerkungen anhängt, und das in einer seltsamen Mischung aus Spanisch, Katalanisch und Brasilianisch. Die zwei anderen Typen machen während des ganzen Essens den Mund nicht auf. Beim Hinsetzen holt jeder von ihnen zwei Handys aus der Tasche und legt sie neben ihren Teller.

»Wir müssen immer erreichbar sein«, erklärt uns Mont, der einen roten Rollkragenpulli anhat und ein braunes Jackett.

Beim Abendessen klingeln die Handys kein einziges Mal.

Sie legen einen Haufen Tabakschachteln daneben, eindeutig aus dem Schmuggelhandel. Mont stellt sie uns vor.

»Toni hier ist ein Kumpel, mein Sekretär und Chefverkäufer. Und das ist Lluís, der Polier. Ohne die beiden säßen wir jetzt nicht hier.«

Er trinkt einen Schluck Wein, es sieht aus, als ob er ihn durch die Nase hochziehen würde. Toni hat einen Kopf in Pilzform. Er trägt eine verheerend schlecht geschnittene Mähne im Stil der Jackson Five und er ist so spindeldürr, dass er problemlos Platz in einem Ärmel seines Jacketts hätte. Die

Zigaretten, die er raucht, sind dicker als die Finger, die sie halten. Er nickt immerzu. Ich weiß nicht, ob er Mont schmeicheln will oder die Haare einfach nur zu schwer für den Hals sind und der Kopf deshalb immer nach unten fällt. Sein Schnurrbart ist ein schwarzer, kleiner, krummer Strich. Früher haben wir einen solchen Schnauzer »Vespa-Bremsspur« genannt.

Lluís ist klein, blond, hellhäutig und hat ein blaues Auge. Er trägt eine schrillgelbe Krawatte, an den Händen klunkern billige Ringe. Sein Gesicht ist pockennarbig, über die Wange zieht sich eine grob genähte Narbe. Den Ringfinger kann er nicht knicken, eines seiner Ohren ist halb gefaltet, so als hätte jemand daran gezogen und der Knorpel hätte sich geweigert, in die Ausgangsposition zurückzuklappen.

Mont, der etliche Jahre jünger aussieht als er ist, gestikuliert viel, mit schlanken, langen Händen. Er wiederholt sich pausenlos und springt unentwegt von einem Thema zum anderen. Seine Art bringt mich fast auf die Palme.

»Und was macht ihr beide beruflich?«, frage ich ihn.

Pepe filmt das Gespräch und schaut mich über die Kamera hinweg an, so als wollte er sagen: »Bist du sicher, dass du die Chose aufnehmen willst?«

»Wir sind im Baugeschäft«, erklärt uns Mont. »Baustoffe und Elektromaterial.«

»Baugeschäft total«, sagt Marli.

»Ich habe ein Unternehmen, ATAM GmbH, Activitats Turístiques d'Alta Muntanya, aber den Namen will ich ändern.«

»Den Namen dazu ändern wir«, bekräftigt Marli, die das Wort *dazu* hemmungslos in jeden zweiten Satz packt.

»Ich will es in Activitats *Terroristes* d'Alta Muntanya umbenennen, denn so ist das in Wahrheit! Es gibt in Spanien keine Gerechtigkeit!«

»Keine Gerechtigkeit dazu, nicht die Bohne.«

»Die GmbH behalte ich bei! Wir lassen nur die Guten rein. Wenn die ETA sich ihr eigenes Süppchen kocht, können wir das in Katalonien schon lange, eh!«, schnaubt er und versetzt seinem »Sekretär« einen Rippenstüber, damit er noch mehr nickt. »Gab's etwa keine Banditen in Katalonien?«

»Banditen total!«, schreit Marli mit halb geschlossenen Augen, so sternhagelvoll ist sie.

»Jetzt werden wir die Banditen sein, denn in Spanien gibt's keine Gerechtigkeit! Die sollen mir mal zeigen, was für 'ne Gerechtigkeit in Spanien ist oder in der Regierung von Katalonien. Denn eins musst du mal wegstecken: Weißt du, wie das ist, wenn dich jemand von heute auf morgen einkassiert nach dem Motto ›los, los, schnell, schnell‹, und das wegen eines Komplotts der Guardia Civil?«

»Dazu die Guardia Civil!«, tönt das Echo.

»Und man dich zweieinhalb Jahre ins Gefängnis steckt ...«

»Und sechs Tage!«

»Und sechs Tage obendrauf ...«

»Zum Nachtisch dazu!«

»Und dann sagen sie, ›Hier hast du's, löffel's aus‹. Wir haben bewiesen, dass der Mann, der uns angeklagt hat, in Palma de Mallorca war und von der örtlichen Guardia Civil geschmiert wurde. Die haben ihm Tabakstangen gegeben.«

»Heller Tabak!«, brabbelt Marli dazwischen und macht Augen so rund wie Orangen, um die Schwere des Verbrechens zu unterstreichen, das Sargento Yanes begangen haben soll.

»Die spanische Justiz ist echt keinen Scheiß wert, die wollten sich nur Tor unter den Nagel reißen und so, wie die Sansa, einen meiner großen Väter, umgebracht haben ...«

»Und dazu mochte der mich total.«

»... so werden sie Palanca umlegen und nicht locker lassen, bis sie den Berg von Tor in der Tasche haben, ich weiß auch nicht, die Regierung und die Schlaumeier, die da noch drin verwickelt sind.«

Wir haben gerade den ersten Schluck Wein getrunken, und der Raum ist schon total verqualmt. Pepe, Pol und ich schauen uns an. Jeder von uns stellt sich vor, was die anderen beiden in einem imaginären Gespräch sagen würden: »O Mann, willst du das wirklich aufnehmen?«, würde Pepe fragen. »Merkst du denn nicht, dass die bekloppt sind?«

»Und betrunken!«, würde Pol ergänzen.

»Ist mir klar, aber seht ihr nicht, dass die wahrscheinlich immer in dem Zustand sind?«

»Aber das nimmt uns doch keiner ab!«, würde Pepe protestieren.

»Die zwei Irren waren über ein Jahr im Gefängnis, sollen Sansa umgebracht haben, und wenn wir eine Reportage machen, ist es doch logisch, dass die da rein müssen, oder? Auch wenn sie durch den Wind sind und nur Müll schwätzen!«, würde ich mich verteidigen, obwohl ich genau derselben Meinung bin wie meine Kollegen.

»Okay, packen wir's an«, würde Pol schließlich rufen. »Lustig wird's bestimmt.«

Tatsache ist, dass sie vor uns sitzen und wir ihnen etwas Brauchbares aus der Nase ziehen müssen. »Geduld«, sage ich mir, »es heißt doch, dass Betrunkene die Wahrheit reden, oder?«

»Aber Josep, wie könnt ihr sagen, dass es keine Gerechtigkeit gibt, da ihr doch freigesprochen worden seid? Es wäre doch schlimmer, wenn ihr noch immer im Gefängnis hocken würdet, oder?«, sage ich zu ihm, um mir sein Vertrauen zu erschleichen und wenigstens ein bisschen dämpfend auf das angeheizte Gespräch zu wirken.

»Blödsinn! Wer entschädigt uns denn für die vierzehn Monate im Gefängnis, eh?«

»Und sechs Tage!«

»Genau, vierzehn Monate und sechs Tage. Und die Schließung des Unternehmens – was ist damit? Meine Firma stand mitten in Verhandlungen, es ging um große Investitionen in Tor, eh? Das muss man sich mal vorstellen!«

»Also, dann erklär mir das mal.«

»Da war ein Kumpel von mir, Mascaró, der hatte drei Holländer so weit, in Tor zu investieren. Er ist über siebzig, ich zieh vor ihm den Hut, er hat viele Kontakte zu ausländischen Unternehmen, die kommen und harte Währung zahlen, eh? Verstehst du?«

»Viel Geld!«

»Und dann hatten wir noch einen sehr bekannten Kontakt. Sehr bekannt, Mann!«

»Ach ja? Und wer?«

»Kann ich dir nicht sagen, glaubst du doch nicht.«

»Jetzt komm, mach mal halblang. Raus mit der Sprache!«

»José Maria Ruiz Mateos! Wir hatten Kontakt zu Ruiz Mateos.«

»Was?«

Und dann erinnerte ich mich wieder: Beim Durchblättern der Zeitungen zum Fall war mir aufgefallen, dass Monts Name auf den Listen stand, welche die Kandidatur des polemischen Unternehmers in Lleida unterstützten. Und ich entsinne mich auch, dass Mont einmal über einen Freund aus Lleida gesprochen hatte, der Ruiz Mateos' Liste anführte.

»Jawohl, Ruiz Mateos, wie er leibt und lebt. Aber das ist jetzt egal, mit Sansas Tod ist alles den Bach runter. Wir kamen nicht rechtzeitig, glasklarer Fall. Wir kamen nicht rechtzeitig.«

»Aber Gil José hat doch gesagt, dass Sansa euch Geld schuldete und ihr ihn deshalb umgebracht habt.«

»Lüge!«

»Lüge!«, kräht Marli, mit dem gleichen wütenden Blick wie Mont.

»Bei mir hatte der keine Schulden, und ich nicht bei ihm! Das war ein Komplott von der Guardia Civil und dem Richter, die brauchten einen Sündenbock. Und der bin ich, Josep Mont Guitart.«

»Und Marli Pinto Gomes«, sagt sie.

»Genau so ist's, mein Täubchen!«, bestätigt Mont.

»Das soll also heißen, der Tod von Montané hat euch das Geschäft verdorben.«

»Verdammt, und wie!«, beteuert Josep Mont und haut mit der flachen Hand auf den Tisch, so als wäre diese Geste einstudiert.

»Hör genau zu, was ich dir jetzt sage!«, befiehlt er mir und schwingt drohend den Zeigefinger: »Sansa war für mich wie ein Vater ...«

»Und der mochte uns total«, lallt Marli.

»Wenn er heute noch lebte, wäre ich millionenschwer. Aber ohne seine Unterschrift konnte ich nichts machen.« Und hier präzisiert er: »Er hätte mit seinen Partnern herkommen müssen, um vor einem Notar zu unterzeichnen. Also nicht 'ne Unterschrift auf 'nem Fetzen Papier, nein, nein, vor einem Notar.«

»Wovon redest du jetzt?«

»Von dem Geschäft, das wir mit Sansa machen wollten, verdammt noch mal! Du verstehst auch gar nichts! Ausländische Firmen gaben uns das Geld, Finanzleute aus dem Ausland, und wir, was war unser Ziel? Ich sag's dir: Wir, ich, schon immer, zwanzig Jahre lang versuchte ich Sansa und Palanca zu versöhnen.«

»Aber was hattet ihr denn vor? Das hast du mir immer noch nicht erklärt!«

»Wir wollten in Tor eine Kneipe mit Küchenbetrieb einrichten. Aber die Papiere für das Unternehmen liegen im Gericht von Lleida, dabei gehören sie mir, Sansa und François. Und in den Bordes de Pleià hatten wir einen Campingplatz geplant, da, wo unsere ganze Clique wohnt, in der Gegend, aber mit dieser Bande wollte sich keiner anlegen, eh! Ich will sagen, die waren da, und wer dort aufkreuzte, der musste nichts zahlen, verstehst du?«

»Du redest, als wärst du der Besitzer von dem Ganzen da oben.«

»Nein, der Besitzer war Sansa. Ich war sein Verwalter. Das war so vereinbart.«

»Und dafür hat er dir eine Vollmacht gegeben?«

»Nein, die Vollmachten sind älter. Das war für ein anderes Geschäft, und die Drecksau hat sie mir drei Wochen später wieder entzogen.«

»Hast du nicht eben gesagt, er wäre wie ein Vater zu dir gewesen? Und jetzt nennst du ihn eine Drecksau?«

»Nun ja, ganz sauber war er nicht. Wenn er wollte, konnte er ganz schön link sein. Aber das war früher. Dann nicht mehr. Dann waren wir Freunde.«

»Und weder du noch Marli habt ihn mit dem Tod bedroht?«

»Glaubst du wirklich, dass die Frau hier mit dem Engelsgesichtchen« – er packt sie am Doppelkinn und zieht ihren Kopf in die Höhe – »einen Mann wie Sansa, so einen wilden Eber, umbringen könnte?«

Marli lässt es geschehen und grinst über beide Ohren.

»Ja, habt ihr ihn jetzt bedroht oder nicht?«

»Warum zum Teufel sollten wir ihn bedrohen? So reden wir eben miteinander. Du kennst uns noch nicht, was? Das ist unsere Art. Ich kann zu dir sagen: ›Pass auf, wenn ich schlecht rauskomme im Fernsehen, geht's dir an den Kragen!‹ Aber das heißt nicht, dass ich dich gleich umbringe, verstehst du?«

Pepe filmt schon eine ganze Weile, ohne durch die Linse zu schauen, so kann er gerade sitzen und die Szene beobachten. In diesem Augenblick sieht er mich an, als wollte er sagen: »Du, pass auf, hier können wir noch was erleben.« Pol sitzt daneben und weiß nicht, ob er lachen oder weinen soll. Gerade dringen wir in die tiefsten Schichten von La Seu, wir betreten die Unterwelt, von der Sargento Yanes gesprochen hat. Aber im Moment scheint mir das Ganze eher anstrengend und übertrieben als gefährlich.

Wenn die beiden Sansa wirklich umgebracht haben, ist das einfach nur traurig. Ich versuche, mehr aus ihnen herauszubekommen: »Ich weiß nicht, Josep, ich kann das kaum glauben, was du mir erzählst. Und eine Sache verstehe ich nicht: Warum beschuldigt Gil José gerade euch beide? Warum soll das ein Komplott der Guardia Civil sein?«

»Der hat uns aus Neid denunziert, das ist die einzige Erklärung. Der Mann spinnt.«

»Total plemplem!«, bestätigt Marli und tippt sich mit dem Zeigefinger an die Schläfe.

»Möglich, aber weswegen war Gil José neidisch?«

»Der Arsch hatte es auf meine Frau abgesehen! Der wollte mein Täubchen!«, versichert Mont.

»Und geschlagen hat er mich, mehrmals, weil ich ihn einen Trottel genannt hab«, wirft sie ein.

»Das heißt, ihr kanntet euch schon vorher?«

»Logisch, da oben kennt jeder jeden, Mann. Gil José ist ein Lump.«

»Und wie habt ihr euch kennengelernt?«

»Wir hatten ein paar Geschäfte zusammen gemacht, aber er hat immer alles versaut. Auf den war kein Verlass. Das ist ein elender Saufer!«, behauptet der Mann vor mir, mit den rot unterlaufenen Augen und der belegten Stimme.

Antonio Gil José zeigte Mont und Marli am 9. Oktober an,

und alle drei haben vor dem Richter ausgesagt, dass sie sich am Vortag handgreiflich gestritten hätten, weil Gil bei den beiden alte Schulden eintreiben wollte. Außerdem gab Gil José zu, dass er nach Mallorca gefahren war, weil er von Mont und einem gewissen Paco Fiol Mulet »verarscht wurde«. Besagter Paco Fiol war mit Mont befreundet und bezeugte, dass sich Gil José im Juli 1995 mit ihm zusammen auf Mallorca aufhielt. Vor diesem Hintergrund schien es wahrscheinlich, dass Antonio Gil José die beiden aus Rache angezeigt hatte. Nichtsdestotrotz stimmte seine Beschreibung der mutmaßlichen Gewalttat genau mit den dadurch entstandenen Verletzungen überein, die bei dem Toten festgestellt worden waren. Aber in ihrem Urteil hatten die Richter hervorgehoben, dass die Todesursache durch die Presse an die Öffentlichkeit gelangt war. Daher lag die Vermutung nahe, dass »der Zeuge auf anderem Wege zu Informationen über die Tat gelangt sein konnte«. Diese Feststellung untermauerte in gewisser Weise Monts These eines Komplotts gegen ihn und Marli.

Sargento Yanes hatte sich bei seiner Untersuchung besonders um die Datierung der Abläufe bemüht, um zu beweisen, dass sich Mont und Marli um den 19. Juli herum in Tor aufgehalten hatten, also zu dem Zeitpunkt, als der Mord an Sansa verübt worden sein soll. Bei seinem Kampf stand er von Anfang an auf verlorenem Posten, denn da oben schaute niemand auf den Kalender. Außerdem tummelte sich in jenem Juli eine Menge Irrer mit Mont in Tor, und um nichts in der Welt hätte ich in der Haut des Sargento stecken wollen, der herauszufinden hatte, wer von denen zum Tatzeitpunkt wirklich anwesend gewesen war. Mont und Marli hatten von Anfang an erklärt, dass sie am 12. Juli von Tor aufgebrochen seien, weil ihr Auto in Reparatur war, und ein befreundeter Schmuggler habe sie in seinem Lieferwagen bis La Seu mitgenommen. Dieser zufällige Chauffeur, bekannt als Batallé, war derselbe, der zwar nicht zur Verhandlung erschienen war, aber gleichzeitig vor der Guardia Civil gegen die beiden ausgesagt hatte. Er behauptete, dass sie Morddrohungen gegen Sansa ausgestoßen hätten. Ich sprach Mont auf sein Verhältnis zu Batallé an.

»Batallé ist ein Schmuggler, er fährt über den Berg und basta! Der fährt hoch und runter mit seinem voll bepackten Lieferwagen, ein scheiß Schmuggler. Das ist alles!«

»Wie bitte? Der sagt gegen euch aus, und du willst nicht darüber reden?«

»Das ist ein Arschloch. Lass den lieber in Ruhe. Mehr Wein, Senyora!«, brüllt er und das Thema ist beendet.

Der Raum ist so verqualmt, dass wir schon keine Luft mehr bekommen, aber die Typen rauchen ohne Pause eine Zigarette nach der anderen. Wir sind zu erschöpft, um weiterzumachen. Das ganze Essen liegt unberührt auf den Tellern. Die anderen trinken nur Wein, und uns ist der Hunger vergangen. Unter diesen Umständen verzichte ich darauf, mehr über Batallé herauszufinden. Ich brauche Luft, habe Kopfschmerzen, und meinen Kollegen geht es nicht viel besser. Marli spielt längst nicht mehr Echo und kämpft mit dem Schlaf. Ganz plötzlich fällt ihr Kopf wie ein Sandsack auf den Teller. Mont zuckt nicht mal mit der Wimper. Zugegeben, wir sind auch nicht beeindruckt. Sie macht sich nicht schmutzig, denn sie hatte nie etwas auf ihrem Teller.

»Und du, wer glaubst du, hat Sansa umgebracht?«, frage ich, um zu sehen, wie er reagiert.

»Ich bin zur Polizei gegangen und habe alles erzählt, was ich wusste: Klar, da waren viel zu viele, aber einen Verdacht hatte ich natürlich auch: Miquel Olivella. Aber ich kann nicht mit dem Finger auf ihn zeigen, denn Beweise gibt es nicht. Das ist ganz normal. Tor ist und bleibt Tor. Das ganze Gebiet ist 4800 Hektar groß, und einen haben sie umgebracht. Schon früher gab's, wie ihr wisst, Tote im Dorf, Kämpfe um den Berg. Was geschieht jetzt? Wer hängt mit drin? Jordi Riba, Palanca, ist ein guter Kumpel, ein Freund. Er täte gut daran, sich zu verstecken, und weißt du warum? Weil ihm dasselbe passieren wird wie Sansa ... Auch er ist im Weg! Und irgendwann ist er dran.«

»Ach, genau das wollte ich dich fragen: Woher kennst du Palanca?«

»Ich habe eine Saison lang für ihn gearbeitet!«, sagt er stolz. »Ich hab mit den Schmugglern verhandelt, aber nicht gegen Geld, eh!«, betont er, ohne dass ich eine Andeutung gemacht hätte. »Denn da wurde nie geschmiert, um zu passieren, obwohl alles zu Tor gehört, was an Andorra grenzt. Aber klar, die Autos brausten durch die Gegend und fuhren unsere Pferde an. Und wer bezahlt das tote Pferd, eh? Der Schmuggler? Natürlich nicht, der will nichts davon wissen. Schließlich mussten wir drei oder vier Baumstämme auf den Weg legen und sie verwarnen: ›So, jetzt fährt hier keiner mehr durch.‹ Denn das Ganze ist ein Privatgrundstück, verstehst du? Sogar die Polizeibeamten müssten eine richterliche Verfügung haben, um nach Andorra hochfahren zu dürfen. Die haben sie nie, und deshalb gibt's immer Probleme.«

»Und als die Schmuggler vor den Baumstämmen anhalten mussten, was geschah da?«

»Na, manchmal haben sie uns etwas gegeben für eventuelle Schäden und Verluste. Normal, oder?«

»Ja, sicher.«

Ich kann nicht mehr. Wenn wir nicht gleich aufbrechen, sterbe ich an Ort und Stelle. Bevor wir das Lokal verlassen, frage ich Mont, wer eigentlich dieser François sei, den er beim Abendessen erwähnt hatte. Er nennt mir ein kleines Geschäft in Andorra la Vella, gleich neben dem Arkadenplatz.

»Ein alter Freund von Sansa«, sagt er.

Und dann frage ich ihn noch, wo ich Batallé auftreiben kann.

»Du spinnst wohl? Willst nicht alt werden, was?«

»Verdammt, Josep, ist der Typ so gefährlich, dass man nicht mal mit dem reden kann?«

»Du findest ihn in Sort. Frag nach Patilles oder in der Tankstelle von Rialp, da ist er oft. Aber mich kennst du nicht, verstanden?«

26

ZUSAMMENPRALL MIT LÁZARO

Am darauffolgenden Tag kehren wir nach Alins zurück. Ich möchte nach Tor fahren und gemächlich durch das Dorf spazieren, dabei filmen und mir all die Konflikte vorstellen, die es dort gegeben hat. Die Frage nach dem Tatort hat mich schon immer beschäftigt. Warum hören ein Dorf, ein Haus, eine Straße mit einem Mal auf, ein gewöhnliches Dorf, ein gewöhnliches Haus, eine gewöhnliche Straße zu sein, und verwandeln sich in einen besonderen Ort, eine Legende? Aufgrund bestimmter Ereignisse! Aber warum passieren diese gerade an jenem Ort und nicht an einem anderen?

Gegen zwölf sind wir in Alins und mieten uns das Taxi der Pension Montaña, um nach Tor hinaufzufahren. Mit dem Fernsehwagen ist das unmöglich, denn die Straße soll stellenweise vereist sein, und es liege sogar etwas Schnee. Auf halber Strecke stoßen wir auf eine Eisdecke von fast hundert Metern Länge.

»Wenn hier zwei Autos aufeinandertreffen, fällt eins hinein«, brummt Josep, der Taxifahrer, und umklammert fest das Lenkrad.

Mit »hinein« meint er in den Fluss. Der Abhang ist zwar nicht sehr steil, doch das Fahrzeug würde in jedem Fall umstürzen.

Der Noguera de Tor ist ein kleiner, aber sehr reißender Fluss. Der Anblick der funkelnd weißen Eisfläche ist beeindruckend und zugleich beängstigend. Der Taxifahrer kennt die Stelle gut, legt den zweiten Gang ein und fährt beinahe problemlos hinüber. In zwanzig Minuten sind wir in Tor.

Als Pol und ich damals hochfuhren, war die Landschaft verschneit und grau. Heute liegt der Schnee nur noch an einzelnen Stellen und auf den Bergwipfeln. Die Sonne scheint auf das Dorf, und trotz Sansas Schrotthaufen ist der Anblick einfach herrlich. Der kleine Fluss gleicht einem reißenden Sturzbach, er schäumt beinahe über. Auf der linken Seite stehen die Häuser aus dunklem Stein mit Schieferdächern. Zuvorderst sehen wir Sansas Scheune und dahinter das Haus, in dem er ermordet wurde. Alle Fensterläden sind geschlossen. Von weit hinten scheint die Kirche mit ihrem Glockenturm zu beobachten, wie sich der Fluss Noguera de Tor mit einem Bach vereinigt, der vor ein paar Häusern im Dorf vorbeifließt. Neben Sisquetas Haus und vor Palancas Hof liegt ein kleiner Platz, besser gesagt ein unbebautes Gelände. Dort sind die ersten beiden Morde passiert. Eine einfache Brücke aus zwei Baumstämmen und ein paar Holzlatten führt an der Stelle über den Fluss. Über diese Brücke gelangt man zum Garten des Hauses Bernat, der fast ausschließlich von Sisqueta genutzt wird. Es ist ein winziges Stück Land, eingefasst von einem ebenfalls sehr einfachen Zaun. In diesem Garten liegt noch vereinzelt Schnee, offenbar gelangt die Sonne kaum dorthin. Daneben ein Schild mit der Aufschrift: »Katalonien gibt es seit 1000 Jahren. Tor gab es schon immer.« Solche Schilder findet man in all den Dörfern des Vall Ferrera.

Das Weiß des Winters färbt sich langsam frühlingshaft grün, und man spürt, dass die kommenden Tage noch viel mehr Farben hervorbringen werden. Wie wunderschön ist das alles! Und was für ein Hass sich unter diesen Dächern angestaut haben muss!

Pepe und Pol, der eine mit der Kamera in der Hand, der andere mit dem Stativ auf der Schulter, laufen durchs Dorf und nehmen alles auf, was ihnen wichtig erscheint. Dem Fernsehpublikum soll gezeigt werden, dass der Ort noch fast unberührt ist. Idyllisch. Und mit Blut befleckt.

Nach zwei Stunden fahren wir mit dem Auto noch etwas weiter hinauf, bis zu den Bordes de Pleià, vielleicht ist ja schon ein Hippie vor Ort.

»Kaum anzunehmen«, sagt der Taxifahrer, »aber sobald der Schnee schmilzt, werden die Hippies wiederkommen. Dann sind ganz sicher welche oben.«

Tatsächlich, kein einziger. Wir filmen ein bisschen die Umgebung, die in dieser Höhe noch verschneit ist, und fahren wieder ins Dorf. Wir stoßen auf einen Geländewagen, einen Toyota, der quer auf der Straße steht, und kommen nicht vorbei. Kaum sieht unser Fahrer den Wagen, wird er kreidebleich.

»Hombre, verdammt, das ist Lázaro!«, ruft er.

Er hält den Jeep wenige Meter vor dem Toyota an, lässt den Motor laufen und bleibt sitzen. Weil besagter Lázaro nirgendwo zu sehen ist, wollen ich und meine Begleiter aus dem Wagen steigen.

»Nein, nein! Bleibt drin!«, warnt uns der Fahrer.

»Aber warum? Wo ist der Kerl? Wenn der das Auto nicht wegfährt, kommen wir doch nicht vorbei!«

»Still! Der wird schon auftauchen und wegfahren. Mit dem ist nicht zu spaßen, der Typ ist absolut bescheuert!«

Wir Ahnungslosen denken natürlich, dass uns nach dem wilden Abendessen mit Mont und den anderen nichts mehr aus der Fassung bringen kann und dieser Irre wohl ähnlich gestrickt ist. Also steigen wir aus und nähern uns dem Wagen, der uns den Weg verstellt. Und schon kommt Lázaro hinter der nächsten Hausecke hervor, mit einem blauen Overall und einem grünen Hut bekleidet, eine brennende Rössli im Mund

und einen Knüppel in der Hand. Pepe, dieser Unschuldsengel, setzt sich rasch die Kamera auf die Schulter und beginnt zu filmen.

»He, du! Nimm die Kamera weg oder es setzt Hiebe und das Ding fliegt in hohem Bogen in den Fluss!«, brüllt der Typ auf Spanisch und schwingt drohend seinen Stock.

Jetzt wird uns klar, dass die Bezeichnung »bescheuert« noch eine ganz andere Bedeutung haben kann. Pepe reagiert blitzschnell, setzt die Kamera ab, lässt sie aber weiterlaufen. Pol geht auf Lázaro zu, weil er wie ein guter Reporter die Kamera schützen will, falls es zu einer Prügelei kommen sollte. Er trägt die Mikrofonangel für die Tonaufnahme. Ich stehe auf der Frontlinie, zwei Meter vor dem neuen Protagonisten.

»Und du, wo willst du hin, hm?« Er baut sich vor mir auf und stützt sich mit beiden Händen auf seinen Stock.

»Mit dir reden will ich«, sage ich.

»Und wie willst du reden, wenn ich dir das Maul stopfe?«

»Warum willst du mir das Maul stopfen?«

»Weil du ohne scheiß Erlaubnis auf einem Privatgrundstück stehst. Reicht das nicht?«

»Privatgrundstück? Das ist eine Straße, und alle Straßen sind, soviel ich weiß, öffentlich, oder?«

»Die hier nicht. Die ist Eigentum der Gesellschaft der Miteigentümer von Tor. Und du bist ein Arschloch!«

»Okay, okay, dann lass uns vorbei und wir sind weg.«

»Schön weg! Ich prügle dich windelweich! Windelweich!«

Ich kriege das nicht auf die Reihe. Pepe filmt heimlich, Pol steht daneben und Josep, der Taxifahrer, sitzt regungslos im Auto. Dieser Irre ist nahe genug, um mir mit seinem Knüppel den Schädel einzuschlagen. Sonnenklar – mit dem lässt sich keine zivilisierte Unterhaltung führen. Mit der Rechten schwingt er seine Waffe, mit der Linken fummelt er ständig an der Zigarre herum.

»Also, verdammte Scheiße, was habt ihr hier zu suchen? Und wer hat euch die Erlaubnis gegeben, hm?«, schnauzt er und macht ein abgebrühtes Gangstergesicht.

Ich erinnere mich an die erste Unterhaltung mit Palanca in der Bar der Pension Montaña, damals im Januar, nachdem wir von Tor zurückgekommen waren. Irgendwie kommt mir die Situation bekannt vor, nur ist sie jetzt um einiges schlimmer.

»Ich möchte, dass wir Freunde werden!«, versuche ich mein Glück.

»Freunde? Ha!« Das gleiche »Ha!« wie von Palanca. »Und warum sollten wir Freunde werden, du und ich, hm? Du bist doch bestimmt von den Terroristen der Regierung und kommst, um uns den Berg wegzunehmen und Lügen zu erzählen!«

Auch das ist bekannt. Alle machen sie Palanca nach und behaupten, man wolle ihnen den Berg wegnehmen. Alle reden von Terroristen.

»Hombre, Lázaro, nichts haben wir gemacht, gar nichts. Wir wollten nur sehen, ob jemand hier oben ist. Morgen haben wir vor, mit Palanca zu reden und ihn um seine Erlaubnis zu bitten. Wir wussten doch nicht, dass du da bist ...«

»Aha, du kennst mich?«, ruft er in einem etwas weniger feindseligen Ton. »Woher weißt du meinen Namen? Vom Taxifahrer?«

»Nein, Hombre, von Palanca«, lüge ich. »Vor ein paar Tagen haben wir mit ihm gesprochen, und er sagte uns, falls wir dich träfen, sollten wir dir sagen, dass wir schon mit ihm gesprochen hätten.«

Meine Notlüge tut ihre Wirkung.

»Aha, gut. Aber ihr müsst im Fernsehen sagen, dass der Richter von Tremp uns betrogen hat. Saubande!«, brüllt er. Überhaupt öffnet er den Mund nur zum Brüllen. »Schweinehunde! Und der Bürgermeister von Alins genauso, wegen dem kann man in Tor nicht leben, weil die die Straße nie in Ordnung bringen. Aber den Berg, den wollen sie uns wegnehmen, diese Diebe!«

Jetzt oder nie!, sage ich mir und gehe aufs Ganze:

»Okay. Wenn das ins Fernsehen soll, müssen wir jetzt aufnehmen«, erwidere ich und zwinkere Pol und Pepe zu, die sofort in Stellung gehen, der eine mit der Kamera auf der Schulter, der andere mit der gezückten Mikrofonangel.

Unsere Reaktion bringt Lázaro durcheinander, er weiß nicht, wie er sich verhalten soll. Oder doch.

»Gut, aber passt auf, was ihr im Fernsehen bringt! Deine Eier stehen auf dem Spiel, Hombre!« Und er versucht mehrere Posen, als ob er in einem Passbildautomaten säße, um ein richtig gutes Bild abzugeben.

»Also, womit sollen wir beginnen?«

Ich denke, er ändert möglicherweise seinen Ton, wenn ich ihm etwas Spiel lasse. Und wenn wir ihn dazu bringen, seine Aggressivität runterzuschrauben, bekommen wir vielleicht gute Antworten von einem ziemlich ungewöhnlichen Typen, und das wäre prima.

»Keine Lügen, verstehst du? Ihr sollt keine Lügen erzählen, denn der Einzige, der hier das ganze Jahr über lebt, ist Palanca. Und ich! Wir beide. Aber nicht Rosendo. Der macht sowieso nichts anderes, als immer nur vier stinkige Kühe zu hüten! Wenn drei Monate keiner ins Dorf kommt, dann kommt eben keiner! Schluss! Wenn hier keiner wohnt, dann sollen die nicht behaupten, hier lebe sowieso jeder, eh! Und Rosendo soll sich ja nicht einbilden, dass er das ganze Jahr über hier wohne, nur weil er seinen Bruder beerbt hat. Der wohnt nicht hier! Verstehst du, verdammt? Der wohnt in Araós. Schluss! Ende! Aus!«

27

»MAFIA IST MAFIA, DAS WEISS DOCH JEDER!«

Er ist dreißig Jahre alt, hat rot unterlaufene Augen – ich dachte zuerst, das wäre auf übermäßigen Alkoholkonsum zurückzuführen, aber bald wurde mir klar, dass er immer so aussieht –, und er redet wie Palanca, nur auf Spanisch: unvollendete, wirre Sätze, ständige Wiederholungen, großes Gebrüll, die Hände stets in Bewegung ... Er geht hin und her und verliert sich in einem ewigen Selbstgespräch.

Sein jetziger Gegner scheint Rosendo Montané zu sein, Sansas Bruder, der den Berg geerbt hat und damit wohl auch die Feinde des Verstorbenen.

»Wir wohnen in Tor nicht dank dem Bürgermeister von Alins. Der räumt uns die Straße eh nicht frei. Wir müssen das Vieh selbst runtertreiben, verstehst du? Weil der uns die Straße nicht frei macht! Verdammt, wir würden ja das ganze Jahr über hier leben, ja, wir *sind* hier das ganze Jahr, das ganze Jahr bin ich in diesem Dorf, weil ich den Mumm habe und basta! Mit dem Geschwafel, wem der Berg gehört und wem nicht, muss jetzt Schluss sein, ich scheiß drauf, verstehst du? Aber ich will nicht, dass ihr sagt, der Mann lebt das ganze Jahr über hier. Lüge! Weil der sein Haus vor uns allen zu macht, vor Palanca oder Sisqueta, der macht die Bude echt vor uns allen dicht, das ist die Wahrheit und damit hat sich's! Und das sage ich hier und morgen, das soll ins Fernsehen, das soll das ganze Land der Welt und das ganze Ausland sehen, weil das wahr ist, so wahr wie ein verdammtes Haus, und wir müssen runter wegen dieser beschissenen Straße, die sie nicht frei machen. Die bringen sie bloß in Ordnung, wenn es ihnen in den Kram passt, im Sommer, um ein paar Touristen durchzukarren und, weiß der Geier, um ihre eigene scheiß Kasse zu füllen.«

Der Mann bringt sich ganz allein in Fahrt. Wenn er und Palanca davon reden, dass man die Straße nicht frei macht, wollen sie sagen, dass die Gemeinde von Alins den Schnee im Winter nicht räumt und die Bewohner deshalb nicht hinaufkönnen. Aber stattdessen faselt er wirres Zeug. Der Mann ist völlig unbrauchbar für ein Interview. Wenn ich nur wüsste, wie man ihn lenken könnte.

»Okay, Lázaro. Und wer glaubst du, hat Montané also umgebracht?«

»Wer Sansa umgebracht hat? Ich! Klar, oder? Ich hab den abgemurkst! Ich bin der Mörder, obwohl ich nicht hier war, ich war in La Pobla. Aber es hätte mir schon Spaß gemacht, diese miese Ratte! Er hat gelebt und jetzt ist er unter dem Boden. Schau mal, ich bin ein Mensch und bin hier und lebendig, und wenn er tot ist, dann weil er mal gelebt hat ... Ach, was weiß ich, ob die den beseitigt haben oder nicht. Der Richter von Tremp und die ganze Bande, diese Mafia, die wissen Bescheid, verdammte Scheiße! Die wissen, was passiert ist. Ich hab hier nur geschlafen. Ich hab in La Pobla und Andorra gearbeitet und hier nur geschlafen, bei Palanca. Und wenn der unter dem Boden ist, dann nur weil er mal gelebt hat, sonst wär er ja nicht tot.«

»Verdammt, Lázaro, ich versteh kein Wort! Red jetzt mal Klartext, Hombre. Von welcher Mafia sprichst du? Na los, klar und deutlich!«

»Mafia? Na, Mafia ist Mafia, das weiß doch jeder! Der Bürgermeister, das Gericht von Tremp und diese ganze Bande sind eine Mafia, alle sind sie eine Mafia. Ich weiß nichts, ich hab die nicht gesehen, die Mafia, ich hab die Mafia nicht gesehen, und weder ihr noch der beste Doktor bringt Licht in die Geschichte! Ja, die Mafia weiß alles. Wir tappen im Dunkeln, ich und alle anderen, ihr und ich, verloren, total verloren stapfen wir auf diesen Bergen rum ... Und die reden von der Mafia, ha! Was mir voll auf die Eier geht, ist, dass der Typ da, der Wichser, ins Fernsehen kommt und behauptet, der Berg gehört ihm, ha!«

»Jetzt hör doch mal auf! Bislang ist keiner ins Fernsehen gekommen und hat gesagt, wem der Berg gehört. Und du, was glaubst du, wem er gehört?«

»Wem? Na allen! Ist doch logisch, wenn uns dreien eine Sache gehört, ist die von uns dreien, richtig? Oder uns vieren, oder fünfen, wir sind drei oder vier Leute hier und es gehört den fünfen, wenn wir zum Beispiel was im Auto haben, Schmuggelware, und zu fünft transportieren wir die, dann gehört sie den fünf Leuten, oder? Eh? Na also, der Berg gehört dem Dorf, allen, den Leuten aus dem Dorf Tor gehört der Berg, nicht dem Señor Montaner« – viele Leute sprechen den Namen fälschlicherweise mit einem R aus – »noch Krethi oder Plethi, er gehört den Menschen aus dem Dorf, den Bewohnern, wem sonst?«

»Sind die Schmuggler deine Freunde?«

»Die Schmuggler seh ich nie ... nie seh ich die! Die fahren vorbei, und ich an ihnen. Ich, ich kann auch schmuggeln, und du, warum bist du eigentlich hergekommen? Schmuggel, hm? Ich kann auch mal behaupten, dass ihr schmuggelt, eh!«

Ich schalte auf Durchzug. Das ist kein Interview, das ist verlorene Zeit.

»Okay, Lázaro, vielen Dank, wir müssen jetzt gehen.«

»Gehen? Ich muss gehen, das Dorf verlassen. Wenn's nach mir ginge, ich wäre den ganzen Winter über hier! Und das müsst ihr im Fernsehen bringen! Der Bürgermeister von Alins will uns einfach loswerden! Die Brücke da oben, wenn ihr die gesehen habt, die Brücke da oben, habt ihr gesehen, was mit der los ist? Das müsst ihr filmen, das, eh! Erst haben sie eine Brücke gebaut, damit wir rüberkommen, damit wir besser rüberkommen, und jetzt haben sie die wieder gesperrt. Wir mussten die Stuten holen und oberhalb entlang treiben, scheiß Schikane, ganz klar!«

Das erinnert mich an die Geschichte, wie Lázaro einmal einem Abgeordneten der Generalitat de Catalunya gedroht hatte, als dieser die Bauarbeiten an der Brücke besichtigen wollte. Lázaro hat die Leute doch selbst vertrieben und jetzt beklagt er sich! Unglaublich. Aber der macht einfach weiter.

»Sí, Señor, und jetzt lebe ich hier, bei Palanca, ja, hier steh ich, ihr seht mich hier und heute, noch bin ich hier im Haus von Palanca, und ich werde ganz genau gucken, wie die Straße aussschaut, um meine Herde zu holen, hier will ich die haben, nicht auf den Straßen, hier soll die sein, bei mir. Bis gestern konnte man nicht mit dem Wagen hochfahren, eh! Jetzt geht's, wenn auch schlecht, das habt ihr gesehen, die Straße ist miserabel oder etwa nicht, hm? Die streuen nicht mal Salz, Hombre. Aber die Stadt besteuert die Jagd und die Fischerei! Immer nur zahlen! Und der Bürgermeister von Alins steckt sich das schön in die Tasche, die Jagd und die Fischerei! Und wir? Nada! Als ich nach Salz gefragt habe, haben die mich zurückgewiesen. Ich wollte das Salz für hier, ich hätte das verteilt, und die, die beschimpfen mich, und wenn du was sagst, dann wollen sie dich sofort umbringen. Die haben mich bedroht, die haben mir gesagt, ich muss hier verschwinden, aus diesem Dorf, die wollen nicht, die wollen nicht, dass ich lebe.«

»Aber, wer hat dich bedroht und warum?«

»Wer? Na, die Leute hier, die haben mich bedroht. Die Leute, die nicht wollen, dass ich hier wohne, die machen mir das Leben zur Hölle. Niemand hat mich bedroht, aber die machen mir das Leben zur Hölle, und wenn die dir das Leben zur Hölle machen, musst du weg.«

»Hast du Montané bedroht?«

»Das ist gelogen! Der Richter von Tremp macht mir das Leben schwer, nach Sansas Tod haben sie mir die Hölle heißgemacht, ich war doch unschuldig, und die haben mich ausgefragt. Der Richter, Hombre, der Richter soll das Ganze untersuchen, der soll bloß kommen. Mist, elender! Ein Unschuldiger, der wie ein Pferd arbeitet! Hier bin ich, halb verreckt auf dem Berg und murkse die Leute ab ... Scheiße, Mann, verdammte Scheiße! Die werden schon sehn, was passiert. Die Mafia lassen sie in Ruhe, aber mit Leuten wie mir, ja, da sind sie stark. Die ganze Welt soll das sehen, was hier passiert, in diesem Dorf, das müssen die sehen, Señor! Morgen murksen sie vielleicht mich ab. Das ist eine große scheiß Mafia. Ich habe nichts, aber sie bringen mich trotzdem um, weil ich hier störe, Hombre, ich störe! Und weil ich bei Jordi Riba wohne, bei Palanca. Den wollten sie ja auch schon abservieren, 1980, aber er ist entwischt, und da haben sie eben seine beiden Jungs kaltgemacht. Genauso können sie mich erledigen. Aber ich hab keine Angst, ich bleibe hier, selbst wenn sie mich umlegen. Pech. Der Einzige, der mich aus seinem Haus werfen kann, und dann geh ich auch, das ist Jordi Ribas« – viele sprechen den Namen so aus –, »ich meine Palanca. Erst wenn der mir sagt, ich soll raus, dann geh ich, und basta!«

Die Batterie der Kamera ist leer. Lázaro hat sich Luft gemacht, setzt sich in seinen Wagen und braust ab. Aber nicht ohne sich vorher noch auf seine Art zu verabschieden.

»Also, dass das klar ist, wenn ich euch mit Rosendo sehe oder ich schlecht im Fernsehen rauskomme, polier ich dir die Fresse, verstanden?«

Später macht mich Pol auf eine große Gefahr aufmerksam:

»Wenn der Idiot jetzt vor uns mit Palanca redet, erfährt er, dass wir ihn belogen haben, und dann haben wir ein Problem.«

»Mist, das stimmt! Wir müssen Palanca noch heute Abend auftreiben.«

28

PALANCA MUSS ÜBERZEUGT WERDEN

Palanca ist ein bekannter Stammkunde in ein paar Kneipen und Gasthäusern im Umland von Tor. Seit zwei Wochen versuchen wir, ihn zu finden. Auf die Nachrichten, die wir in den Lokalen für ihn hinterlassen haben, hat er nicht reagiert.

Es ist fünf Uhr nachmittags. Wir müssen es trotzdem versuchen. In den ersten drei Lokalen haben wir kein Glück. Als wir an der Casa Mariano in Baro vorfahren, sehen wir einen granatfarbenen Nissan Terrano davor geparkt. Das passt. Wir gehen rein, und da steht er an der Theke, ein Glas Ratafia in der Hand, und unterhält sich mit dem Besitzer, einem Mann in seinem Alter oder vielleicht ein bisschen älter und von gleicher Art. Daneben ein Kaugummiautomat. Wir sind allein: Mariano, Palanca und wir. Geradezu eine ideale Situation.

»Guten Tag!«, sage ich und grinse ihn an in der Hoffnung, dass er uns wiedererkennt.

»Ha! Guten Tag, guten Tag. Ja, Reporter müsste man sein, Mariano, die führen ein angenehmes Leben. Stimmt's? Die überarbeiten sich nie«, sagt er mit überraschender Liebenswürdigkeit.

»Wie man's nimmt«, entgegne ich, »im Moment sind wir beispielsweise am Arbeiten. Wir haben Sie gesucht.«

»Mich? Ha! Was wollt ihr denn von so einem armen Teufel wie mir? Ich werde schon von der Justiz verfolgt. Seid ihr schon in Tor gewesen?«

»Von da kommen wir gerade.«

»Und? Wie ist die Straße? Bestimmt noch vereist, oder?«

»Ja, auf einem Teil liegt eine dicke Eisschicht. Aber wir sind bis ins Dorf gekommen.«

»Und weiter rauf seid ihr nicht gefahren?«

»Nein«, lüge ich, um nicht zuzugeben, dass wir in den Bordes de Pleià, Sansas Eigentum, waren. »Wir haben befürchtet, dass da oben zu viel Schnee liegt.«

»Schon möglich. Und, habt ihr keinen Schmuggler getroffen?«

»Nein, nur Lázaro, den haben wir gesehen.«

»Dieser Verrückte war im Dorf?«

»Ja, wir haben ein Weilchen geplaudert. Netter Kerl.«

»Ein Nichtsnutz.«

Wir kommen aus dem Staunen nicht mehr heraus. Diesen Palanca kennen wir überhaupt nicht.

»Na los, Mariano, gib den Herrschaften ein Gläschen Ratafia! Ihr trinkt doch was mit?«

»Ja, sicher, gerne trinken wir ein Gläschen«, sage ich schnell und winke meinen Begleitern zu, sie sollen mittrinken, um die gute Stimmung nicht zu verderben.

Doch wie immer geht Pepe eigene Wege.

»Nein, danke«, sagt er in aller Unschuld, »ich nehme eine Coca-Cola.«

»Ha! Coca-Cola! Du bist wohl 'ne Schwuchtel, was? Schwuchtel oder Polizist, hm? Na, was bist du?«

Pol kann nicht an sich halten und lacht laut los.

»Und du, worüber lachst du, eh? Noch so 'n Idiot!«, schnauzt er Pol an, dem sofort das Lachen vergeht. »Verdammt, Ratafia für jeden und damit hat sich's!«

Ich befürchte Schlimmes, aber es geht noch mal gut, und schon wieder überrascht uns Palanca.

»Mariano!«, schnauzt er, »hol die Karten, na los, wir wollen mit den Fernsehleuten Butifarra spielen. Das kennt ihr doch, oder?«

»Ein bisschen, ja, aber nur ein bisschen! Nicht, dass ihr glaubt ...«

»Sei still und setz dich!«, unterbricht er mich. »Ihr zwei gegen Mariano und mich. »Wenn ihr auf fünfzig kommt, bevor wir hunderteins haben, mach ich, was ihr wollt, wenn nicht ...«

»... dann dreht er euch den Hals um und schmeißt euch in den Fluss!«, lacht der Kneipenbesitzer.

Palanca kommt als erster mit einem Trumpf heraus. Man merkt, dass die beiden viele Stunden am Stück gespielt haben. Aber heute ist das Glück auf unserer Seite, und obwohl die Veteranen uns pausenlos rüffeln und belehren, legen wir ziemlich gute Karten. Pepe sitzt zwischen Palanca und mir, nippt an seinem Ratafia und brummt hin und wieder:

»Gar nicht so übel!«

Das Spiel dauert etwas mehr als eine Stunde, und am Ende hat sich jeder von uns drei Ratafias hinter die Binde gekippt. Aber Palanca ist uns allen voraus: Er trinkt wie ein Elefant.

»Los! Das muss mit einem Schluck runter, ihr seid ja Weicheier! Verdammt, wird's bald?«

Und um ihn nicht in Rage zu bringen, tun wir ihm den Gefallen. Sofort kommt die nächste Runde. Als wir bei fünfzig angekommen sind, haben die beiden noch keine fünfundsiebzig. Mariano zieht Palanca spöttisch auf:

»He, Jordi, die Kerle haben dich im Sack. Jetzt musst du ihnen deinen Anteil vom Berg geben. Ha, ha, ha!«

»Halt's Maul, du Schaf! Siehst du nicht, dass die mich vor die Kamera schleifen wollen. Stimmt's, Jungs?«

»Ja, mit einem Interview sind wir schon zufrieden.«

»Jetzt spielen wir zu Ende, und wer verliert, der zahlt den Schnaps«, verkündet Palanca.

Sie gewinnen und wir zahlen, aber das ist nur fair, das Kartenspiel hat uns bei dem Bergschrat immerhin Respekt verschafft. Und Palanca willigt ein, in ein paar Tagen mit uns nach Tor hinaufzufahren.

»Am Mittwoch fahre ich zum Markt in La Pobla. Ich muss eine Stute verkaufen, wenn ich was essen will. Am Donnerstag, um neun Uhr bin ich in der Pension Montaña. Dort frühstücken wir und dann fahren wir hoch!«

Wir können unser Glück kaum fassen. Unser Treffen mit Lázaro haben wir aus Freude über das gute Resultat des Kartenspiels und vor allem wegen der großen Menge Ratafia völlig vergessen.

Am Abend erwartet uns eine weitere Überraschung. Endlich willigen auch die sogenannten »Hoferbinnen von Tor« – die Frauen, die im Juli 1995 in Tor waren – ein, ins Dorf zu kommen. Vielleicht, weil sie gehört haben, dass Palanca mit uns hochfährt? Wir beschließen, dass Josep, der Taxifahrer, sie einzeln abholt, und wir alle gemeinsam in Tor zu Mittag essen. Wir sind zwar noch weit davon entfernt, den Mörder zu finden, aber wir scheinen doch jede Menge Material für »30 Minuts« zu bekommen.

29

DIE FRAUEN VON TOR

Beim Abendessen trinken wir zwei Flaschen Wein. Wir sind so glücklich über unseren Erfolg, dass wir über die Stränge schlagen. Um das Fass zum Überlaufen zu bringen, fahren wir auch noch auf ein Glas nach Rialp, in den Club Vall d'Àssua, eines der wenigen Lokale, die bis zwölf oder ein Uhr morgens auf sind; samstags sogar noch etwas länger. Da wir schon ziemlich beschwipst sind, bietet Josep, der Taxifahrer, an, uns mit seinem Mercedes hinzufahren. In Rialp trinke ich noch drei Ratafias. Doch der letzte geht nicht mehr ganz hinunter. Ich erinnere mich noch, wie ich ins Auto auf den Beifahrersitz klettere und das Glas in der Hand halte. Pol und Pepe haben nicht so viel gesoffen wie ich, aber angeheitert sind die auch. Wir haben den aufgestauten Stress im Alkohol ertränkt. Wir fahren von Rialp nach Alins zurück, ungefähr dreißig Kilometer, eine Kurve nach der anderen. Ich verschütte keinen einzigen Tropfen Ratafia. Am nächsten Morgen erzählen mir meine Freunde den Rest: Wie ich aus dem Auto steige, fällt mir das Glas hin, ich küble alles heraus, was ich im Magen habe und falle um wie ein nasser Sack. Sie schleppen mich ins Bett, und irgendwer hat mich dann ausgezogen.

Am nächsten Morgen bringt uns Josep mit dem Jeep nach Tor. Der Tag ist herrlich und ich habe einen Kater. Bei unserer Ankunft in Tor bläst ein frischer Wind, der mich etwas aufpäppelt. Die Frauen warten schon auf uns: Sisqueta, Emília,

Concepció und Pili, Sisquetas Tochter. Alle vier waren im Juli 1995 in Tor, als Sansa ermordet wurde. Bevor wir sie interviewen, zeigt uns jede ihr Haus. Seit dem Winter waren sie noch nicht in Tor, und zuerst wollen sie die Fenster in ihren Häusern öffnen und lüften. Da sie keinen Strom haben, ist es beim Eintreten völlig dunkel. Nur ein paar Sonnenstrahlen fallen hier und da durch eine Ritze in den Fensterläden, aber zum Filmen nützt uns das nichts. Die Frauen tappen voran. Wir filmen im Dunkeln, aufs Geratewohl, und das Ergebnis ist fantastisch. In der größten Dunkelheit, genau in dem Augenblick, als jede Frau das erste Fenster öffnet, fällt eine Lichtlawine in den Raum, und ihre Silhouette hebt sich dunkel vom Gegenlicht ab. Die Frauen scheinen aus einer anderen Welt zu kommen.

Nachdem wir die drei Häuser besichtigt haben, gehen wir alle zu Sisqueta in den ersten Stock. Pili und ihre Mutter haben schon das Kaminfeuer angezündet. Gleich neben der Feuerstelle steht eine Steinbank an der Wand. In der Mitte, über dem Feuer, hängt ein großer schwarzer Kessel. Auf der anderen Seite steht Sisquetas Stuhl unter dem Fenster. Es ist das Fenster, durch das sie jede Bewegung in Tor registriert – außer am Tag, als Sansa umgebracht wurde. In der Mitte des Raums befindet sich ein langer Holztisch mit zwei Bänken. Auf dem Tisch haben die Frauen deftige Brote mit Tomate und Wurst aus der Gegend angerichtet. Irgendwo haben sie sogar Wein aufgetrieben. Der kommt mir gerade recht, um den Alkoholnebel in meinem Kopf zu vertreiben.

Die Szene eignet sich sehr fürs Fernsehen: vier Frauen um ein Feuer und dazwischen einer der Hippiehunde. Ich sitze etwas abseits und bemühe mich, sie zum Sprechen zu bringen, während Pepe und Pol hin und her laufen und filmen. Das Licht, das durch das Fenster einfällt – blau, kalt –, und der Feuerschein – gelb, warm – vermischen sich und bringen

Farben hervor, die Pepe, den Kameramann, in helles Entzücken versetzen.

»Das ist richtig schön hier. Hier lebte es sich bestimmt sehr angenehm, oder?«, sage ich, um das Eis zu brechen.

Pili ist die Erste, die etwas sagt. Die anderen Frauen mischen sich nach und nach ein.

»Ich war noch sehr klein, aber die Leute, die hier lebten, waren schon glücklich, dass sie ihre Kühe auf den Berg treiben konnten und dass die Kühe Kälber bekamen, damit etwas Geld hereinkam, denn damals lebte man davon. An etwas anderes, etwa an die Zukunft, hat man nicht gedacht. Jede Familie hatte ihre Kuhherde, die ließ sie auf dem Berg grasen, dazu kam das Holz, das man schlug, und im Herbst wurde etwas verkauft, um durch den Winter zu kommen. Aber keiner dachte, dass das ein wichtiger Berg sei, aus dem man Profit schlagen könnte. Bis Ruben, der Andorraner, kam und feststellte: ›Hier kann man Pal und Arinsal zu einer Skipiste zusammenlegen. Aus dem Berg lässt sich Kapital schlagen, das hat Zukunft, das ist eine gute Sache.‹ Die Leute in Tor hatten nicht daran gedacht, weil jeder mit sich selbst beschäftigt war und man auf herkömmliche Weise lebte.«

Pili ist siebenundzwanzig, energisch, entschlossen, aufgeweckt. Niemand da oben versteht, wie sie sich mit einem Irren wie Lázaro einlassen konnte ... Neben ihr sitzt Emília, liebenswert, immer bedrückt. Sie lässt sich am ehesten durch die Erinnerungen rühren, und es fällt ihr besonders schwer, die Tränen zurückzuhalten.

»Vielleicht war es dieser Mann, der uns die Augen geöffnet und auf den Gedanken gebracht hat, dass mehr dahintersteckte. Damals hatte man gerade die Straße nach Andorra gebaut, na ja, es war keine Straße, es war ein Weg.«

»Sansa hatte schnell begriffen, dass da Profit zu machen wäre«, wirft Pili ein. »Der war schlau.«

Auf der anderen Seite der Feuerstelle sitzen Sisqueta und Concepció. Concepciós Blick ist direkt in die Flammen gerichtet, und ihre Silhouette hebt sich gegen die Fensteröffnung ab. Sie muss früher einmal sehr hübsch gewesen sein, sie ist die Ruhigste von allen.

»Wir haben nichts weiter gedacht, zumindest nicht, bis die Zufahrt gebaut war und das Leben sich veränderte.«

»Hätten die doch nie eine Verbindung bis zur Straße nach Port gemacht« – sie meint den Pass Port de Cabús –, »dann wäre Tor noch Tor und wir hätten keine Scherereien«, sagt Emília. »Das ist ganz sicher, wenn die nicht die Verbindungsstraße gebaut hätten, wäre Tor noch Tor, aber damit fing die Spekulation an. Und das hat uns nur geschadet.«

»Und wer hat den Weg gemacht?«, frage ich.

»Die Straße?«, wettert Sisqueta. »Die hat Sansa gebaut! Aber das Dorf hat sie bezahlt. Er sagte, er hätte sie aus seiner Tasche bezahlt, aber er hatte keinen einzigen Céntimo. Die Straße wurde gebaut, und das Dorf hat bezahlt, mit dem Geld, das wir mit unserem Holz verdienen konnten. Wir machten damals Versteigerungen, und das brachte Geld, und als wir die Schulden bezahlt hatten, haben wir die Summe, die übrig blieb, ob das nun 10 000 Peseten waren oder 15 000 oder 20 000, unter den Höfen aufgeteilt.«

»Was?«, unterbricht sie Concepció, so als wäre das für sie eine Neuigkeit. »Wann hat man Geld verteilt?«

»Das Geld ... wann? Früher! Erinnere dich, Concepció! Und weil die Palancas damals in Alins wohnten, aber ihre Tiere hier oben hatten, haben teils Leute aus dem Dorf, teils Fremde die Herde gehütet.«

»Ich erinnere mich nicht«, sagt Concepció, die aus einer der ärmeren Dorffamilien stammt. Sie arbeitete als Magd sowohl bei den Sansas als auch bei den Palancas.

»O ja, damals heuerten wir Hirten für die Tiere an, und zuletzt hat sich Palanca geweigert, der wollte weder das Dorf noch die Fremden bezahlen.«

»Ich nicht«, sagt Emília, »wir haben nur einmal die 15 000 Peseten erhalten, das war's, danach nie mehr.«

»Waren Sansa und Palanca immer schon verfeindet?«

»Ich glaube nicht«, sagt Concepció, die beide gut kannte. »Früher nicht, danach ... später, aber früher nicht, ich glaube ...«

»Man sollte nicht auf die Leute hören«, unterbricht sie Sisqueta. »Da schwatzt jeder was anderes. Jetzt sagen sie, dass Rosendo, vom Hof Sansa, das ganze Jahr über hier wohnt, und das stimmt nicht. Das ist nicht wahr!«

Diese Antwort, die nicht in den Zusammenhang passt, bedeutet zweierlei: zum einen, dass Sisqueta schwerhörig ist und impulsiv reagiert, zum anderen, dass sie schon länger auf die Gelegenheit wartet, klarzustellen, dass im Winter niemand in Tor wohnt. Diese Marotte, oder besser diese Manie, sitzt tief in ihnen allen. Ihre Tochter wiederholt die Frage für sie: »Mama, sie wollen wissen, ob Sansa und Palanca immer schon zerstritten waren!«

»Ach so! Nein, früher haben die zusammengearbeitet und waren Freunde, doch, früher schon.«

»Früher waren die eng befreundet«, bestätigt Concepció. »Als wir klein waren, war hier im Dorf immer Tanz, und es ging lustig zu. Da trafen wir uns alle in einem Haus. Bei Emília fand immer der Tanz statt, ihr Großvater spielte Akkordeon.«

»Wir mähten das Heu, wir ernteten die Felder, wir hatten Kartoffeln, wir hatten Korn, wir hatten von allem«, erinnert sich Sisqueta und schildert anschaulich die Tätigkeiten in ihrer Jugendzeit.

»Und wieso ging diese Harmonie in die Brüche?«

»Weil die Leute aus dem Dorf fortgingen«, wirft Pili schnell ein, obwohl das vor ihrer Zeit war. »Die meisten Familien hatten Kinder, die Kinder mussten in die Schule gehen, und in Tor wurde die Schule geschlossen. Die Leute mit Kindern mussten sich etwas einfallen lassen.«

»Eine Schule gab es nicht«, korrigiert Emília, die sich gut an diese Epoche erinnert. »Das haben alles die Eltern aufgebracht, einen Lehrer mussten sie bezahlen, der uns gerade mal das ABC beibrachte. Wir sind fortgegangen wegen unserer Mutter. Meine Mutter wurde krank, und im Winter haben sie sie mit Mühe und Not heruntergeschafft. Da mussten wir auch weg, denn was sollte mein Vater allein mit drei Kindern in Tor? Jedes Mal, wenn ich daran denke, dass wir aus reiner Notwendigkeit hier fortmussten, und man uns obendrein bestehlen wollte, dann krieg ich die Wut. Was haben meine Eltern gelitten, die Großeltern, die alles aufrechterhalten haben, die arm waren und nichts verkauften, meine Onkel, alle haben große Opfer gebracht, und dann wollen sie dir mit einem Mal alles wegnehmen. Das will mir nicht in den Kopf, und Tor habe ich immer im Kopf, egal wohin ich gehe, immer habe ich Tor im Kopf.«

Emília macht einen furchtbar hilflosen Eindruck. Eine Träne läuft ihr die Wange hinunter. Später, als wir schon nicht mehr filmen, erzählt sie uns, dass ihre Mutter nicht krank geworden war, sondern sich verbrannt hatte. Sie kam zu nah an den Kamin, und ihr Rock fing Feuer. Concepció gibt ein weiteres Beispiel:

»Ja, das war hart, uns ist so was auch passiert. Mein Vater ist davongekommen, weil ich rechtzeitig aus der Schule nach Hause kam, ich war in Ainet, und ich sah gleich, dass er krank war. Ich holte den Arzt, und mit einem Maultier haben sie ihn fortgebracht, und ich ging zu Fuß. Er hatte eine doppelseitige Lungenentzündung und stand kurz vor dem Tod. ›Wenn wir die Medizin bis morgen früh um sechs nicht haben, sieht es schlecht aus‹, sagte der Arzt. Ein Bruder hat die Medizin geholt, und wie durch ein Wunder hat mein Vater überlebt. Das ist das Schlimme hier, wenn dir was passiert, gibt's keine Rettung.«

Die Frauen sehen verloren aus, in ihren Stimmen liegt abgrundtiefe Traurigkeit. Jetzt kann ich das Thema wechseln.

»Und wer hat den Andorraner geholt?«

»Sansa!«, versichert Pili mit Nachdruck. Sie schweigt ein paar Sekunden und schaut die anderen Frauen an. »Vielleicht war seine Absicht ja gut, aber er hat es nicht richtig angefangen, oder Ruben Castañer ist nicht auf seine Bedingungen eingegangen, oder sie hatten es so geplant.«

»Was heißt das?«

»Alles sollte für die drei sein: Ruben, Sansa und Cerdà, der damals der Vorsitzende der Gesellschaft der Miteigentümer war. Sie hielten sich für die Eigentümer und wollten uns loswerden, uns die Rechte streitig machen.«

»Und als Ruben erschien, was bedeutete das?«

»Mit dem ist der Unfriede erst ausgebrochen. Gezänk, Prozesse, Tote. Davor hatten sich die Leute in Tor gestritten, es kam zu Krach, aber nie hatten sie an Klagen oder so etwas gedacht. Das war schon seine Schuld, dass es hier so viel Ärger gab. Er hat die beiden, Sansa und Cerdà, beschwatzt, dass sie auf einer Goldgrube säßen, dass sie sich alles unter den Nagel reißen und die anderen leer ausgehen lassen sollten. Und dass diejenigen, die nicht in Tor lebten, aus familiären Gründen oder warum auch immer, keinen Anspruch erheben könnten. Aber das stimmt nicht!«, ruft Pili trotzig und wirft einen Arm in die Luft. »Darauf kommt's nicht an! Hier war ihr Haus, hier hatte jeder dieselben Rechte! Denn wenn du in Barcelona eine Wohnung besitzt und ein Jahr weggehst, gehört die trotzdem noch dir und nicht jemand anderem. Mit

Ruben ist der Krach erst richtig losgegangen, der hat uns in diesen Schlamassel reingezogen: Justiz, Justiz, Anwälte und Tote.«

Wenn sie »Justiz« sagt, meint sie damit nur die negative Bedeutung des Wortes: Prozesse, Verhandlungen, Anwälte, Vorladungen zum Gericht ... Jeder, der kein Anwalt ist, und irgendwann mal in eine Klage verwickelt war, kennt das. Die Toten vor Sansa waren zwei Burschen, eigentlich Holzfäller und Viehhändler, die Palanca 1980 angeheuert hatte und die in einem Streit mitten im Dorf umkamen, gleich neben Sisquetas Haus, wo wir gerade die Frauen interviewen.

30

DIE TOTEN VON 1980

Am 3. Juli 1980 entlud sich die Spannung, die sich während jahrelanger Anfeindungen, Neid und Krach in Tor angestaut hatte.

In der Zeit nach dem Bürgerkrieg hatten die Einwohner das Dorf verlassen, vor allem ab 1944, als in einem Gefecht zwischen Maquisarden und der Guardia Civil fünf Häuser in Flammen aufgingen. Damit hatte der Frieden in Tor ein Ende, und die Kinder wuchsen in einem von Hass und Groll gezeichneten Klima auf. Nach und nach zwang die Armut alle zum Fortgang, aber sie gingen nur ungern: Die Statuten der Miteigentümergesellschaft von 1896 bestimmen, dass nur diejenigen Anrecht auf den Berg haben, die das Feuer in Tor nicht ausgehen lassen, also das ganze Jahr über dort wohnen. Tatsächlich gibt es in den sechziger Jahren niemanden mehr, der das ganze Jahr dort wohnt, aber ein paar Familien sind öfter da als andere.

Im Dezember 1976 erklären sich drei Dorfbewohner zu den alleinigen Mitgliedern der Gesellschaft der Miteigentümer. Es sind Sansa, der sich den Plan ausgedacht hat, Cerdà, der Vorsitzende der Gesellschaft, und Cerdàs Schwester Generosa, eine sehr einflussreiche Frau. Die drei unterzeichnen einen Pachtvertrag für den Berg von Tor mit Ruben Castañer Ejarque, einem Immobilienhändler aus Andorra. Der genannte Zweck ist die Errichtung eines Wintersportgebietes, das die Skistationen von Arinsal, Pal und Tor – Letztere ist noch zu errichten – verbindet, sowie die sich daraus ergebenden Bauprojekte.

Die drei Unterzeichner versichern, dass die restlichen neun Gesellschafter keinerlei Anrechte auf den Berg haben, weil sie nicht mehr das ganze Jahr über im Dorf wohnen. Das erste große Problem taucht auf: Sie rechnen nicht mit Jordi Riba, Palanca, der diesen Machenschaften nicht tatenlos zuschaut. Das Auftauchen des Andorraners lässt alte Feindschaften wieder aufflammen, die von der Armut jahrelang genährt worden waren.

Ruben nimmt kleinere Instandsetzungen in Angriff, wie zum Beispiel die Renovierung des sogenannten Hauses der Gesellschaft der Miteigentümer, das von allen als eine Art Bürgermeisteramt betrachtet wird. Aber bereits in der Nacht zerstört jemand die Arbeit wieder. Und so geht das monatelang.

August 1978. Palanca trommelt die anderen Eigentümer zusammen, darunter auch die Familien von Sisqueta, Emília und Concepció, eine Versammlung wird einberufen und ein zweites Protokollbuch geführt. »Wir sind die Mehrheit, die anderen drei sind nicht gekommen«, sagen sie und heben deren Beschlüsse wieder auf. Zum Vorsitzenden wählen sie Palanca. Wer aber von Rechts wegen die Versammlung hätte einberufen müssen, war Cerdà, der offizielle Vorsitzende der Gesellschaft. Und während die Spannungen mit jedem Tag zunehmen, verpachtet Palanca den Berg an zwei Holzfäller von Vic.

Im Sommer 1980 lässt sich Palanca ständig von diesen beiden Holzfällern – in Vic nennt man sie »Holzhändler« – begleiten, nämlich Pedro Liñán und Miguel Aguilar (der nichts mit Miquel Olivella, dem Skin, zu tun hat). Aber Palanca ist nicht der Einzige, der sich nur noch mit Rückendeckung aus dem Haus traut. Ruben Castañer, der sich durch den Pachtvertrag, den er mit Cerdà und Sansa abgeschlossen hat, als Besitzer fühlt, lässt sich ebenfalls rund um die Uhr von zwei Männern begleiten: einem pensionierten Polizisten, Dionisio Rodrigo, und einem »Arbeiter«, Ramon Miró.

»In diesem Sommer«, erklären Emília und die anderen Frauen, »waren die Nächte in Tor schwärzer und bedrohlicher denn je.« Und die Tage waren nicht viel besser. Der Tathergang wurde im Gerichtsurteil von Lleida folgendermaßen beschrieben:

In diesem angespannten Klima, das zu den schlimmsten Befürchtungen Anlass gab, kam Rubén Castañer in seinem Jeep am Nachmittag des 3. Juli 1980 nach Tor. Er kam aus Andorra in Begleitung des Angeklagten Ramón Miró und der Maurer Antonio Córdoba Fernández und Luis Samitier Almunia, mit denen er das Haus der Gesellschaft der Miteigentümer inspizierte und denen er Anweisungen zu Arbeiten in demselben gab. Danach gingen sie gemeinsam zum Hof Peretona im oberen Teil des Dorfes, wo sie sich mit den Hofbewohnern und dem anderen Angeklagten, Dionisio Rodrigo, trafen und die Besprechung fortsetzten. In deren Verlauf wurden sie von der Tochter des Hauses auf die Anwesenheit von Jorge Riba in unmittelbarer Nähe des Hauses aufmerksam gemacht. Dieser befand sich in Begleitung von Pedro Liñán Hernández und dessen Partner im Holz- und Weidehandel, genannt Miguel Aguilar Rosa, welcher, wie schon Tage zuvor, einen Dolch von 16,5 cm Blatt sichtbar am Gürtel trug. Riba und Aguilar begaben sich wenig später in den unteren Teil des Dorfes, wo sich der Hof Palanca des Ersteren befindet, während Pedro Liñán bei einem Felsen in der Nähe des Hofs Peretona, neben dem geparkten Jeep von Rubén Castañer stehen blieb. Ohne auf die Warnung der Frauen, er solle nicht aus dem Haus gehen, zu hören, ging Rubén Castañer zu seinem Fahrzeug und fing mit Liñán ein Gespräch über die strittige Rechtslage des

Berges Tor an. Das Gespräch wurde zunehmend heftiger und artete in Streit aus. Beide gingen unterdessen die Straße hinunter, in knapper Entfernung folgten ihnen Ramón Miró, die genannten Handwerker und Dionisio Rodrigo, bis sie auf einen kleinen Platz gegenüber dem Hof Sisqueta, gleich neben dem Hof Palanca, gelangten. Als sie den Streit hörten, stürzten Miguel Aguilar und Jorge Riba aus dem Hof Palanca, letzterer mischte sich in den Streit ein, und es kam zwischen ihm und Rubén zu einem Handgemenge. Infolge eines Schlags fiel Rubén gegen Liñán, der, weil korpulenter und stärker, Rubén packte und auf den Boden schleuderte, sich auf ihn warf, ihn festhielt und weiter auf ihn einschlug. Daraufhin versuchte der Handwerker Antonio Córdoba, sie auseinanderzubringen. Daran wurde er von Miguel Aguilar gehindert, der ihn mit dem Dolch bedrohte, damit er sich nicht bewege, ihn in Schach hielt und denselben Befehl dem anderen Handwerker Samitier zurief, der gleichfalls stehen blieb. Der Angeklagte Dionisio nahm nicht an der Prügelei teil, sondern beschränkte sich darauf, mit dem Stock auf den Dolch Aguilars zu tippen, damit dieser die Waffe von dem verschreckten Handwerker abließe. Der andere Angeklagte, Ramón Miró, schlug mit seinem Knüppel Jorge Riba, der daraufhin in einen anliegenden Graben von 80 cm Tiefe fiel, wonach Aguilar mit erhobenem Dolch auf den Angeklagten Miró zuschritt. Aus Angst, dass ihm Aguilar die Waffe in den Körper rammen würde, rief Miró dem Angeklagten Dionisio zu: »Nimm die Pistole!« In Anbetracht der Gefahr, in der sich sein Begleiter befand, und ohne Zeit zum Nachdenken, zückte dieser die Schusswaffe, lud und schoss aus einer Entfernung von 6 bis 8 Metern auf Aguilar, der schon die Arme hochhielt, als wollte er seinen Kopf schützen. Das Geschoss drang in Aguilars linke Achselhöhle ein, und in schräg-horizontaler Schusslinie trat es aus dem rechten Hemithorax aus, zwischen der zweiten und dritten Rippe, in Höhe der hinteren Achsellinie. Schwer verletzt fiel er zu Boden. Daraufhin schlug der

Angeklagte Miró mit solcher Wucht auf Pedro Liñán ein (damit dieser Rubén, der weiterhin unter ihm lag, loslasse), dass der Stock zerbrach. Wütend stürzte sich Liñán auf Miró, der, weil er etwas tiefer stand und angesichts des korpulenten Liñán glaubte, dieser wolle ihn wegen seiner Tat töten, ein paar Schritte zurück machte, und, als er Dionisio neben sich sah, dessen Pistole ergriff, und damit schnell hintereinander, aus einer Entfernung von 5 bis 7 Metern, zwei Schüsse auf Liñán abgab. Einer davon traf diesen in der Lebergegend, die Geschossrichtung war schräg von unten nach oben und von vorn nach hinten, und verletzte Leber, Zwerchfell, untere Lungenlappen, Mediastinum und Rückgrat; die Kugel blieb in Höhe des dritten Halswirbels stecken. Auch Liñán stürzte getroffen zu Boden. Was Rubén Castañer betrifft, wurde er im Kampf an der Schläfe verletzt und erlitt verschiedene Prellungen, die ohne Auswirkungen auf seine Arbeitsfähigkeit blieben und innerhalb von zehn Tagen medizinischer Betreuung heilten.

Später erhob sich Jorge Riba aus dem Graben, in den er gefallen war, und rannte verstört zu seinem Haus. Davor stand sein Jeep geparkt, er stieg ein und fuhr, ohne auf die Zurufe der Anwesenden zu hören, die ihn um Beistand für die Verwundeten angingen, nach Alins, wo er den Vorfall den zwei diensthabenden Beamten der Guardia Civil zu Protokoll gab. Er verwies darauf, dass die Mitglieder der anderen Bande, wie er glaubte, nach Andorra geflohen seien, und fuhr weiter nach Sort und Tremp. Es ist nicht bezeugt, dass einer der drei Schüsse gegen den besagten Riba abgefeuert worden wäre. Der Angeklagte Miró flüchtete in großer Aufregung in Rubéns Jeep zum grenznahen Fürstentum Andorra. Rubén Castañer, der Angeklagte Dionisio und die zwei Handwerker unternahmen den Abtransport der Opfer, von denen mindestens eins (Liñán) noch lebte, und zwar in dem einzigen Fahrzeug, das sich noch in Tor befand. In dem großen Jeep von José Maria Sarroca fuhren die fünf mit den zwei Opfern nach

Tirvia, der nächstgelegenen Ortschaft mit Arzt, und hielten kurz in Alins, wo sie die diensthabenden Beamten veranlassten, per Funk in Tirvia die sofortige Vorbereitung einer Notbehandlung anzuordnen. Aber als sie dort eintrafen, waren beide Verletzten trotz der geleisteten Hilfe durch ihre Begleiter schon tot. Von den Begleitern ist besonders der Angeklagte Dionisio hervorzuheben, der, tief erschüttert durch den Vorfall, während der ganzen Fahrt den Kopf eines der Verletzten in seinem Schoß hielt und den Fahrer zur Eile antrieb.

Am 9. Juli kehrte der Angeklagte Ramón Miró, der sich bis zu diesem Zeitpunkt in Andorra aufhielt, bestürzt und verzweifelt über seine Beteiligung an der tödlichen Schießerei, nach Spanien zurück, stellte sich freiwillig dem Untersuchungsrichter von Tremp und gestand seine Mitschuld am Tathergang.

Dionisio Rodrigo wurde zu sieben und Ramon Miró zu acht Jahren Haft verurteilt. Beide wurden außerdem zur Entschädigung der Angehörigen der Opfer verurteilt. Ruben Castañer verbürgte sich für diese Zahlungsverpflichtung. Die Familien der Toten haben nie etwas erhalten.

31

DER MORD AN SANSA

Der Tag der Schießerei und der ganze Sommer 1980 waren hart für die Leute von Tor. Das Urteil brachte keinen Frieden. Es hielt bloß fest, was längst bekannt war. Der Hass war jetzt blutbefleckt und jeder wusste, dass auch nur der geringste Anlass ihn erneut zum Ausbruch bringen könnte. Im Februar 1997 erinnern sich die Frauen vor der Kamera bekümmert an jene Zeit.

»Es ist sehr traurig, was in Tor passiert ist, sehr traurig und sehr unangenehm«, wiederholt Emília und schüttelt den Kopf.

»Ich erinnere mich«, erklärt Concepció, »wie später, vielleicht zwei Wochen später, der Maurer, der an Emílias Haus Reparaturen durchführte – das Haus gleich hier dahinter, das so aussieht, als hätte es zwei Augen und einen Mund –, mit einem Gewehr auf dem Rücken arbeitete. Das muss man sich mal vorstellen, wie geladen das Klima war! Die standen Gewehr bei Fuß, eh? Bei Fuß!«

»In jenen Jahren war die Luft im Dorf vergiftet. Ich weiß das noch genau«, wirft Pili ein, »ich war zwar noch klein, aber daran erinnere ich mich, dass alle Angst hatten, und keiner ging alleine über die Straße, immer fürchteten wir uns vor denen. Und nach den Toten, ich weiß noch, nach den Toten fuhren wir fast zwei Wochen weg und kamen nur, um nach den Hühnern zu schauen und unserer sonstigen Habe, und dann fuhren wir wieder weg. Hier geschlafen haben wir nicht.«

Der Gedanke an den Juli 1980 treibt Emília wieder Tränen in die Augen.

»Ich war nach Andorra gefahren, um Brot zu kaufen. Mein Mann arbeitete auswärts, in Esterri. Als wir zurückkamen, sah es aus, als wäre in Tor der Krieg ausgebrochen. Alle Häuser waren verrammelt. Sisqueta hielt Pili hinter verschlossener Tür, die Tochter war krank und hatte Mumps. Wir haben bei ihnen geklopft, und dann haben sie uns alles erzählt. Und ich, ich konnte die Treppe beim besten Willen nicht hochgehen, ich setzte mich in den Flur und dachte: ›Gut, jetzt werden sie kommen und uns den Rest geben.‹ Da hörten wir einen Jeep. Wir hatten solche Angst, niemand wollte die Tür aufmachen, schließlich ging ich hin und öffnete sie einen Spaltbreit. Ich sah einen Jeep der Guardia Civil, und ich fing an zu schreien, ich dachte, das sind unsere Retter, denn es wurde dunkel, und die Nächte in Tor sind schrecklich dunkel, weil es keinen Strom gibt. Wir haben sie gefragt, ob wir mitfahren dürfen. Als ich im Jeep saß, sagten sie, sie dürfen niemanden mitnehmen, aber als sie mich so verängstigt sahen, haben sie mich doch mitgenommen. Bei der Abzweigung nach Tírvia stieg ich aus und marschierte nach Llavorsí hinunter. Ich wusste, dass mein Mann auf direktem Weg nach Tor kommen würde, sobald ihm zu Ohren gekommen wäre, was sich in unsrem Dorf abgespielt hatte. Und ich hatte Angst, dass ihn dort einer umbringen würde. In Llavorsí hörte ich den Wagen meines Mannes, es war im Morgengrauen, ich schrie und schrie, und er hielt an. Mein Mann war verzweifelt, weil man ihm gesagt hatte, dass auch ich tot sei. Leute von oben hatten ihm gesagt: ›Deine Frau ...‹, und er war so verzweifelt, dass wir drei Tage gebraucht haben bis wir in Tremp waren. Das lässt sich gar nicht erklären, es ist unbegreiflich. Ich kann das alles nicht vergessen. Es ist traurig, es ist so traurig, was in Tor passiert ist, das hätte nie passieren dürfen, nie.«

Emília verstummt und alle Frauen schauen zu Boden. Nur das Surren der Kamera ist zu hören.

»Und Sansa? Wer, glaubt ihr, hat ihn getötet?«, frage ich nach einer kleinen Pause.

Sie werfen sich einen Blick zu. Wieder hat Pili die schnellste Antwort parat:

»Wir haben uns mit dem Bürgermeister von Alins getroffen, und alles, was der über Sansas Tod zu sagen wusste, war, dass der Mörder nicht weit weg sein könne, dass der irgendwo oberhalb von Alins stecke. Das ist ein starkes Stück, so was zu sagen. Seit diesem Tag habe ich mit dem kein einziges Wort gewechselt. Das ist nämlich gemein, einen zu beschuldigen, jemanden aus dem Dorf getötet zu haben, das ist echt gemein.«

Pili kocht vor Wut, und Emília macht einen sehr verängstigten Eindruck.

»Ich denke daran, manchmal. Keiner weiß, wer ihn umgebracht hat, und deshalb kann man nie ruhig sein. So ist es. Weil der ist jetzt tot, und wer weiß, wann wir stören, und dann bringen sie uns auch um. Vielleicht wollen sie uns alle aus dem Dorf beseitigen und haben bloß beim ersten Nachbarn da unten angefangen.«

Sie sagt dies wohl, weil Sansas Hof das erste Haus am Dorfeingang ist.

»Aber ja, wir erwarten, dass der Mord an Sansa aufgeklärt wird«, fügt Concepció ruhig hinzu.

»Und was sagen Sie dazu, Sisqueta? Was wissen Sie noch von dem Tag?«, frage ich in der Hoffnung, dass sie vielleicht noch eine interessante Information beisteuert.

»Ich ging in den Garten, in Palancas Garten, und als ich das Gatter öffnete, wehte mir der Wind ins Gesicht, und es roch ganz furchtbar. Und ich sagte zu meinem Kind: ›Hier riecht es aber übel!‹ Sie sagte: ›Das muss das Fleisch sein, das wir aus Andorra mitgebracht haben, für die Hunde.‹ Und als wir am Nachmittag draußen saßen, in der Sonne unter den Schirmen« – vor ihrem Haus stehen zwei weiße Plastiktische, ein paar Stühle und Sonnenschirme, wie auf der Terrasse im Freibad, damit die Touristen verstehen, dass dort ein Imbiss ist –, »haben wir schon Hummeln gesehen, aber wer sollte sich dabei etwas Schlimmes denken? Diese Hummeln trugen den Geruch des Todes mit sich herum. Und seine Schwester und sein Bruder fuhren hinauf, um frisches Gras zu schneiden und zu gucken, ob sie ihn sähen.«

»Die Schwester und der Bruder von Montané waren hier oben?«, fragt Emília überrascht. »Die kommen doch sonst nie hoch!«

»Doch, doch, in dem Juli sind sie gekommen. Es war früh am Morgen, und sie fragten mich: ›Hast du Montané gesehen?‹ Und ich sagte: ›Seit zwei Wochen ist bei dem die Tür nicht aufgegangen, weil wenn ich aufstehe, mach ich das Fenster auf und dann seh ich die Tür.‹ Die war immer zu. Ich hab die Hippies gefragt: ›Wo ist Sansa?‹ – ›Der ist in Barcelona‹, sagten sie nur. Und in Barcelona, da kannst du gleich eine Nadel im Heuhaufen suchen, wenn du keine Ahnung hast, wo du anfangen sollst. In derselben Woche sind die Geschwister wieder abgefahren, Rosendo hat noch eine Runde durch die Gärten gemacht, aber gesehen hat er nichts. Mit den geschlossenen Fensterläden, und wenn kein Wind ging, hat man den Gestank nicht bemerkt. Aber beim kleinsten Wind konnte man es riechen. ›Also gut‹, sagte ich zu dem Kind, ›weißt du, was wir jetzt machen? Wir sammeln den Unrat zusammen und verbrennen das Zeug.‹ Ich nahm die Heugabel und wir haben alles verbrannt. Am nächsten Tag hat es noch genauso gestunken.«

»Aber Fünfundneunzig war hier alles ruhig, oder? Ihr hattet keinen Grund, an einen Toten zu denken?«

»Banditen liefen hier jedenfalls keine herum, aber es war voll von Hippies!«, sagt Concepció vorsichtig.

Sisqueta fuhr fort, ihre Version der Geschichte zu erzählen:

»Und eines Tages kommt dieser Hippie runter und brüllt zu Lázaro, dem Gehilfen von Palanca« – Sisqueta nennt ihn »den Gehilfen von Palanca«, so als hätte er kein Verhältnis mit ihrer Tochter Pili –, »er solle rasch kommen, er habe ihm was Wichtiges zu sagen. Und dann kommt Lázaro zu mir und meint: ›Weißt du, was man mir gesagt hat? Sansa liegt tot in seinem Haus.‹ Ich antworte: ›Unmöglich! Das kann nicht wahr sein, das ist gelogen!‹ Und Lázaro sagt: ›Jetzt müssen wir nachsehen.‹ Ich flehe ihn an: ›Geh nicht, Lázaro! Bleib hier, bei mir! Wir sagen dem Salvador, er soll gehen‹, das ist dieser alte Mann.«

Salvador ist ein kleiner, sehr betagter Mann, etwas bucklig. Er ist mit Sisqueta entfernt verwandt und spaziert immer durch Tor.

»Also gingen sie nachschauen«, fährt Sisqueta fort. »Von hinten sind sie rein, durch das Tor vom Hühnerhof sind sie, durch den Hof und zum Haus, da ist eine andere Tür, und die war angelehnt. Sie gehen hinein und tatsächlich, da lag er wirklich, ja, und er war nicht nur tot, er war verfault …!«

Sisqueta betont das letzte Wort so sehr, dass ich den Gestank beinahe selbst riechen kann, und mir werden die Einsamkeit und die Vernachlässigung bewusst, die Sansa erlebt haben muss. Es wird mir ebenfalls klar, dass die Leute des Dorfes in Sansas Haus ein und aus gingen, während der Hippie Gregori Sansas Bruder Rosendo und die Guardia Civil holte. Wenn es schon schwierig war, in der normalen Unordnung in dem Haus Beweise aufzuspüren, dann wundert es mich überhaupt nicht, dass Sargento Yanes und der Richter bei ihrem Eintreffen dort das reinste Chaos vorfanden. Mir fällt auch auf, dass

Lázaro gelogen hat. Er war nicht in La Pobla, sondern hielt sich versteckt – vielleicht nur aus Vorsicht und Vorsorge – im Haus seiner Schwiegermutter. Sisqueta erzählt, dass der Leutnant aus Llavorsí zu ihr kam, um Tabak zu kaufen, während die Beamten die Leiche inspizierten.

»Der Leutnant kam und sagte: ›Puh, da kann man kaum rein, da stinkt's wie die Pest. Gib mir Tabak.‹ Kurz darauf kamen die Leute, der Richter ... Am nächsten Tag sagte ich zum Bruder, zu Miquel: ›Wo wird Sansa begraben?‹ Und da kam der Valencianer Boro dazu, der ihn gefunden hatte, und rief: ›In Pleià.‹ Ich sagte nichts, aber ich dachte im Stillen: ›Du hältst besser den Mund.‹ Weil Boro behauptete, Sansa habe ihnen aufgetragen, ihn in Pleià zu beerdigen. Und er sagte: ›Doch, doch, wir haben auch schon das Loch geschaufelt.‹«

Aber Sansa wurde in Araós bestattet, ungefähr dreihundert Menschen kamen zu seinem Begräbnis. Die Familienmitglieder gingen in der Menge fast unter. Der Priester Josep fasste sich kurz. Die Trauergesellschaft verabschiedete sich auf dem Friedhof, einer sehr kleinen Einfriedung neben der Straße, außerhalb des Dorfes. Da waren es nur noch dreißig oder vierzig Nachbarn. Die Hippies schienen am tiefsten betroffen zu sein, etliche davon weinten bitterlich. Es regnete leicht. Ein paar Alte öffneten ihre schwarzen Regenschirme, sie hatten das Wetter vorhergesehen, und der Fotograf aus dem Dorf hat das Bild festgehalten. Die Nachricht über den Tod des Alleineigentümers des Berges von Tor hat viele Leute über den Landkreis hinaus beeindruckt, unzählige Spalten in den Zeitungen gefüllt, und das Thema ist ausgiebig in Radio und Fernsehen diskutiert worden.

Aber wir sind noch immer in Tor, und es wird schon spät. Wir müssen das Interview mit den Frauen zu Ende bringen.

»Ihr habt also keinen Verdacht, wer Sansa hätte umbringen wollen?«

»Jeder!«, antworten die drei im Chor.

»Wie?« Ich wundere mich über diese Antwort.

»Es gibt viele Leute, die ihn möglicherweise gerne umgebracht hätten«, sagt Pili schnell. Einmal mehr antwortet sie als Erste.

»Ja, sicher«, erklärt Emília. »Sansa hatte sich viele Feinde gemacht, von den Schmugglern bis zu ...« – plötzlich hält sie inne und zögert – »... wer weiß.«

»Wer weiß ... was?«

»Auwei, sagt jetzt keine Dummheiten«, warnt Concepció vorsichtig.

»Bitte, ihr könnt mich doch jetzt nicht so in der Luft hängen lassen«, flehe ich sie an.

»Nun, genau betrachtet hätten sogar wir Motive gehabt!«, entfährt es Pili. Sie macht ein pfiffiges Gesicht und lacht.

»Wie? Was? Jetzt verstehe ich gar nichts mehr!«

Und Concepció, die die ganze Zeit nie die Haltung verloren hat, springt auf, ergreift ihr Glas auf dem Tisch und schüttet das Wasser ins Feuer.

»So! Genug! Das gefällt mir nicht. Los, wir müssen hinunter, ich werde erwartet und wir sind schon spät dran«, knurrt sie wütend.

Concepció ist ein bisschen jünger als Sansa, vielleicht sieben oder acht Jahre, und etwa so alt wie Palanca. Emília ist jünger, und Sisqueta ist vielleicht zwei Jahre älter als Concepció und Palanca. Als Palanca und Concepció Kinder waren und gemeinsam in Tor spielten, kam Sansa wahrscheinlich gerade ins rebellische Alter, und Sisqueta entwickelte weibliche Formen. Pili war damals noch lange nicht in der Mache. Sie ist die Jüngste und die Aufgeweckteste. Aber als sie sieht, wie wütend Concepció geworden ist, nimmt sie ihre Andeutungen zurück und sagt schnell:

»Ich glaube, das waren die beiden Herumtreiber, Mont

und Marli. Ich kann es nicht sagen, aber die Leute sagen das. Da oben in den Bordes de Pleià lungerten jedenfalls viele herum ... Damals, an einem dieser Julitage, fuhren wir nach Andorra. Ich musste zum Zahnarzt, und hier, vor Sansas Haus, hielt ein Auto mit zwei Ehepaaren, Marli und Mont und Paco und eine Frau, an ihren Namen erinnere ich mich nicht. Am Tag der Verhandlung war sie auch da. Die vier trieben sich hier herum. Keine Ahnung, was die vorhatten.«

Sisqueta und Emília sind bereits aufgestanden. Concepció ist um den Tisch herumgegangen, um nicht an mir und der Kamera vorbeizugehen. Sie hat den Tisch abgedeckt. Man merkt, das Interview ist beendet.

Auf dem Weg zur Pension sitzt Pepe am Steuer. Pol und ich rekapitulieren die Ergebnisse des Interviews.

»Concepció ist wütend geworden, weil Pili so gut wie angedeutet hat, dass eine der Frauen Sansa habe umbringen wollen. Der Sache sollten wir nachgehen, aber ich weiß nicht wie ...«

»Ja, wir müssen mit Pili sprechen«, sagt Pol. »Die weiß mehr. Wir sollten sie zum Essen einladen, aber möglichst ohne dass Lázaro davon erfährt.«

»Hei, ich kann doch Lázaro in die Kneipe einladen, und du machst dich derweil an Pili ran«, schlage ich vor und spiele dabei auf Pols Verführungskünste an.

»Hahaha«, lacht Pol. »Und warum nicht andersrum?«

»Ganz wie du willst ... Also, weiter: Du hast auch gehört, wie Sisqueta sagte, dass Lázaro in Tor war. Es stimmt also nicht, dass er in La Pobla bei seinem Bruder war.«

»Ja, aber das will nichts heißen.«

»Verdammt, natürlich will das was heißen! Die verheimlichen doch was!«

»Sicher, aber was?«

»Woher soll ich das wissen? Vielleicht, wenn wir Pili betrunken machen ...«

»Dann darfst du aber keinen Ratafia trinken, du fällst ja als Erster unter den Tisch.«

»Ja, ja, du Spaßvogel! Los, weiter: Hast du bemerkt, wie die überrascht waren, als Sisqueta erzählte, dass die Geschwister Sansa im Juli 1995 in Tor waren?«

»Ja, aber das hat keiner so wichtig genommen, vielleicht wollten die nachschauen, weil sie ihn lange nicht gesehen hatten, oder sie waren auf dem Weg nach Andorra ...«

»Kann sein, ist auch egal. Ist dir aufgefallen, dass sie auch über die Schmuggler geredet haben?«

»Ja, die kommen immer, und von Mont und Marli haben sie auch gesprochen.«

»Und von Paco und irgendeiner anderen Tante. Das wird uns Gil José morgen erklären. Die Frage müssen wir unbedingt stellen.«

»Sisqueta hat gesagt, dass Lázaro in Tor war und sich bei ihr versteckt hat.«

»Schon, aber ich hatte den Eindruck, das war, weil er befürchtete, man würde ihm den Mord in die Schuhe schieben, meinst du nicht?«

»Bestimmt.«

Die Berge im Vall Ferrera sind sehr hoch, und die Sonne geht rasch unter. Schon bald ist der Sonntag vorbei, und morgen ist ein wichtiger Tag. Wir treffen uns mit dem Zeugen, der das Verbrechen gesehen haben will. Bestimmt wird das ein Höhepunkt unserer Reportage.

32

MIT ANTONIO GIL JOSÉ AUF DEM WEG NACH TOR

Wie mit Antonio Gil José verabredet, stehe ich am Montagmorgen um acht vor der Kneipe La Font de Cristall in La Seu d'Urgell. Er wartet schon, ich bezahle seinen Kaffee, und dann steigen wir in den Mercedes unseres Taxifahrers. Das übrige Fernsehteam wartet in Alins, wo wir sie auf dem Weg nach Tor abholen. Um auf dem schnellsten Weg von Alt Urgell in die Comarca Pallars Sobirà zu gelangen, muss man die Landstraße über den Pass Port del Cantó nehmen. Das bedeutet eine Kurve nach der anderen. Von La Seu bis Tor sind es noch zwei Stunden. Ich nutze die Zeit, um den Zeugen zum Reden zu bringen. Ich weiß nur wenig über den Mann. Die Zeitungen haben fast nichts über ihn berichtet, und ich muss ihm jedes Wort einzeln aus der Nase ziehen, aber da wir es nicht eilig haben, bin ich geduldig. So erfahre ich eins ums andere. Er hat mir gerade erzählt, dass er schon seit Jahren immer wieder hochfährt, »in die Pyrenäen«, wie er sagt, ohne das weiter auszuführen. Und dass er als Sprengmeister in Andorra gearbeitet hat – er selbst nennt sich Zünder –, aber die Firma machte Bankrott. Er hat auch in einigen der größten Bauernhöfe von Alt Urgell gearbeitet und Kühe und Rinder gehütet. Eines Tages ist er nach Tor gefahren, wo er eine Saison für Palanca und eine andere für Sansa arbeitete.

»Das war irgendwann in den Achtzigern, die genauen Daten vergesse ich immer. Es ist zum Verzweifeln.«

»Und wieso hat es dich nach Tor verschlagen?«

»Einmal habe ich in Montserrat de la Seu mit Mont zu Mittag gegessen, da tauchte Palanca auf.«

»Die kannten sich?«

»Klar. Die gefährlichen Männer kennen sich hier alle.«

»Und weiter?«

»Wir haben geredet, und dann sagte Palanca zu mir: ›Du kommst mir gerade recht mit deiner grimmigen Visage. Hast du schon mal Pferde gehütet? Wenn du willst, geb ich dir 'ne Chance.‹«

»Und da hast du eingeschlagen.«

»Er hat mir 60 000 Peseten angeboten. Ich sollte mit zwei anderen eine Pferdeherde vom Port de la Bonaigua runter bis zu den Bordes de Conflent treiben. Acht oder zehn Tage Fußmarsch.«

»Und, hat das geklappt?«

»Ja. Zweieinhalb Monate hab ich für ihn geschuftet.«

»Und warum hast du's geschmissen?«

»Weil er nicht gezahlt hat und weil ich die Beschwerden gegen ihn ein für alle Mal satthatte. Wir passten einen ganzen Monat in den Bordes de Conflent auf hundertdreiundsechzig Stuten auf, zogen nach Biscarbó und dann einen Monat nach Taús. Die Tiere drangen ständig in fremde Grundstücke ein. Der schlimmste Tag war in Noves de Segre, als die Stuten auf die Weide eines Mannes namens Costellins gingen. Ein Erzfeind von Palanca. Ich wollte gerade auf das Grundstück gehen, um die Pferde wegzuscheuchen, da schnauzte mich Palanca an: ›He, raus da, du Idiot, gleich kommt der Arsch und knallt dich ab!‹ Dann kam die Guardia Civil, und die beiden Beamten haben versucht, die Tiere zu vertreiben. Palanca hat einen Rappel bekommen und brüllte: ›Ihr Säcke! Was fällt euch ein, meine Pferde zu vertreiben, eh? Wenn das einer hier tut, dann der Besitzer, aber sicher nicht ihr!‹«

»Und dann kam der *Besitzer* …«

»Ja, und die beiden kriegten sich total in die Haare und hörten nicht mehr auf, bis die Beamten alle festnahmen und in die Kaserne von Organyà schafften. Dort hat der Sargento Palanca so zur Sau gemacht, dass dieser total hibbelig wurde. Ein Höllenspektakel! Palanca ging aufs Klo und schloss sich ein. Nach einer Weile gingen sie nachsehen und fanden ihn mit dem Kopf in der Kloschüssel. Der war eindeutig durchgedreht. Sie haben ihn in die Psychiatrische von Lleida gebracht.«

»Aber hat er dich nun bezahlt oder nicht?«

»Ein paar Jahre später haben wir uns in La Seu getroffen, und er hat mich nach Montserrat zum Essen eingeladen. ›Du schuldest mir 60 000 Peseten‹, habe ich zu ihm gesagt. Worauf er antwortete: ›Wir haben keinen Vertrag gemacht.‹ – ›Du bist ein Hurensohn‹, sagte ich. Da hat er mir die 50 000 Peseten gegeben, die er in der Tasche hatte. ›Die kriegst du aber nur, weil ich will‹, sagte er.«

»Und für Sansa, wann hast du für den gearbeitet? Danach?«

»Ja.«

»Na los, Mann, erzähl!«

»Ich hab für beide gleichzeitig gearbeitet. Das wussten die nicht, aber für jeden hab ich was gemacht, und mal schlief ich in der Hütte von Palanca, mal in der von Sansa.«

»Das kann ich fast nicht glauben.«

»Scheiße, du traust mir wohl nicht, was? Dann drehen wir am besten gleich wieder um!«

»Nein, Mann, schon okay, aber da bist du wohl die große Ausnahme.«

»Ja, bin ich.«

»Und was hast du für Sansa gemacht?«

»Was gerade anfiel … mal mauern, mal schreinern …«

»Ging das lange so?«

»Nein. Der hat mir auch nicht gezahlt, was er versprochen hatte. Aber er hatte immerhin einen besseren Charakter.«

»Und Mont, woher kennst du den?«

»Aus La Seu.«

»Ja, schon, aber wart ihr Freunde oder habt ihr Geschäfte gemacht?«

»Aus der Kneipe kenn ich den. Der hat immer Märchen erzählt, und am Anfang hab ich dran geglaubt. Ein richtiger Schnorrer war das, ständig hat er die Hand aufgehalten. In seinem Leben hat das Schwein keinen Schlag getan.«

»Hatte er Schulden bei dir?«

»750 000 Peseten!«

»Donnerwetter! Ein stolzes Sümmchen! Und am Tag, bevor du ihn angezeigt hast, bist zu ihm hin und hast dein Geld verlangt, richtig?«

»Ja, aber er hat sich geweigert. Er hat gesagt, wir hätten keinen Vertrag gemacht, genau wie Palanca.«

»Und deshalb hast du ihn angezeigt?«

»Nein, nein! Das behaupten die. Ich hab das getan wegen der Gerechtigkeit.«

»Und Marli, wer kannte die zuerst, du oder Mont?«

»Er.«

»Aber du hast dich auch an sie rangemacht«, necke ich ihn, und ich erinnere mich an ein paar Andeutungen, die Mont und Marli während des furchtbaren Abendessens gemacht hatten.

»Nein, sie war hinter mir her, aber ich gehe nicht ins Bett mit Besoffenen.«

»Und warum hast du sie geschlagen?«

»Weil sie mich Hurensohn genannt hat. Wenn ich ein Wort nicht vertragen kann, dann Hurensohn. Wer das zu mir sagt, der bringt mich um, oder ich bring ihn um.«

»Aber du hast sie nicht umgebracht.«

»Weil sie eine Frau ist ...«

Außerdem erzählt er mir, dass er Anfang Fünfundneunzig in La Seu die Extremeño Bar geführt hat. Sie liegt an der Ecke unter den Arkaden im Carrer Santa Maria. Er hatte 1,5 Millionen Peseten für die Übernahme bezahlt, sagt er, und dann haben Mont und ein gewisser Paco Fiol Mulet ihn dazu überredet, mit ihnen nach Mallorca zu fahren, um einen Campingplatz mit Bungalows zu bauen.

Je weiter ich vorstoße, desto mehr fällt mir auf, wie viele Verwicklungen es zwischen diesen Gestalten gibt, und ich staune über die Leichtigkeit, mit der sie von einem Ort zum anderen springen, oder besser gesagt, von einem Elend ins andere. Tatsache ist, dass Mont damals Gil José überredet hat, eine Arbeit auf Mallorca anzunehmen, und dort haben sie ihn schließlich allein und ohne Geld sitzen lassen, nachdem er seine großherzigen »Freunde« ein paar Monate lang ausgehalten hatte.

»Die Versprechungen waren heiße Luft und zu allem Überfluss musste ich für das Essen aufkommen. Ich schmiss alles hin und zog auf eigene Faust los. Ich verdiente mein Geld als Tagelöhner während der Melonenernte auf den Feldern und schlief in einem Zelt im Wald.«

Das Zelt hatte er gestohlen. Und weil er fürchtete, die Polizei würde ihn wegen Diebstahls suchen, kam er im Juli desselben Jahres, 1995, unter falschem Namen von Palma nach Barcelona. Das Problem ist, dass nicht einmal er weiß, ob er das Schiff oder das Flugzeug genommen hat. Wegen dieser Inkohärenz hielt ihn das Gericht, das Mont und Marli für den Mord an Sansa den Prozess machte, für unglaubwürdig.

Auf der Fahrt nach Alins guckt mich Josep, der Taxifahrer, durch den Rückspiegel an und macht ein Gesicht, als würde er denken: »Dieser Typ ist total durch den Wind.« Gil José schildert derweil aufs Genauste seinen – bis heute gespenstischen – Aufenthalt in Katalonien. Ich sage »gespenstisch«, weil die Guardia Civil dafür keinen Beleg finden konnte, und »bis heute«, weil wir unser Möglichstes tun werden, um irgendeine Spur zu finden, die seine Anwesenheit beweisen und damit seine Aussage als Belastungszeuge gegen Josep Mont und Marli Pinto untermauern kann.

Der Grund für seine Reise von Palma aufs Festland war, laut Gil José, ein Besuch bei seiner Tochter. Zusammen mit seiner Exfrau wohnt sie in Santa Maria de Palautordera, in der Nähe von Granollers. Ich fordere ihn auf, mir Details zu erzählen, und er schildert mir die Route dieser angeblichen Reise folgendermaßen:

»Ich komme um acht Uhr morgens im Hafen von Barcelona an. Zu Fuß gehe ich bis zur Plaça d'Espanya. Ich nehme die Metro bis zur Haltestelle Sants und von dort den Zug in Richtung Girona, um nach Granollers zu kommen. In Sant Celoni steige ich aus und gehe zweieinhalb Kilometer zu Fuß bis Santa Maria de Palautordera. Ich will meine Tochter besuchen. Das war ungefähr um die Mittagszeit. Ich habe das Gefühl, dass der Augenblick ungünstig ist, also gehe ich nicht hinein. Wir reden ein bisschen an der Tür, aber sie will nichts von mir wissen, und ich haue ab. Ich wollte eigentlich im Restaurant Turó de l'Home in Santa Maria essen und übernachten, aber die sagten mir, es sei alles voll. Ich nehme den Bus und fahre nach Granollers. Das war am Nachmittag. Ich gehe in die Fonda Europa, aber die haben kein Zimmer frei, weil sie umbauen. Man empfiehlt mir eine Pension im Carrer Girona. Die finde ich nicht, daher bleibe ich im Hotel Iris, gleich neben dem Bahnhof. Ein Zimmer für eine Nacht. Sie haben meine Passnummer in den Computer eingegeben und dabei kam raus, dass ich dort schon mal vor einem Jahr gewesen bin, aber ich erinnere mich nicht, weil sie das Hotel umgebaut haben. Es kostet mich 6000 Peseten, und ich erinnere mich, dass ich das letzte Mal 3000 bezahlt hatte. Am nächsten Morgen gehe ich zur Fonda Europa, es war halb zehn oder zehn Uhr, so um den Dreh. Ich trinke ein Bier an der Theke, und da sehe ich ihn, in Uniform und mit einem Tablett. Er schaut mich an und fragt mich: ›Bist du nicht Antonio?‹ Und ich: ›Ja, und du bist Andreu.‹ Schon viele Jahre hatte ich den nicht gesehen. Er nannte sich Joan Andreu, Joan Andreu Jové glaub ich, aber da bin ich mir nicht mehr ganz sicher. Er sagt zu mir: ›Warte fünf Minuten, dann ist meine Schicht vorbei und ich hab Feierabend.‹ Er erzählte mir, dass er dort weg und sich was Eigenes suchen will, einen ruhigen Ort, und ich erzählte ihm von Tor und dass das ein guter Ort sei, weil viele Touristen auf dem Weg nach Andorra dort vorbeikämen. ›Lass uns da sofort hingehen!‹, sagte er. Am frühen Nachmittag kamen wir in der Fonda Cadí von Ponts an. Er hatte vier oder fünf Jahre lang gespart. Seine Frau ist mit einem Schwarzen durchgebrannt. Er hat seinen Militärdienst in Jaca geleistet und ich meinen in Sant Climent. Als wir jung waren, haben wir eine tolle Zeit zusammen verbracht und oft den Espanyolet getanzt! Zu viert hoben wir ein Mädchen hoch und haben geschaut, wer ihr an den Hintern fassen konnte. In der Fonda Cadí haben wir geschlafen. Am nächsten Tag sind wir weiter nach Tor, ohne irgendwo anzuhalten. Als wir dort ankamen, habe ich Bauchschmerzen gekriegt und wir haben vor Sansas Acker eine Rast gemacht …«

»Genug, genug!«, unterbreche ich ihn, »das wirst du uns dann oben erzählen, da filmen wir dann alles, was du an diesem Tag dort gemacht hast.«

Ich erinnere mich an das psychologische Gutachten, in welchem der Mann als eine »Borderline-Persönlichkeit« mit »einer sehr geringen Neigung zu Erfindungen« klassifiziert wurde. Sargento Yanes hatte nichts beweisen können, aber mit diesem ausführlichen Bericht in der Hand werden wir es noch einmal versuchen. Als wir in Alins ankommen, beschließen wir, dass Pol nicht mit uns nach Tor fahren und stattdessen die Route des Zeugen in allen Punkten nachfahren soll, um zu sehen, ob er noch mehr herausfinden kann.

Oben in Tor sind wir von Gil Josés »sehr geringer Neigung zu Erfindungen« beeindruckt. Der Mann zeigt uns genau den Ort, wo er angeblich im Juli 1995 eine Rast gemacht hat, um sich zu erleichtern. Er kauert sich noch einmal an derselben Stelle hin, wie er es an jenem Tag tat, um gegen seine Bauchschmerzen anzukämpfen. Er führt uns an die Hinterseite von Sansas Hof und stellt sich an den Platz, von wo aus er das Verbrechen gesehen haben will. Das reicht uns noch nicht und wir lassen ihn seine Version an drei verschiedenen Orten wiederholen. Wir sind allein im Dorf und nehmen uns die Freiheit, in den Patio zu gehen, wo sich laut Gil José alles abgespielt hat. Es handelt sich um einen kleinen, unaufgeräumten Hof, der hinter dem Haus liegt. Alle drei Mal erzählt er es genau gleich, ohne ein Wort zu ändern. Er wiederholt sogar die Gesten der Beteiligten und zeigt präzise die Stellen am Körper, wo das Opfer verletzt wurde.

»Senyor Mont sagt zu ihm: ›Wenn du nicht zahlst, kriegst du einen Tritt in die Eier.‹ Und Senyor Montané antwortet: ›Einen Scheiß wirst du!‹, und er macht eine Bewegung, als wolle er sich die Jacke ausziehen. In diesem Augenblick gibt ihm Senyor Josep Mont den Tritt in die Eier, er krümmt sich nach vorn, und deshalb hat Senyor Montané die Kopfwunde an der Seite, an der rechten Seite. Dann packt Marli den Stock, der da hinten am Boden lag, und versetzt ihm einen Schlag auf den Kopf, deswegen hat er die Wunde hier, und Senyor Montané fällt genau so, und Josep fragt Marli: ›Was hast du getan?‹ Sie sagt: ›Ich weiß nicht.‹ Er sagt: ›Los, pack an, wir schaffen ihn rein.‹ Marli packt ihn unter den Armen, Josep an den Beinen, und so schleppen sie ihn hinein. Ich hab nicht gesehen, ob sie ihn wirklich hineingebracht haben, da war ich schon weg, aber bis hierhin hab ich schon gesehen, dass sie ihn geschleppt haben, und der hat sich gewehrt, sie sollen seine Arme loslassen. Die waren gespreizt, und er kämpfte und strampelte, auch mit den Füßen strampelte er. Sie haben ihn hineingetragen, aber was da drin passierte, weiß ich nicht.«

Er ist so präzise bei seiner Beschreibung der Wunden des Toten – dabei hatten wir ihn nicht danach gefragt – und in der Schilderung des Angriffs, im Nachahmen der Gesten, die angeblich jeder der Beteiligten gemacht hat, dass wir nur zwei Dinge denken können: Entweder hat er den Hergang wirklich gesehen oder er war einer der Täter und kann deshalb alles so genau erklären. Wir lassen ihn reden. Er selbst wird uns zum Zweifeln bringen, an allem.

»Hier sieht es ganz anders aus. Hier hat man umgeräumt«, sagt er und schaut umher. »Und hier, genau in dieser Ecke, stand eine Kiste in Tischform mit zwei Weinflaschen drauf, und als sie ihn hineinschafften, wusste ich nicht, was da drin vor sich geht, und ob sie ihm zu Hilfe kamen oder nicht. Ich sagte mir: ›Wer weiß, ob der Alte hier nicht ein Telefon hat und die Guardia Civil anruft und ich, ich hab selbst genug Probleme ... Die werden sich schon arrangieren, die sind schon oft aneinander geraten, das bügeln die aus, das ist nicht mein Bier.‹ Und weg war ich! Das ist alles, was ich erklären kann. Damals wusste ich nicht mehr, heute schon, aber erklären kann ich trotzdem nichts.«

»Was weißt du?«

»Dass im Haus mehr Leute waren, aber das kann ich euch jetzt nicht erklären, weil mir noch Beweise fehlen, um sicher sagen zu können, wer die Leute da drin waren, und das werde ich nur vor einem Richter sagen.«

»Aber Antonio, das Gericht hat dir nicht geglaubt, und jetzt sagst du, da wären mehr Leute drin gewesen?«

»Die Leute haben mich als verrückt hingestellt und als Lügner, sie haben mich zweimal zu einem Gerichtsarzt und einer Psychoärztin geschickt, und sie haben festgestellt, dass ich nicht verrückt bin und dass ich die Wahrheit sage. Ich hatte Probleme, und an dem Tag hatte ich Angst, und ich wusste nicht, dass der Mann tot war, denn hätte ich damals gewusst, dass der tot war, ich hätte die Leute nicht aus dem Dorf gelassen. Bevor die nach Alins oder zum Pass gekommen wären, hätte man sie festgenommen. Ich wusste zuerst nicht, dass der Mann tot war, erst zwei Monate später, als ich von Mallorca zurückkam, und da bin ich sofort zur Guardia Civil!«

»Und Sargento Yanes hat dir bei der Aussage geholfen!«, behaupte ich und denke, er wird in die Falle gehen und bestätigen, dass man ihm im Kommissariat geholfen hat.

»Nein, keiner hat mir gesagt, wie ich das machen soll, keiner. Der sagte nur: ›Sag mir alles, was du weißt, das reicht.‹ Und ich habe geantwortet: ›Mehr als ich weiß, kann ich sowieso nicht erzählen‹. Und er: ›Du weißt, wenn du lügst oder eine falsche Aussage machst, machst du dich strafbar wie die beiden.‹ Und ich: ›Das wusste ich nicht, aber ich kann es mir vorstellen.‹ Dann hat er mir die Regeln vorgelesen, zu einer Falschaussage oder wenn du Lügen über den Fall erzählst. Ich habe noch nie gelogen und werde auch nie lügen.«

Wenn man jemanden interviewt, fällt es schwer, zu erkennen, ob die Person die Wahrheit sagt oder nicht. Normalerweise glaubt man den Leuten, und vor allem dem eigenen Instinkt, dem sechsten Sinn, der einem sagt, ob die Person lügt oder nicht. Bei Gil José wusste ich nicht, was ich glauben sollte. Er hatte mich total verwirrt, mich, mein Team und alle anderen. Immer wieder musste ich an die Worte der Psychologin denken: »eine sehr geringe Neigung zu Erfindungen« und »Borderline-Persönlichkeit«.

»Anomal, ich? Anomal ist an mir gar nichts, das mit dem Borderline soll wohl bedeuten, dass ich hellsehen kann, dass ich Visionen habe, dass ich mit meinem Gehirn sehe, aber das hab ich immer abgestritten. Ich weiß was von Handauflegen, aber nicht von Hellsehen, davon hab ich keine Ahnung, denn, wenn ich Hellseher wäre, müsste ich nicht als Knecht arbeiten, dann hätte ich ausgesorgt. Eine Depression hab ich gehabt. Die haben mich als plemplem abgestempelt, als ich nach meiner Scheidung, nach meiner Trennung, zu trinken anfing. Dadurch wurde ich so depressiv, dass sie mich in eine psychiatrische Anstalt stecken mussten. Ich war genau zweieinhalb Monate in Sant Boi de Llobregat und dafür schäme ich mich nicht, denn da wurde ich geheilt; danach ging's mir wieder gut, und Gott sei Dank habe ich seitdem kein Problem mehr gehabt.«

»Und warum hast du dir für die Verhandlung solch einen wilden Bart wachsen lassen?«

»Weil ich Drohungen befürchtet habe, und Racheakte. Das hatte ich mit Sargento Yanes so ausgemacht, damit mir nichts passieren konnte bis zum Tag der Verhandlung. Er sagte zu mir: ›Besser, wenn niemand deinen Aufenthaltsort kennt.‹ Und nur er wusste, wo ich war, wo ich arbeitete und lebte, und er kannte meine Telefonnummer. Und ich habe mir den Bart wachsen lassen für den Fall, dass ich einen Bekannten träfe, damit dieser mich nicht erkennt. Nach der Verhandlung hab ich den Bart abrasiert.«

Bevor wir von Tor aufbrechen, fragt er uns, ob er kurz zu den Bordes de Pleià gehen könne, er wolle sehen, ob er eine Tasche mit einem Rasierapparat finde, die er vor längerer Zeit dort liegen gelassen hatte. Das war genau einer der Gründe, die er den Untersuchungsbeamten gegeben hatte, als sie ihn fragten, warum er nach Tor gefahren sei. Er findet nichts.

»Ist lange her, und die Typen hier sind ganz scharf auf fremdes Eigentum.«

Dann kommen wir an Sansas Stall vorbei, den der Alte als Scheune benutzte und der genau vor Palancas Haus steht. Gil José geht auf die Tür zu und sagt, dass er die Tasche vielleicht hier gelassen habe und schaut durch die Ritzen der alten Holztür.

»Ich kann nichts sehen. Vielleicht, wenn wir reingehen ...«, und schon zieht er ein Messer aus der Hosentasche und schneidet die Kordel durch.

In der Scheune liegt ein riesiger Haufen roter und schwarzer Kordeln zum Ballenmachen, ein Futtertrog für Kühe und Schafe, und unter dem Dach ist Heu aufgeschichtet, das offenbar schon älter ist. Der Boden ist bedeckt mit trockenen Kuhfladen, und auf einer Seite sind eine Feuerstelle und eine Bartheke aus Holz.

»Das hab ich gemacht«, sagt Gil José gelassen und mit einem Fünkchen Stolz in der Stimme.

»Eine Feuerstelle und eine Bartheke in einem Kuhstall?«, wundere ich mich.

»Ja, wir wollten hier ein Restaurant eröffnen.«

»Wer? Du und Sansa?«

»Und Mont! Er hatte die Pläne bei einem Architekten in La Seu anfertigen lassen. Das sollte ein Restaurant geben, und oben drüber wollten wir Zimmer machen, aber ich hab nur zwei Wochen arbeiten können, weil das Material zu Ende ging und keiner mehr Kohle hatte.«

»Was seid ihr bloß für Leute!«

»Ja, und der Alte war noch dazu wütend, weil ich ihm sagte, dass wir, um den Boden legen zu können, die ganze Scheiße rausholen müssten, und da schrie er, das käme gar nicht in die Tüte, da dürfte selbst Gott nicht graben, und wenn wir einen Boden wollten, müsste der oben drauf, ohne dass wir irgendetwas anfassen.«

»Und, habt ihr das so gemacht?«

»Ja, wir haben angefangen, aber nach drei Tagen brach alles auf. Der Boden hat da hinten nachgegeben«, sagt er und zeigt auf eine Stelle, wo tatsächlich eine Unebenheit zu sehen ist. »Ich hab ein kleines Loch gegraben, um da wieder mit Zement aufzufüllen, aber als er das gesehen hat, hat er alles abgeblasen. Er wäre der Chef hier, und wir sollten uns zum Teufel scheren! Mont ist ziemlich wütend geworden, weil er eine Million Peseten in Zement und Arbeit gesteckt hatte, aber da war nichts zu machen. Der Alte hat uns rausgeschmissen.«

»Und deswegen haben sie gestritten und deswegen haben sie ihn getötet?«

»Ja, möglich, das wird's gewesen sein.«

Wieder Sansas Boden. Zuerst zankt er sich mit Olivella, weil der Kerl Löcher in den Boden des Hauses gegraben hat, und dann wird er wild, weil diese Penner im Boden seiner Scheune herumwühlen. Was hatte der wohl vergraben? Aber an zwei verschiedenen Stellen? Fehlt nur noch, dass es stimmt, und er wirklich einen Schatz oder Geld vergraben hat, wie behauptet wird. Wenn wir bei unseren Nachforschungen etwas Neues entdecken, wird das vielleicht auch ans Licht kommen. Mit Gil José sind wir jedenfalls fertig, allzu viel hat es nicht gebracht. Seine Aussage ist glaubhaft. Jetzt müssen wir beweisen, dass er am Tag des Verbrechens, am 19. Juli 1995, in Katalonien war.

Pol ist Schritt für Schritt Gil Josés Route abgefahren, von seiner Ankunft in Barcelona bis nach Tor, und ein paar Dinge haben wir über ihn herausgefunden: In Sant Celoni hat man

Pol gesagt, dass Gil als junger Mann in einer Folkloretanzgruppe als Manelic aufgetreten ist. »Er benutzte ein echtes Messer«, erzählte der Direktor der Gruppe. »Und ich hatte immer Angst, er würde damit jemanden verletzen.« Pol war auch in Santa Maria de Palautordera und hat mit den Nachbarn der Exfrau und Tochter gesprochen, die beide nicht zu Hause waren. Er hatte leider keine Zeit, ein zweites Mal da hinzufahren. Das ist nicht gerade viel. Danach ging er ins Hotel Iris in Granollers und zur Fonda Cadí in Ponts, wo Gil angeblich übernachtet hat. Seltsamerweise hat man Pol in beiden Herbergen gesagt, dass durch irgendwelche Probleme die Einträge vom Juli 1995 unvollständig oder gelöscht sind. Wir nahmen an, dass sich vielleicht in der Fonda Europa etwas Interessantes ergeben würde, wo Gil José seinen alten Freund Joan Andreu Jové, den Kellner, getroffen haben will, den Mann, der ihn nach Tor begleitete. In dem Gasthaus gab es niemanden mit dem Namen, wohl aber einen Joan Andreu Castro. Nachdem wir mit seiner Mutter gesprochen und Katz und Maus mit dem Mann gespielt hatten, kamen wir zu dem Schluss, dass er etwas zu verbergen hat, aber scheinbar steht es nicht im Zusammenhang mit Tor. Es stellte sich heraus, dass die von Gil José angegebene Route problemlos machbar war. Das heißt, er hätte in drei oder vier Tagen in Barcelona eintreffen, sein Heimatdorf besuchen, nach Tor hinauffahren und anschließend wieder nach Mallorca zurückreisen können. Aber auch wir konnten nichts davon beweisen.

33

ZWEIFEL ÜBER ZWEIFEL

Seit Wochen arbeiteten wir an der Reportage. Besonders gefiel uns die Sequenz mit Gil José in Tor, aber wir waren etwas enttäuscht, weil wir seine Anwesenheit in Katalonien nicht hatten nachweisen können. Pol und Pepe blieben im Vall Ferrera und machten zusätzliche Aufnahmen von Landschaften, Wegen, Häusern und Gegenden, die uns helfen würden, die Reportage mit Bildern zu unterlegen. Ich fuhr hinunter nach Lleida, um nochmals mit dem Sargento zu reden.

Er wollte nicht mit mir in der Kaserne sprechen, und so verabredeten wir uns zum Mittagessen im Restaurant Can Miquel, einem jener Orte, von denen man ungern erzählt, weil sie so wunderbar sind, dass man sie ganz für sich alleine haben möchte. An den Wänden hängen dicht nebeneinander Bilder von Joaquim Ureña, einem der besten Aquarellmaler Spaniens, und ich habe die Hoffnung, dass sich der Sargento in diesem Ambiente und fern der Kaserne wohlfühlt und frei von der Leber weg erzählt. Rosa und Carme, die bezaubernden und immer hilfsbereiten Inhaberinnen des Lokals, wissen Bescheid und lassen sein Glas nicht leer werden.

»Ihr seid zu spät gekommen«, seufzt er resigniert, als ich ihm erzähle, dass unsere Nachforschungen ergebnislos waren.

»Das ist alles sehr seltsam. Zu seltsam«, sage ich.

»Zweifellos. Irgendwer hat die Spuren dieses Nichtsnutzes ausgelöscht.«

»Aber wer?«, frage ich.

Die einzige Antwort, die ich erhalte, ist ein langes Schweigen.

Mit den Jahren habe ich in meinem Job gelernt, das Schweigen meiner Gesprächspartner zu respektieren, vor allem in schweren und heiklen Augenblicken. Denn am Ende schafft es der andere doch nicht, die Antwort zurückzuhalten, die ihm zuerst in den Kopf geschossen war und die er lieber verschwiegen hätte.

»Dieser Richter«, meine ich zu hören, denn der Sargento hat die Zähne fast nicht auseinander gebracht.

»Der Richter von Tremp?«, frage ich verdutzt.

»Ich weiß es nicht!«, brummt er, überrascht, dass ich seinen Gedanken aufgeschnappt habe, den er unbewusst gemurmelt hatte. »Er hat sich immer komisch benommen. Warum, verdammt, konnte ich die Untersuchung nicht nach meinem Gusto führen? Das verstehe ich nicht.«

»Aber Sie selbst haben uns gesagt, dass Gil José ein Belastungszeuge war, der die Tat sehr genau beschrieben hat, oder? Und das schien mehr als ausreichend.«

»Ja, aber mir hat er kaum Einzelheiten gegeben. Nur, was er gesehen hat, und da habe ich ihn gleich zum Richter geführt.«

»Heißt das, Sie zweifeln jetzt an dem Zeugen?«

»Nein, nein. Aber wenn ich jetzt so an die Aussage denke ... Sie haben mir erzählt, dass Gil Ihnen eine Menge Details zu den Verletzungen geliefert hat, nicht?«

»Ja, und sehr präzise. Zu präzise würde ich sagen.«

»Verdammte Scheiße, ich glaub's nicht!«

»Was?«

»Nichts und niemandem! Dieser Penner war eine Stunde beim Richter, bevor ich hineinging. Verstehen Sie?«

»Aber was wollen Sie damit sagen? Dass der Richter von

Tremp oder sonst jemand aus dem Gericht ihm erklärt hat, wie er die Aussage machen muss, und dabei hat man ihm die Ergebnisse der Obduktion gesteckt?«

»Hombre, das Gerichtsurteil hat das durchblicken lassen!«, sagt er laut und ballt die Fäuste.

»Ja, aber viele Leute glauben, dass Sie ihm die Details gesteckt haben.«

»Ich?«, schnaubt er. »Aber ich wusste doch gar nichts von der verdammten Obduktion!«

»Aber warum sollte denn der Richter oder jemand anders Gil Josés Spuren verwischen und Mont und Marli vor Gericht bringen? Das sind doch zwei arme Schweine! Ich verstehe überhaupt nichts mehr!«, seufze ich und mache ein verzweifeltes Gesicht.

»Ach, jetzt reicht's, ich sage nichts mehr! Ich habe auch meine Zweifel, aber dieser Typ hat mir nie gefallen. Die meisten Richter sind aufgeblasen und fühlen sich dem Rest der Welt überlegen, aber der, der ...« Er hält inne und trinkt den letzten Schluck Wein. »Übrigens, habt ihr Batallé gefunden? Ich glaube, der ist vor Kurzem in Sort aufgetaucht. Nehmt ihn in die Mangel, vielleicht kommt dabei was raus.«

Diese Unterhaltung hat bei mir nur neue Zweifel geweckt. Nach dem Essen fahre ich nach Alins, weil morgen Palanca an der Reihe ist. In Sort mache ich einen kurzen Halt und schaue, ob ich Batallé finde, den Schmuggler, der Mont und Marli von Tor nach La Seu brachte, ungefähr zu der Zeit, als das Verbrechen verübt wurde. Das ist der, den alle fürchten.

34

BATALLÉ

Es ist noch nicht sechs Uhr abends. In Sort kenne ich viele Leute, und es fällt mir nicht schwer, Patilles zu finden, den Mann, der mich zu Batallé führen soll. Ich finde Patilles in seinem Haus am Flussufer. Der Typ ist im Landkreis sehr bekannt, weil er immer die Finger in irgendeinem schmutzigen Geschäft hat. Er war einer der Organisatoren der Frauenkarawanen, die sich zu den Junggesellen aus dem Pallars aufmachten. Er ist sehr geschickt im Holzschnitzen. In Sort soll es ihm zufolge ein Geschäft geben, wo er die Geschichte von Pallars in die Balken und Möbel geschnitzt haben will. Seine Machenschaften gehen nicht immer gut aus, und mehr als einmal war er für längere Zeit untergetaucht. Einmal hatte ihn seine Flucht auch nach Tor geführt. Einige seiner Freunde sind übles Pack, so wie Batallé. Er wird Patilles genannt, weil seine Koteletten so lang sind, dass sie fast einen Backenbart ergeben; ein bisschen wie die der alten irischen Seeleute. Ich finde ihn beim Schrottstapeln auf einem Teil des Grundstücks, wo er altes Gerümpel hortet, das man ihm geschenkt oder das er günstig gekauft hat.

»Ich weiß gar nicht, was ich mit dem ganzen Zeug machen soll. Na, kommt Zeit, kommt Rat ...«, brummt er, als er mein ungläubiges Gesicht sieht, auf dem geschrieben steht, dass mir schleierhaft ist, wozu einer wohl so viel Schrott sammelt.

»Hola, ich bin vom Fernsehen. Man hat mir gesagt, dass du die Geschichte von Tor gut kennst und ...«

»Ha!«, unterbricht er mich. »Tor ist eine andere Welt. Da gibt es kein Gesetz. Wenn du da ohne Knarre rumläufst, bist du geliefert!«, sagt er.

Man hat mir gesagt, dass Patilles in Ordnung sei und ich gut mit ihm klarkäme. Er ist tatsächlich ein Original, und ich bleibe eine ganze Weile bei ihm. Er erzählt mir, dass er einmal in Tor gearbeitet hat, mal dies, mal das, und dass er genau im Sommer 1980 oben war, als »die beiden Gehilfen von Palanca« umgebracht wurden. Damals arbeitete er als Maurer für einen der anderen Höfe im Dorf. Damit wird bestätigt, was Concepció uns wenige Tage zuvor berichtet hatte, nämlich dass er mit dem Gewehr auf dem Rücken gearbeitet hat.

»Da lag Blut in der Luft«, sagt er.

Diesen Satz werde ich nicht mehr vergessen.

»Und was willst du von Batallé?«, fragt er mich.

»Weil er es war, der ausgesagt hat, dass Mont und Marli Sansa bedroht haben und ...«

»Sansa wurde da oben von jedem bedroht«, fällt er mir ins Wort. »Jeder bedrohte jeden. Trau keinem von denen. Die belügen dich alle!«

»Uff, mir schwirrt jetzt schon der Kopf, und das fehlt mir gerade noch. Wird Batallé mich denn auch belügen?«

»Batallé ist link, aber ich kann dir helfen. Komm heute Abend in die Tankstelle von Rialp, da kannst du mit ihm reden«, sagt er.

Die Aussicht auf ein Treffen mit Batallé macht mich so glücklich, dass ich das erfolglose Essen mit dem Sargento vergesse.

»Meinst du, der weiß etwas? Es gibt Leute, die sagen, der verheimlicht ...«

»Batallé ist ein Schmuggler«, fährt er mir über den Mund. »Alle Schmuggler verheimlichen Sachen. Das ist ihre Pflicht!«

Abends gegen neun Uhr parke ich das Auto vor der Tankstelle von Rialp und gehe in die kleine Kneipe. Die beiden stehen an der Theke. Patilles dreht sich um, Batallé nicht. Von hinten wirkt er sehr mächtig. Seine Haare machen einen schauerlichen Eindruck. Offenbar hat er sie seit vielen Wochen weder gewaschen noch geschnitten. Er hat seine Jacke anbehalten, eine Gewohnheit, die viele Bergleute haben: Sie ziehen ihre Jacke in der Kneipe nie aus. Warum, weiß ich auch nicht. Ich grüße Patilles, und er stellt mich vor.

»He, Alter«, sagt Patilles und klopft Batallé auf den Arm. »Das ist der Fernsehmann, der dich interviewen will.«

Der Riese dreht sich langsam um, mustert mich von oben bis unten und in seinem Blick liegt eine solche Verachtung, dass es fast wehtut. Er hat ein Kaffeegläschen voll mit Cognac in der Hand und kippt es mit einem Schluck hinunter, ohne ein Wort zu verlieren.

»Mach dir nichts draus, der ist ein bisschen spröde«, beruhigt mich Patilles. »Er ist nicht gewöhnt, mit der Presse zu reden. Hahaha! Na, komm schon, sei nicht so ein Dickschädel und red mit dem jungen Mann!«, lacht er und klopft ihm wieder auf den Arm.

»Wenn du mich noch mal anrührst, schlag ich dich zum Krüppel!«, schnauzt Batallé, ohne ihn anzusehen.

Patilles, der eigentlich sein Freund ist, grinst etwas gezwungen.

»Mist, ist der grantig heute ...«

»Ich hab dich gewarnt, dass du dem nichts hättest sagen sollen, dem Reporter«, fährt ihn der Schmuggler an. »Ich will nicht mit ihm sprechen und Schluss!«, sagt er, so als wäre ich Luft.

Ich bin ratlos. Was soll ich tun? Ich will unbedingt mit ihm reden, ich denke, er könnte mir wertvolle Informationen geben, aber das riecht nach Ärger, und ich habe keine Lust auf ein blaues Auge. Auch der Kellner bemerkt die dicke Luft und fragt mich nicht mal, ob ich etwas trinken möchte. Patilles stichelt weiter, ich weiß nicht, ob bewusst oder unbewusst.

»Du Hosenscheißer! Weißt du nicht, dass man sich mit der Presse gut stellen soll? Los, gib schon deine Erklärungen ab! Hahaha!«

Mir ist nicht wohl in meiner Haut, aber da ich schon mal hier bin, kann es nicht schaden, einen Versuch zu wagen und die Situation zu entspannen. »Wenn es daneben geht, brech ich sofort ab und verdufte«, denke ich.

»Kein Problem«, beruhige ich ihn, »wenn du nicht reden willst, dann red nicht. Dann hast du einfach nichts zu sagen. Darf ich eine Runde ausgeben?«, frage ich und gebe dem Kellner ein Zeichen.

Bewusst stelle ich mich rechts neben Batallé. Links ist Patilles. Beide sitzen auf den Barhockern, ich bleibe stehen und lehne mich gegen die Theke. Der Kellner füllt ihre Gläschen mit Cognac und schaut mich fragend an.

»Gib mir dasselbe«, sage ich.

Er füllt mir ein Gläschen. Stille. Batallé stürzt seinen Cognac wieder mit einem Schluck die Kehle hinunter. »Wenn ich das genauso mache, lande ich garantiert in der Notaufnahme«, denke ich. Der Mann würdigt mich weiterhin keines Blickes.

»Sargento Yanes lässt dich grüßen.«

Er grinst. Bingo!

»Was macht das Würstchen?«, grunzt er mit einem verächtlichen Lachen. »Lebt er noch?«

»Ja, er ist jetzt bei der Verkehrspolizei. Er hat mir berichtet, dass du bestens über Tor Bescheid weißt, und er hat mir auch gesagt, dass du ihn ganz schön in die Scheiße geritten hast, als du nicht zur Verhandlung erschienen bist.«

»Hahaha! Was hatte der sich denn gedacht? Der Penner!

Erst bedroht er mich und dann muss er die Scheiße selbst auslöffeln, hahaha!«

»Aber vorher hast du ausgesagt, du hättest gehört, wie Mont und Marli Montané mit dem Tod gedroht haben?«

»Montané wollten alle umbringen. Die beiden ...«

»Die beiden sind arme Schweine, die keiner Fliege was tun«, wirft Patilles lachend ein.

»Willst du damit sagen, dass sie es nicht waren?«

»Mann, natürlich nicht!«, behauptet Batallé mit dem beunruhigenden Ton absoluter Gewissheit.

»Und? Wer dann?«, bohre ich und schaue ihm ins Gesicht, ob er vielleicht noch einen Schritt weiter geht.

»Keine Ahnung«, brummt er, ohne den Blick von der Theke zu nehmen.

»Hast du echt keine Ahnung oder willst du's mir nicht sagen?«

»Ich weiß es nicht. Keine Ahnung. Bist du taub oder was?«, faucht er und wirft mir solch einen grimmigen Blick zu, dass ich eine Gänsehaut bekomme.

»Okay, okay. Du musst es wissen, aber wo doch alle sagen, du kennst Tor so gut ...«

»Ich weiß gar nichts! Und geh mir nicht auf die Eier! Klar, Mann? Man hat Sansa umgebracht, weil er ein Arschloch war und glaubte, dass ihm alles gehört. Er ist selbst schuld, und daraus solltest du was lernen!«

Mir scheint es klüger, den Typen nicht weiter zu reizen. Er versteht ganz offensichtlich keinen Spaß. Lieber baue ich eine Beziehung auf, die eventuell an einem anderen Tag Früchte trägt.

»Also gut, ich lass dich in Ruhe, aber ich habe den Eindruck, dass du was verheimlichst. Yanes fand dich in Ordnung, und dasselbe hat auch Patilles gesagt, dann werde ich das wohl glauben müssen.«

Aber diesmal funktioniert der Trick nicht. Er packt mich beim Kragen, hebt mich hoch und macht mir klar, dass ich bei ihm keine zweite Chance kriege.

»Wenn du mir noch mal auf die Eier gehst, tätowier ich dir die Visage, kapiert?«

Da ist jede Antwort überflüssig. Patilles geht dazwischen, der Grobian lässt mich los, und ich stolpere hinaus auf die Straße. Draußen ist es sehr kalt, aber das merke ich nicht. Ich zittere. Während ich noch tief Luft hole, frage ich mich, warum zum Teufel diese miese Schmuggelratte so aggressiv reagiert hat. Was weiß er? Was verheimlicht er? Und wie komme ich dahinter? Eine Sache ist klar: Ich muss etwas Zeit vergehen lassen, bis ich einen neuen Versuch bei ihm starte. Mir dröhnt der Kopf, und was vorher noch bunt war, ist jetzt schwarz-weiß. Ich pinkle ins Freie und mache mich dann auf nach Alins und ab in die Falle.

35

ENDLICH MIT PALANCA IN TOR

Endlich fahren wir mit Palanca nach Tor. Ich kann's immer noch nicht fassen, alle hatten behauptet, dass wir das nie fertigbringen würden. Es war auch nicht leicht, aber hier ist er, mit uns auf dem Weg nach Tor. Ich bin so zufrieden, dass ich mich gar nicht mehr an den gestrigen Zusammenstoß mit Batallé erinnere. Pol, Pepe und ich fahren in Palancas Auto, und hinter uns folgt Lázaro mit seinem Geländewagen. Bereits als wir zu dem vereisten Wegstück gelangen, erleben wir diesen in den halben Pyrenäen gefürchteten Mann in seiner Bestform:

»Schau dir bloß an, wie die Straße nach Tor aussieht, eh! Das muss ins Fernsehen, Mann! Noch heute ist es lebensgefährlich nach Tor zu fahren, eh! Das ist mehr als unvorsichtig, wenn der Wagen das nicht packt, kannst du gleich ins Gras beißen. Nach Tor fahren heißt sein Leben riskieren, eh! Aber die Straße räumen, das wollen sie nicht; was für ein Glück, dass der Schnee so früh geschmolzen ist, sonst hätten wir hier einen Meter Schnee liegen. Wir sind völlig von der Welt abgeschnitten.«

Fünf Kilometer gegen den Wind kann man erkennen, dass Lázaro Palancas Art und all dessen Marotten übernommen hat. Er ist die spanische Kopie seines Meisters. Und der wird uns noch genügend Gelegenheit geben, ihn bei den Glanzstücken seiner Kunst zu bewundern. Denn er benimmt sich so nur, wenn es ihm in den Kram passt. Zumindest ist das der Eindruck, den er auf mich macht, wie ich da so sitze, ihm zuhöre und ihn beobachte. Ein paar Hundert Meter vor Tor hält er den Wagen an, und wir müssen aussteigen, weil er uns den Schaden zeigen will, den man auf seinem Grund und Boden angerichtet hat. Das haben »die« gemacht. Dieselben, die er ständig anklagt, aber nie identifiziert.

»Schaut euch das an, das ist die Wiese von Cirera, mein Privatgrundstück, das ist eingetragen mit Urkunde, und da seht ihr's. Statt die Straße über den Fluss instand zu setzen, und weil es bequemer ist, fahren sie über mein Feld und sagen nur, ich soll doch beim Bürgermeister oder beim Gericht Klage einreichen, wenn es mir nicht passt. Tatsache ist, die legen alle meine Klagen sofort auf Eis, und es dauert zwanzig Jahre, bis da was bei rumkommt und ich kann mich nicht wehren. Total schutzlos! Ich wohne in einem Dorf und bin gezwungen, von da wegzugehen. Ich hab's im Guten versucht, mit Schreiben an das Gericht, an den Bürgermeister, und nichts, nichts kam dabei raus. Am Ende bleibt mir nur eins übrig – mich knallhart zu wehren, mit Gewalt!«

Weiter oben hält er noch mal an.

»Seht ihr das? Das ist die Wiese von Neuradet, die Besitzurkunde werde ich euch noch zeigen. Da oben«, sagt er und zeigt flussaufwärts in Richtung Dorf, das man am Ende der Straße schon erkennen kann, »haben sie den Fluss umgeleitet und mein Grundstück verwüstet. Anweisung vom Landwirtschaftsministerium, sagen sie. Aber sie haben keine Genehmigung, nichts. Das ist mein Grundstück. Von mir haben sie keine Genehmigung. Was kann ich tun? Ich verlange Schadenersatz. Und wie krieg ich den? Nur durch Gewalt, nicht durchs Gericht oder sonst irgendeinen Scheiß, Gewalt, Gewalt und noch mal Gewalt!«

Jede »Gewalt« ist harter und unnachgiebiger als die vorangehende.

Schließlich erreichen wir Tor. Kaum befinden wir uns im Dorf, hält er das Auto mitten auf der Straße an. Damit demonstriert er seine Macht, und mehr als das – seinen Besitzanspruch. Seine linke Hand steckt er in die Hosentasche und zieht sie nicht mehr heraus, es sei denn, um mit einer ausholenden Handbewegung seinen Worten Nachdruck zu verleihen, oder um das Feuerzeug zu benutzen. In der Rechten hält er eine halb angerauchte Zigarre; sie ist kalt, aber ab und zu brennt er sie an, nimmt einen Zug und sofort geht sie wieder aus. Man braucht ihn nichts zu fragen. Er läuft umher, redet und bleibt stehen, wie und wo es ihm gefällt.

Pepe filmt und Pol hält die Mikrofonangel. Pepes Bewegungen mit der Kamera sind so sanft, dass er sich Palanca auf wenige Zentimeter nähert, und der nicht einmal den Blick ändert. Das Zoom benutzt er nie, das hat er sich selbst verboten, und ich kann bestätigen, dass seine Filmarbeiten weit über dem Durchschnitt liegen.

Mehr als einmal spritzt Spucke aus Palancas zahnlosem Mund auf das Objektiv. Sein Ton ist immer ein bisschen aggressiv, mit erhobener Stimme diskutiert er mit sich selbst. Pol versucht weniger den Klang einzufangen, als dass er sich hinter der Kamera versteckt und darauf vertraut, dass die Angel lang und das Mikrofon stark genug ist. Der Mann vor uns fühlt sich wie ein König. Das ganze Dorf gehört ihm. Er hat einen Knecht, Lázaro, der ihn bewundert, und ein Fernsehteam, das ihn filmt. Bestimmt denkt er: »Schau mal, Sansa, hier steh ich, und du liegst in der Grube.«

»Das hier haben die Maquisarden in Brand gesteckt«, erklärt er und deutet auf die Ruinen in der Mitte des Dorfes, zwischen den Höfen Sansa und Palanca. »Die Maquisarden kamen und, klar!, Familie Sansa holte die Guardia Civil, und klar!, es kam zur Schießerei! Die Polizisten verschanzten sich in ihrem Haus und erschossen zwei Maquisarden. Als die

Maquisarden sahen, dass die Guardia Civil da war, versuchten sie gleich, die abzuknallen, und haben zuerst unsere Scheune angesteckt; das Feuer, klar!, schlug auf eine andere Scheune über, die von Clos. Halb Tor haben die in Brand gesteckt wegen der Familie. Die Schuld für die Brände in Tor hat Sansa. Wegen der Maquisarden mussten viele Leute Tor verlassen, weil sie kein Geld hatten und nichts machen konnten, eine Misere. Und seit der Zeit mit den Maquisarden hat Sansa behauptet, er sei der Besitzer von Tor und am Schluss hat er es erreicht, da hat er es geschafft. Die sagten, er wäre der Einzige, der das ganze Jahr über hier lebte. Einen Scheiß hat der! Da soll mir doch mal einer erklären, wie hier in Katalonien die Justiz funktioniert, das muss man mir erklären, denn das will keinem in den Kopf. Die verteilen Recht nach Lust und Laune. Die Anwälte sind schuld. Arana und Ruben haben gesagt, dass sie Tor gekauft haben, und das stimmt! Mit den Urteilen von Tremp und Lleida wurde bewiesen, dass alles gekauft ist ... das ist das Allerletzte! Das Allerletzte! Was hier abläuft, eh! Und ich muss aus meinem Haus raus! Aus meinem Haus! Und nirgendwo kann ich hin, denn die machen die Wege nicht frei und hier kann man nicht wohnen! Schaut euch um: das Dorf verbrannt und voller Schrott, alles Sansas Schuld. Zuletzt haben die sein Haus auch verbrannt.« Und er zeigt auf den Hof Sansa und fügt mit einer Mischung aus Häme und Hass hinzu: »Deswegen musste er dort sterben, eh! Dort haben sie ihn gefunden, mausetot, eh! Der Hundsfott! Aber die wahren Verbrecher, das sind die Anwälte, eh! Die Einzigen, die an dem Dorf verdient haben, sind die Anwälte!«

Wenn er einmal in Fahrt ist, lässt er sich nicht mehr bremsen. Er springt von einem Satz zum anderen, von einem Thema zum anderen, von einer Welt zur anderen. Wie es ihm gerade passt.

Damals war mir das noch nicht klar, aber mit der Zeit habe

ich herausgefunden, dass Palanca die Behörden im Allgemeinen und besonders die Anwälte und Richter nicht ausstehen kann. Die machen ihn fertig. Voller Hass spricht er von Ruben, dem Andorraner, den Sansa aufgetrieben hatte, um die Skipisten zu bauen, und von Joaquim Arana, einem katalanischen Rechtsanwalt mit einer Kanzlei in Andorra, der 1977 Abgeordneter des spanischen Kongresses war und als Vertreter der Pyrenäen angesehen wurde. Manche hielten ihn für den obersten Verteidiger des katalanischen Verwaltungsbezirkes Pallars Sobirà. Ursprünglich ein Mitglied des linken PSC-Reagrupament verlor er mit jeder Wahl politische Präsenz – und Wählerstimmen. Sein letztes politisches »Abenteuer« sollte das Bürgermeisteramt von Lleida sein, das er als Vorsitzender der ebenfalls linken Esquerra Republicana de Catalunya erreichen wollte, aber er hatte kein Glück und zu wenige Stimmen. Arana war ein temperamentvoller, eleganter Mann, sehr wortgewandt. Er sah gut aus und gefiel sich auf den Fotos in der Tagespresse. Er verstand sich bestens mit den Journalisten und nur einmal verlor er die Fassung. Das war im Zusammenhang mit dem Fall Tor: Als Palancas Leibwächter 1980 erschossen wurden, übernahm Arana die Verteidigung der beiden Schützen – der Leibwächter von Ruben –, und als er bei einer Pressekonferenz seine Sicht des Kampfes darstellen wollte und sah, dass sich die Journalisten nicht in die gewünschte Richtung manövrieren ließen, sprang er auf und schrie sie an, beschimpfte sie als einen Haufen Ignoranten und verließ wutschnaubend den Raum. Zwei Stunden später rief er alle Chefredakteure an und entschuldigte sich bei ihnen. Er wollte immer ein Mann von Welt sein – vom Scheitel bis zur Sohle.

Arana starb 1993. Er wurde dem linken Parteifeld zugeordnet. Es fällt jedoch schwer, zu begreifen, wie ein Mann der Linken sich mit Leuten wie Ruben Castañer und den Rechtsanwälten Tasies und Hortal abgeben konnte, die nicht nur konservativ sind, sondern regelrechte Franquisten. Nachdem ich mit Leuten gesprochen habe, die alle vier kannten, beginne ich zu ahnen, was sie miteinander verbunden hat: das Geld. Auch wenn er das nicht an die große Glocke hing, wollte Arana doch immer als Andorraner angesehen werden, aber die großen Familien des Fürstentums trauten ihm nicht über den Weg und akzeptierten ihn nie. Arana, der sich der Geschäfte wegen mit Ruben verbündete, kämpfte lange Zeit darum, die Wirtschaft in der Gegend von Pallars Sobirà anzukurbeln, und glaubte, dass der Bau einer Skistation in Tor und die damit verbundene Öffnung zu Andorra eine Goldmine für den Landkreis bedeuten würde, und zwar für mehr als einen Geldbeutel. Deshalb versuchte er von Anfang an zwischen Ruben und Palanca zu vermitteln.

Während wir weiter durch Tor gehen und zu seinem Haus kommen, erzählt uns der Betroffene die Geschichte selbst:

»Tatsache ist, dass Senyor Arana gegen mich einen Prozess angestrengt hat. Anwälte! Anwälte!«, zetert Palanca und fuchtelt mit seinen Händen. »Er kam zu mir und fragte: ›Willst du dir 40 Millionen verdienen?‹ Und ich: ›40 Millionen, wofür?‹ Er sagte: ›Für Tor. Aber unter einer Bedingung: Du musst unterschreiben, dass du, Cerdà und Sansa die einzigen Eigentümer seid.‹ – ›Mann‹, sagte ich, ›und was ist mit den anderen?‹ Er sagte nur: ›Die anderen haben ihre Anrechte verloren.‹ – ›Mann‹, antwortete ich, ›das kann ich nicht unterschreiben, du bist Anwalt und kannst viel erzählen, aber ich kann nicht unterschreiben, dass die anderen keine Anrechte haben ...‹ – ›Nichts da! Sei nicht blöd und schlag ein.‹«

Palancas Art zu erzählen ist beeindruckend. Er macht die Dialoge nach und imitiert sogar die Stimmen. Alles ein bisschen chaotisch, aber es sind doch richtige Dialoge.

»Wir waren in Esterri, in einer Kneipe«, fährt Palanca fort, »Arana, Ruben und ich. Also gut, wir fangen an zu reden und zum Schluss, unter Zeugen, sagen die zu mir: ›Du wirst alles verlieren, weil wir alles gekauft haben. Und du kriegst keinen Céntimo.‹ – ›Gut‹, sage ich, ›wenn ihr euch das traut, und die ganze Mafia auf eurer Seite steht, also gut, dann wollen wir mal sehen, was dran ist, aber ich bezweifle sehr, dass alle Richter so korrupt sind.‹«

Und sofort empört er sich.

»Und tatsächlich, die machen mir den Prozess! Einen Prozess, um mich aus dem Weg zu räumen und mein Eigentum an sich zu reißen! Und in Tremp bekommen sie recht, aber in Barcelona gewinne ich, ich gewinne den Prozess und die, die sind stocksauer.«

Der Prozess sollte bewirken, dass Palancas Anteil an der Gesellschaft der Miteigentümer aufgehoben und sein Eintrag im Grundbuch gelöscht würde. Sie begründeten ihre Klage damit, dass er, Jordi Riba, also Palanca, die Rechte seinem Onkel, Vicens Riba, abgekauft habe, der so gut wie nie in Tor gelebt hatte. Man darf nicht vergessen, dass der alte Palanca, Buenaventura Riba, den Vater unseres Palanca enterbt hatte, weil der gegen seinen Willen ein Mädchen aus Alins geheiratet hatte. Er ernannte Vicens, seinen Jüngsten, der in Andorra lebte, zum Erben. Dieser andorranische Onkel hatte den jungen Palanca häufig zum Schmuggel gezwungen. Als Jordi erwachsen wurde, verkaufte ihm sein Onkel die Rechte am Berg, die er in den Augen der anderen Miteigentümer längst verloren hatte, weil er immer in Andorra gelebt hatte. Jordi Riba, der heutige Palanca, hat seinerseits immer verfochten, dass die Rechte noch bestünden, denn, auch wenn der Onkel in Andorra lebte, so lebte er selbst doch in Tor, und beide gemeinsam würden einen Miteigentümer bilden, das erlaubten die alten Statuten. Die Klage hatte keinen Erfolg, aber die Stimmung in Tor wurde explosiver denn je.

»Dann haben sie sich zwei Sicherheitsleute zugelegt«, erklärt Palanca, während wir unseren Gang durch das Dorf fortsetzen. »Die sollten mir Angst einjagen. Ha! Als wäre das ihr Berg! Sie haben die Straße mit Ketten gesperrt, und ich hab die abgerissen, ohne lange zu fackeln. Sie haben versucht, mich fernzuhalten, weil sie einen Vertrag mit irgendwelchen Engländern abschließen wollten und deshalb nervös waren.«

Er bezieht sich auf englische Investoren, Freunde von Ruben. Während er noch die Geschichte erzählt, kommen wir zu dem Ort, wo im Juli 1980 die zwei tödlichen Schüsse fielen: ein quadratischer Platz in der Dorfmitte. Rechts das Haus von Sisqueta, im Hintergrund der Hof Palanca, und links Sansas Scheune. Straße und Fluss bilden zusammen die letzte Seite des Quadrats.

»Hier, seht ihr, genau hier hat's die armen Jungs erwischt. Dahinten war ein Graben, da!«, ruft er und zeigt auf den Boden. »Hier bin ich hingefallen. Ich bin hingefallen und schon hörte ich den Schuss. Schau, hier, ich bin aufgestanden, vier Meter entfernt liegt mein Haus, siehst du, da rannte ich ins Haus, eh!, und als ich drin war, hörte ich: ›Palanca der Hurensohn ist entkommen! Diese Drecksau ist entwischt!‹ Das sagte Ruben zu den anderen Kerlen, den Schützen. Kaum war ich im Haus, gucke ich aus dem Fenster und sehe zwei Kerle tot daliegen, eh!« Mit gespreizten Händen zeigt er auf den Boden, um deutlich zu machen, dass die Körper viel Platz einnahmen. »Mein Jeep stand vor der Tür, ich sprang rein und bin abgehauen.«

Pepe filmt, Pol hat Schwierigkeiten, die Mikrofonangel zu platzieren, ohne einen Schatten ins Bild zu werfen, und ich bewege mich, damit Palanca mich bei seiner Schilderung des Kampfgeschehens ansieht und die Story nicht an Intensität verliert. Wir reden nicht, aber alle drei wissen wir, dass das eine der wichtigen Sequenzen für die Reportage wird. Ganz ehrlich: Wir amüsieren uns bestens. Es ist zwölf Uhr vorbei, und uns erwartet noch eine weitere Perle für die Reportage: Lázaro hat den ganzen Morgen noch nicht den Mund aufgetan.

Mit viel Geschrei hilft uns Palanca dabei, uns vorzustellen, wie das Leben im Dorf zwischen 1976 und 1980 ausgesehen hat. Zu ersten heftigen Zusammenstößen mit Ruben kam es 1976, als die beiden anderen Lokalpotentaten, Sansa und Cerdà, einen Pachtvertrag über den Berg von Tor abschlossen. Zusammen mit Cerdàs Schwester Generosa – das eigentliche Hirn der Verschwörung – ernannten sich die beiden zu den einzigen Mitgliedern der Gesellschaft der Miteigentümer, indem sie anführten, sie seien die Einzigen, die das ganze Jahr über in Tor wohnten. Der Pachtvertrag brachte das Fass zum Überlaufen und die Folge waren Hass und Blut. Sansa und Palanca hassten sich seit ihrer Jugend, und jeder wollte der Platzhirsch sein. Was der eine aufbaute, riss der andere nieder. Immer. Dieser Vertrag bedeutete die Überlassung der gesamten Nutzungsrechte am Berg an den Andorraner, überging die übrigen Dorfbewohner und stellte damit eine neue Kriegserklärung dar. Von dem Augenblick an, als herauskam, dass Sansa und Cerdà mit Ruben verhandelten, redeten die Männer nicht mehr miteinander. Palanca schritt zur Tat. Er heuerte direkt oder indirekt das Gesindel der Gegend an und bezahlte sie, damit sie alles zerstörten, was die anderen aufbauten.

Als Erstes wurde das Haus verwüstet, das als eine Art Bürgermeisteramt dienen sollte. Der Andorraner und Sansa hatten es instand setzen lassen. Sie hatten eine neue Toilette und eine neue Küche einbauen lassen sowie Betten und ein paar Möbel hineingestellt, damit die ersten Arbeiter der künftigen Skistation dort wohnen könnten. Am Tag nach Beendigung der Arbeiten zeigte die Sonne, wie lang die Nächte in Tor sein können. Man hatte das Haus innen total zerstört. Mit jedem Tag wurde das Klima angespannter. Immer mehr Leute schützten sich mit Pistolen, Messern, Äxten und Gewehren. In einem Dorf mit dreizehn Häusern!

Die explosive Stimmung reichte bis ins nahe gelegene Andorra. Anhand der Lektüre von Dokumenten und durch meine Gespräche mit Leuten habe ich erfahren, dass im Sommer 1978 auf dem Pass Port de Cabús ein »Brüderliches Festessen« stattgefunden hatte. Die teilnehmenden katalanischen und andorranischen Obrigkeiten feierten damit die Fertigstellung der Straße des Coll de la Botella, einer Straße von fast sieben Metern Breite, die von der andorranischen Skistation Pal bis zum Pass hinaufführt, genau bis an die spanische Grenze. Josep Pau, heute Generalsekretär des Landwirtschaftsministeriums und damals ein junger Mann, der gerade dabei war, politisch aktiv zu werden und in die Fußstapfen Joaquim Aranas im PSC-Reagrupament zu treten, versichert, dass ihm noch heute die Beine zittern, wenn er an das mit Pistolen und Maschinengewehren garnierte Grillfest zurückdenkt.

»Das lag in der Luft«, erzählt Pau. »Mitten im Sommer trug Ruben einen grauen Regenmantel. Darunter war die Pistole sichtbar. Ihn begleiteten zwei Leibwächter, einer sprach mit französischem Akzent; der hatte auch einen Regenmantel an, und schon von Weitem fiel einem das Maschinengewehr ins Auge. Die Andorraner konnten Ruben nicht ausstehen und die Leute von Tor auch nicht. Arana hat mir immer gesagt, dass der Kerl sehr gefährlich sei und enge Kontakte nach Madrid habe. Er stand in gutem Einvernehmen mit Gutiérrez Mellado und anderen Potentaten. Dieses

›brüderliche‹ Fest hat schon schlecht angefangen. Als Arana Palanca sah und begriff, dass nichts zu retten war, nahm er mich beiseite und flüsterte: ›Josep, komm, wir machen uns besser aus dem Staub!‹ Wir waren noch keine zweihundert Meter weit gekommen, da hörten wir Schüsse. Ich weiß nicht, ob es Verletzte gab, aber es wurde geschossen, das weiß ich genau, die Schüsse haben wir gehört.«

Es kam zum Kampf, weil man offenbar Ruben nicht eingeladen hatte, und da er sich aufgrund des Pachtvertrags als Herr und Gebieter über den Berg fühlte, tauchte er mit Begleitung auf, um Erklärungen zu fordern. Als Erstes geriet er an Palanca und später noch an andere, und damit war der Streit schon auf dem Tisch.

Eine weitere Episode dieser Art lässt sich im Protokoll der Gesellschaft der Miteigentümer von Tor vom 1. Januar 1978 nachlesen. Die Gesellschafter versammelten sich – wie es die Statuten von 1896 vorsahen – jeden ersten Januar, womit deutlich wird, dass sich Ende des 19. Jahrhunderts, im tiefsten Winter, alle Gesellschafter im Dorf befanden. Aber im Januar 1978 lag viel Schnee und Eis im Dorf und niemand lebte dort. Die Versammlung wurde stattdessen im Oktober abgehalten, aber in die Akte schrieb man das Datum des 1. Januar. Wie im Protokoll der Gesellschaft vom 1. Januar 1978 nachzulesen ist, wurde vereinbart, das Weideland des Berges an Ruben Castañer zu verpachten. An diesem Tag, so heißt es in den Akten, bestand die Versammlung aus Andorranern – die bestimmt Palanca eingeladen hatte –, so dem Syndikus Julià Reig, Oberhaupt einer der großen andorranischen Familien, und Antoni Aleix Santouré, stellvertretender Syndikus, sowie verschiedenen Mitgliedern der andorranischen Gemeinde La Massana. Offenbar passte es den andorranischen Abgeordneten nicht, dass die Weiden an Ruben Castañer verpachtet wurden, denn in den Akten steht: »Hervorzuheben sind besonders die Drohungen des Gemeinderatsvorsitzenden von La Massana, Josep Areny, genannt ›Teixidó‹.« Einzelheiten werden nicht angegeben.

Nach und nach habe ich herausgefunden, dass Palanca und die andorranischen Behörden eine Partei bilden, und Sansa, Cerdà und Ruben Castañer eine andere.

Palanca ist sicherlich kein Dummkopf, und jedenfalls hatte er sehr gute Ratgeber. Als er 1978 sah, dass Cerdà und Sansa das Protokollbuch und den Stempel der Gesellschaft benutzten und nach Bedarf Versammlungen einberiefen, machte er es ihnen gleich. Er trommelte die anderen neun Miteigentümer zusammen, und sie gründeten, was man eine neue Gesellschaft oder eine Parallelgesellschaft nennen kann. Ein neues Protokollbuch wurde angelegt und es wurden Vereinbarungen getroffen, mit dem Ziel, die Bewirtschaftung der Forst- und Weideflächen des Berges fortzuführen, und Sansas Pläne, Skipisten und Wohnanlagen zu errichten, zu vereiteln. Diese Blockade von Sansas Vorhaben ergab zwei große Gewinner: Palanca, der weiter nach Gutdünken seine Pferde dort weiden lassen und überhaupt machen konnte, was er wollte, und die Schmuggler, für die Tor ein wichtiger Routenstützpunkt war. Jahre später sollte das Gericht von Tremp das Protokollbuch, die Vereinbarungen und die Parallelgesellschaft auflösen, aber, wie so oft, kamen auch hier die richterlichen Beschlüsse mit großer Verspätung.

Während wir im Februar 1997 mit Palanca durch Tor gehen, denke ich oft an Andorra. Mir wird klar, dass wir viele Antworten auf unsere Fragen im Fürstentum suchen müssen. Palanca haben wir abgeklopft, doch viel schlauer sind wir dadurch nicht geworden. Jedenfalls dürfen wir uns nicht mit seiner Version begnügen. Sansa ist tot, Cerdà, der dritte Lokalpotentat, der zudem der Vorsitzende der Gesellschaft der Miteigentümer war, als sie den Berg an Ruben verpachteten, will uns nicht empfangen, und die andorranischen Behörden zeigen sich nicht geneigt, über Tor zu reden, wenigstens nicht am Telefon. Es wäre fantastisch, Ruben Castañer aufzutreiben.

Wir sollten für eine Zeitlang nach Andorra fahren!

Am Ende unseres Interviews fährt uns Palanca zur Hochebene von Llumaneres und zeigt uns die Grenzen des Berges. Wir nehmen die Straße La Rabassa, die »ihm« gehört. Es handelt sich um einen Waldweg, der zu einem großen Teil mit dem Geld aus der Gemeindekasse von Alins angelegt wurde, denn Palanca, wie man uns im Gemeinderat sagte, war Ratsmitglied und 1979 sogar amtierender Bürgermeister von Alins und benutzte sein Amt, um den Bau der Straße durchzusetzen. Er selbst bestreitet dies natürlich. Der große Vorteil der Straße La Rabassa – sie wird immer Straße genannt, obwohl es sich nur um einen Weg handelt – ist, dass sie am Südhang des Berges hinaufführt und deshalb nicht vereist. Das wissen die Schmuggler sehr genau, denn sie sind die Einzigen, die dort im Winter durchfahren.

Mit Palanca auf der Hochebene von Llumaneres zu stehen, ist wunderbar. Er fühlt sich ungebrochen als Herrscher über das Land, das sich vor unseren Augen auftut. Es liegt gut ein Meter Schnee, aber irgendjemand hat den Weg geräumt. Oben auf der Höhe stehen ein paar Felsbrocken, auf die Sansa – oder Palanca, je nach Erzählversion – mit weißer Farbe gepinselt hat: »Privatberg von Tor«, um jeden Zweifel von vornherein auszuschalten. Gleich neben der Aufschrift lehnt Palanca, und mit der Hand über den Augen blickt er auf »sein« Imperium. Das Wetter ist herrlich. Plötzlich wandelt sich sein Gesichtsausdruck.

»Eine Maschine!«

Auf dem Weg fährt ein Räumwagen den Berg hoch in Richtung Andorra. Es ist ein Bagger, der mit seiner Schaufel den Weg vom Schnee befreit. Palanca wird wütend.

»Wollen doch mal sehen, was dem da einfällt und gleich mal fragen: Wer hat euch die Erlaubnis gegeben, eh? Los, und ihr filmt. Das hier ist mein Grund und Boden!«

Wir steigen schnell in Palancas Geländewagen. Die Landschaft ist einmalig schön. Der weiße Schnee funkelt in tausend Schattierungen, je nachdem wie das Licht darauffällt. Es liegt unwahrscheinlich viel Schnee. Das erkennen wir erst richtig, als wir den Weg entlangfahren und feststellen, dass der Bagger rechts und links Schneewände aufgetürmt hat, die höher als unser Fahrzeug sind. Wir scheinen durch einen Schneetunnel zu fahren. Plötzlich, in einer Kurve, stoßen wir auf eine Gruppe Männer, die um ein Feuer sitzen und mitten auf dem Weg zwei Range Rovers abgestellt haben.

»Jetzt seht euch die Sausäcke an!«

Es sind Schmuggler, die gerade eine Paella mit Kaninchen kochen! Pepe schaut mich an, entsetzt und glücklich zugleich.

»Film das, film das!«, denken wir alle. Und er, der den ganzen Tag die Kamera nicht von der Schulter genommen hat, zeigt uns mit seinem Blick und einem Grinsen, wie zufrieden er mit dem ist, was er durch den Sucher sieht.

Zuerst steigt Palanca aus dem Auto, so als wäre er ein Filmstar. Danach Pepe und zuletzt ich. Der älteste von den Schmugglern, der Führer der Truppe, springt sofort auf uns zu und schreit:

»Halt! Bitte keine Aufnahmen!«

Aber sofort mischt sich Palanca ein.

»Mal langsam, hier wird keiner in die Pfanne gehauen, eh!«

Der Schmuggler schimpft weiter vor sich hin, aber er wagt nicht, sich Palanca zu widersetzen. Wenn wir nicht mit Palanca unterwegs wären, stünden wir jetzt bis zum Hals in Schwierigkeiten.

»He, du!«, brüllt Palanca. »Wer zum Teufel hat dir erlaubt, hier zu räumen, eh?«

Palancas Worte richten sich an den alten Schmuggler. Am Feuer sitzen zwei junge Burschen um die Paella und schneiden finstere Gesichter.

»Hombre, Palanca, du kennst mich doch, wir haben zusammen in Baro gegessen«, sagt der Mann und meint damit das Restaurant Cal Mariano in Baro.

»Und wem gehört die Maschine, eh?«

»Die Maschine gehört uns, Hombre! Wir zahlen den Spaß, verdammt noch mal!«

Palanca will wissen, wer der Besitzer des Baggers ist, weil es in diesem Teil der Pyrenäen nur wenige dieser Fahrzeuge gibt und eines davon seine Grundstücke beschädigt hat (angeblich im Namen der Gemeinde oder des Landwirtschaftsministeriums), und jetzt will er die Rechnung begleichen.

»Ich schwör dir beim Leben meiner Söhne, das war der andere, der hier hat dein Grundstück nicht angerührt!«, versichert der Schmuggler, der schon vergessen hat, dass er gefilmt wird.

Der Eigentümer des Berges lässt durchblicken – indem er nämlich nichts sagt –, dass sich die Schmuggler ruhig auf »seinem« Grund und Boden aufhalten dürfen, aber er muss seine Macht herauskehren und nimmt deshalb den Baggerfahrer aufs Korn. Grob stößt er den Mann vor sich zur Seite und marschiert auf den Bagger zu, der weiter oben Schnee räumt. Wir folgen ihm auf dem Fuß. Das dürfen wir nicht verpassen, außerdem wäre es nicht ratsam, bei den Schmugglern zu bleiben. Kaum haben wir das Fahrzeug erreicht, da sieht uns der Fahrer, stellt den Motor ab und klettert herunter. Er und Palanca kennen sich.

»Du spinnst wohl!«, raunzt ihn Palanca an.

»Hola, Onkel, wie geht's?«, ruft der Fahrer und macht ein erfreutes Gesicht.

»Ach, du bist's! Alles klar, kannst weitermachen«, segnet ihn Palanca.

Er hat festgestellt, dass der Besitzer des Baggers aus der Gegend von Sant Joan de l'Erm ist, also nicht derjenige, der seine Grundstücke verwüstet hat, wie er behauptet. Die Unterhaltung inmitten der eindrucksvollen Landschaft beschert uns noch eine optimale Sequenz für die Reportage.

»Oh, ich mache sowieso nichts anderes!«, lacht der Fahrer, dessen Hauptbeschäftigung darin besteht, den Schmugglern die Wege zu räumen.

»Ja, wenn du gut verdienst, können dir die Bauern und der ganze Rest gestohlen bleiben!«, nickt Palanca verständnisvoll.

Er selbst gibt zu, dass ein Bauer den Mann gerade mal für einen Morgen anstellen würde und die Bezahlung weit unter dem läge, was ein Schmuggler zahlt, der ihm den ganzen Winter Arbeit gibt und ihn sehr gut entlohnt.

»Wäre nur sehr ärgerlich, wenn sie die Leute schnappten«, beklagt sich der Fahrer und meint die Schmuggler. »Was dann?«

»Oh! Wichtig ist, dass du dich oft auszahlen lässt«, belehrt ihn Palanca mit der Pose eines Experten.

Das Fahrzeug räumt weiter den Weg frei. Seitlich davon lassen sich deutlich die Spuren mehrerer Schneemobile erkennen. Da ist fast ein Parallelweg. Der Ablauf ist eindeutig: Jede Nacht kommen von Andorra die mit Tabakbündeln beladenen Schneemobile bis zum Weganfang, dort übergeben sie ihre Ladung an die Autos, die damit zu den illegalen Depots fahren, die überall im Pallars Sobirà verstreut liegen und von der Guardia Civil nicht kontrolliert werden. Wer profitiert davon, dass die Gegend unberührt bleibt und es keinerlei

Wachposten gibt? Die Antwort liegt auf der Hand: die Schmuggler und die großen andorranischen Tabakhersteller und Tabakhändler. Auf dem Rückweg nach Alins brüstet sich Palanca mit seiner Tat, aber meine Fragen will er nicht beantworten.

»Habt ihr das Gesicht von dem Galicier gesehen?«

»Wer ist der Galicier? Der alte Schmuggler?«, frage ich.

»Ja, der gehört zu den Veteranen.«

»Na, der muss ja gut verdienen, wenn der einen Bagger bezahlen kann, der die Wege bis Andorra hoch räumt, oder?«

»Und wie! Die verdienen sich 'ne goldene Nase. Da oben, das ist im Winter eine Autobahn. Und ihr habt ja gesehen, die Drecksäcke von der Gemeinde machen gar nichts, das müssen die Schmuggler alles machen. Und weil die mit Spikereifen fahren, machen sie den Weg total kaputt.«

»Und du, verdienst du nichts?«

»Ha! Verdienen! Du bist ja ein ganz Schlauer! Was willst du dabei verdienen, hm?«

»Alle sagen, dass du Wegegeld kassierst.«

»Ha! Da schau an! Wegegeld sagt der! Ha! Was für Wegegeld? Nichts, rein gar nichts. Keine müde Pesete. Schaut euch den Schlaumeier an«, er dreht sich zu Pol und Pepe, um ihre Unterstützung zu bekommen. »Wegegeld, sagt der Scheißer. Dann sag doch, wie viel du mir zahlst, eh?«

»Komm, komm, Palanca, beim Kartenspiel haben wir vereinbart, dass ...«

»Ach sei bloß still, sonst krieg ich die Wut. Wegegeld, sagt der. Ha! Du glaubst auch jeden Scheiß, du.«

Und so geht das eine geraume Weile. Er bringt sich ganz alleine auf die Palme, und ich versuche, ihn zu beruhigen, um nicht alles zu verlieren, was wir bisher erreicht haben. Als wir wieder in Tor eintreffen, gesellt sich Lázaro zu uns, der im Dorf geblieben war.

»Na, wie war der Ausflug?«, fragt er und stellt sich neben mein Fenster.

»Da oben ist der Galicier mit einer Maschine und räumt Schnee. Und du hast mir nichts gesagt, eh, du Arschloch!«, beschimpft ihn Palanca.

Lázaro wird kreidebleich im Gesicht.

»Hombre, Jordi ...« – Lázaro nennt Palanca immer Jordi –, »... das hätte ich dir schon noch gesagt, ich hatte es ganz vergessen ...«

»Du bist ein Arsch, verstehst du mich? Pass auf, irgendwann raste ich aus, und dann bist du dran, verstanden? Du hast zu spuren, und wer hier das Sagen hat, bin ich! Ist das klar?«

Er brüllt nicht, aber sein Ton ist messerscharf. Lázaro sieht aus wie ein begossener Pudel, und wir wissen nicht, wohin wir schauen sollen. Pepe hat schon vor einer Weile mit dem Filmen aufgehört, und Palancas Laune ist am Gefrierpunkt angelangt.

»Verdammt, Jordi ...«

»Schön verdammt! Wir sprechen uns noch, du und ich. Du Schlauer! Ein ganz Schlauer bist du! Wirst sehen, dir passiert noch dasselbe wie dem Sansa. Idiot. Vollidiot!«

Er tritt aufs Gaspedal und lässt seinen Knecht da stehen, mitten im Dorf. Eine Zeitlang macht Palanca den Mund nicht auf, und ich wage es nicht, ihn anzusprechen. Den Zigarrenstummel schiebt er von einem Mundwinkel in den anderen, bis er schließlich das Fenster öffnet und ihn hinauswirft. Damit kehrt seine Redelust zurück:

»Ich scheiß auf die Bande!«, sagt er feierlich, während wir auf die Eisdecke zusteuern.

Auf dem vereisten Wegstück scheißt er noch auf den Bürgermeister und die Generalitat, weil sie den Weg nicht frei räumen. Er ist stinkesauer.

»Seht ihr das? Die Behörden wollen den Schnee nicht wegmachen. Ganz klar, Tor gehört nicht zu Katalonien. Aber zum Zahlen, da sind wir gerade gut genug. Die weisen ein Naturschutzgebiet aus, und wir erfahren nichts davon, die machen grüne Schutzzonen, und wir werden nicht gefragt, da gibt es irgendeine Behörde, die ist dafür zuständig, und wir haben keine Ahnung. Dem Bürgermeister ist das egal, der will nur kassieren, kassieren. Die Straße haben wir gemacht, wir haben uns dafür ruiniert, und die sagen, sie gehört ihnen. Das soll mir mal einer erklären, eh! Und wenn du aufmuckst, sagen sie dir: ›Reich doch Klage ein!‹ Ha! In Tremp dauern die Prozesse zwanzig Jahre, bis sie durch sind, dann gehen sie nach Lleida und dann nach Madrid, hundert Jahre, das soll mir mal einer erklären, du vielleicht. Siehst du's jetzt? Durch die kommt es zu Mord und Totschlag, die sind an allem Schuld, die Rechtsanwälte!« – Das Wort »Rechtsanwälte« stranguliert er buchstäblich zwischen den Lippen, so als hätte er mit dem Wort auch die Leute erdrosselt. – »Die Anwälte und die Richter, die stecken dahinter und machen gemeinsame Sache. So ist das. Punkt!«

Mit jeder Kurve wird er ruhiger, und als wir in Alins ankommen, spricht er schon in normalem Ton.

»Passt auf, was ihr mit den Schmugglern macht, eh? Die verstehen keinen Spaß!«

»Keine Angst, wenn wir das benutzen, löschen wir die Gesichter.«

»Hm! Adieu!«

Er fährt fort, und wir begeben uns in die Pension Montaña, verstauen die Filme und gehen hinunter zum Abendessen. Da steht schon Lázaro und trinkt ein Bier.

»Und, Hombre, wie geht's?«, fragt er mich mit denselben roten Augen wie am Tag, als er uns in Tor so erschreckte.

»Gut, gut, ich habe eher den Eindruck, dass ich das dich fragen sollte, eh?«, entgegne ich.

»Ha! Palanca ist 'n Großmaul. Da ist nichts dahinter.«

»Wieso? Das ist nicht das erste Mal, dass die Schmuggler dich schmieren, stimmt's? Das hat uns Palanca gesteckt, als wir runtergefahren sind«, sage ich.

Mit Pauken und Trompeten geht er mir in die Falle.

»Ha! Was glaubt der eigentlich? Dass ich von der Luft lebe, oder was?«, murrt er.

»Hast du dir nicht denken können, dass dir Palanca irgendwann auf die Schliche kommt?«

»Das ist alles eure Schuld, verfluchte Scheiße! Ich hatte geglaubt, dass ihr in Tor bleibt. Kaum dreh ich mich um, da fahrt ihr nach Llumaneres hoch. Schöne Schweinerei! Die Kerle hätten den Weg in zwei Tagen frei geschaufelt, und Palanca hätte nichts gemerkt. Das ist alles deine Schuld, du kleiner Schlaumeier.«

Er nimmt einen Schluck und wirft mir einen vernichtenden Blick zu.

»Hombre, woher soll ich das wissen?«

»Pass auf, du gehst mir auf die Eier, kapiert? Wenn ihr nicht bald verschwindet und uns in Ruhe lasst, dann ...!«

Noch einer mit schlechter Laune. Aber ich muss ihm doch etwas auf den Zahn fühlen.

»Hör mal, Lázaro, Palanca glaubt, dass die Schmuggler Sansa umgebracht haben, nicht?«

»Hat er das gesagt?«

»Natürlich nicht so direkt, aber er hat doch zu dir gesagt, dass du eines Tages wie Sansa enden könntest, und das habe ich so verstanden, dass die Schmuggler den Alten beseitigt haben, weil er Wegegeld verlangte.«

»Blödsinn! Mit dem Hurensohn wollte doch jeder abrechnen. Vielleicht war's ja Palanca, hahaha!«, lacht er.

Er leert sein Bier und knallt die Flasche auf die Theke aus Stahl.

»Vorsicht, die geht kaputt!«, entfährt es mir.

»Deine Fresse, die geht gleich kaputt, hahaha! Also, ich bin weg. Und dass ich euch nicht mehr in Tor sehe, eh! Ihr geht mir so was von auf die Nüsse, klar?«

Der Kellner beruhigt mich und erklärt, dass Lázaro immer so redet und große Töne spuckt. Pol und Pepe amüsieren sich, aber ich muss gestehen, dass ich den Typen gar nicht komisch finde. Noch dazu, wenn ich bedenke, dass wir morgen mit Sansas Bruder Rosendo nach Tor fahren.

36

MIT ROSENDO AM ORT DES VERBRECHENS

Bevor wir das Tal verlassen und nach La Seu und Andorra fahren, müssen wir noch eine weitere wichtige Person nach Tor bringen: Rosendo Montané, Sansas Erben. Er ist wenig entzückt über die Aussicht, ins Fernsehen zu kommen. Trotzdem hat er sich nicht geweigert, uns zu begleiten. Ich habe mich in Araós, seinem Wohnort, zweimal kurz mit ihm unterhalten, und dabei wurde mir klar, dass dieser Mann mit dem weißen Haar und dem weißen Schnurrbart wohl kaum ein Höhepunkt unserer Reportage würde. Er spricht kaum ein Wort – entweder er stellt sich dumm oder er weiß tatsächlich nichts über das Leben seines Bruders. »Zumindest werden wir das Haus von innen filmen können«, denke ich.

Als wir im Dorf sind und er die Tür aufschließt, schlägt mir das Herz bis zum Hals. Wir werden den Tatort sehen! Was mich ein bisschen ärgert, ist, dass Rosendo die Aufzugstür durch eine gewöhnliche Holztür ersetzt hat ... Doch Hauptsache, wir sehen den Tatort. Auch hier, wie bei den Frauen, filmen wir im Dunkeln. Wir hoffen darauf, dass uns gleich der ganze Dreck und das Chaos entgegenkommen, sobald das erste Fenster aufgeht, ganz so, wie die Polizeiberichte es beschrieben haben. Von wegen! Das Licht zeigt uns funkelnagelneue Zimmer. Als Rosendo erbte, hat er das ganze Haus renoviert. Alles hat er hinausgeworfen: Müll, Schrott, Kabel, Kleidung, Schränke ... und den Boden hat er gefliest. Der Anblick der Fliesen ist frustrierend und nimmt uns jede Hoffnung, von Rosendo die Erlaubnis für eine kleine Grabeaktion zu erhalten. Denn eigentlich wollten wir gerne prüfen, ob an dem Rätsel um Sansas Boden etwas dran ist. Er bemerkt unsere Enttäuschung und bezieht sie auf die Tatsache, dass keine Möbel im Haus stehen.

»Ich hatte noch keine Zeit, etwas herzubringen«, sagt er.

»Aber wieso haben Sie alles renoviert?«, frage ich, ohne meine Enttäuschung zu verbergen. Auch Pepe und Pol sind sichtlich verärgert.

»Um hier wohnen zu können«, entgegnet er wie selbstverständlich. »Schon nächsten Monat werde ich wahrscheinlich Kühe heraufbringen.«

»Und ... haben Sie keine Angst?«

»Oh! Angst, nein, ich hab keine Angst!«

Das ist alles, was mir dieser Mensch sagt, bevor er sich umdreht, uns stehen lässt und sich daran macht, die anderen Fenster zu öffnen.

Jetzt ist es zwar hell, aber wir tappen trotzdem weiter im Dunkeln. Der Tag ist nicht verloren, weil wir immerhin zwei oder drei Minuten Film ergattert haben, doch aus der heiß ersehnten Sequenz in der Küche mit Sansas Leiche auf dem Boden wird nichts. Eigentlich ist es ja logisch, dass der neue Besitzer das Haus instand gesetzt hat. Ich kann es mir nicht verkneifen, ihn noch zu fragen:

»Hören Sie ... als Sie den Boden gemacht haben, haben Sie da nichts Merkwürdiges gefunden?«, sage ich und hoffe, dass der Mann mir in seiner Unschuld jetzt erklären wird, dass sie den verborgenen Schatz seines Bruders entdeckt haben. Vielleicht hortete Sansa dort die Mautgebühren, die er den Schmugglern jahrelang abgeknöpft hatte.

»Nein, wir haben nichts gefunden. Ach doch, ein paar Knochen, bestimmt Pferdeknochen. Mein Bruder hat vielleicht eine Stute hier vergraben. Ihr wisst ja, dass er etwas seltsam war.«

Pferdeknochen! Wie jämmerlich! Wie mickerig! Da machen wir lieber gleich kehrt und setzen uns in Alins an den gedeckten Tisch. Pferdeknochen? Und deswegen hatte der Alte mit Olivella gestritten? Keine Frage, dieser Sansa muss ein ziemlich verschrobener Kerl gewesen sein. Vielleicht war es seine Lieblingsstute und da hat er Gift und Galle gespuckt, als der andere ihr Grab schänden wollte. Weiß der Himmel.

Heute haben wir es gewagt, mit dem Fernsehauto hochzufahren, einem großen weißen Ford Escort mit dem Logo von TV3 auf allen Seiten. Als wir wieder runter nach Alins fahren und an die Eisdecke gelangen, die so viele Leute von Tor bedrückt, lege ich den zweiten Gang ein – mein Vater hat mir immer gesagt, dass ein Auto ganz ruhig über Eis fahren muss und man unter keinen Umständen bremsen darf –, und wir sind auch guten Mutes, denn auf dem Hinweg haben wir das Hindernis problemlos gemeistert. Plötzlich hören wir einen Motor aufheulen und sehen Lázaros Geländewagen, der von hinten mit Höchstgeschwindigkeit auf uns zubraust.

»Der Typ spinnt doch! Sieht der nicht, dass wir im Graben landen, wenn er uns drängt?«, rufe ich und starre gebannt in den Rückspiegel.

»Vielleicht will er genau das«, sagt Pol mit dem ihm eigenen Scharfsinn.

Und tatsächlich: Er klebt sich direkt an uns. Wenn ich schneller fahre, drehen die Reifen durch und ich verliere die Kontrolle über den Wagen, wenn ich bremse, können zwei Dinge passieren: Lázaro fährt auf uns auf oder wir landen im ... Dann kommt mir die Idee, dass ich den Wagen am besten auf die Gegenseite zum Abhang steuere. Ich habe nur wenige Sekunden und manövriere unser Auto in die Rinne am

Fuß des Berges. Damit verhindere ich zumindest, dass er uns in den Fluss drücken kann. Der Schweinehund hupt wie ein Irrer und lässt uns links liegen. Später erfahren wir, dass er nicht rutscht, weil er mit Spikereifen fährt. Wir marschieren nach Alins, um wieder einmal die Unterstützung von Josep, dem Taxifahrer, zu erbitten. Aber schon auf halbem Weg treffen wir unseren Schutzengel. Lázaro selbst hat ihn benachrichtigt.

Er habe, so erzählt uns Josep, zu ihm gesagt: »Die Trottel vom Fernsehen haben die Eisdecke nicht geschafft und sind im Graben gelandet. Ich kann nicht helfen, ich hab kein Abschleppseil dabei.«

Glücklicherweise hat uns der Vorfall am Ende der Eisdecke erwischt. Da Josep mit dem Jeep gekommen ist, gelingt es uns mit Hilfe eines Seils, aus dem Graben heraus und auf den Weg zu fahren. Lázaro hat gewonnen. Er hat uns erschreckt. Um ganz ehrlich zu sein: Er hat uns Angst gemacht. Das Einzige, was uns etwas beruhigt, ist die Tatsache, dass wir morgen nach Andorra fahren werden. Und wenn alles nach Plan läuft, müssen wir so schnell nicht mehr nach Tor zurückkommen.

37

IN ANDORRA

Vor unserer Abfahrt rufe ich Cristina Orduña an. Sie lebt seit vielen Jahren als Journalistin im Fürstentum, und wie alle Lokalreporter ist auch sie eine gute Informationsquelle, wenn man Genaueres über die Einheimischen erfahren will. Ihre Reportagen über Tor sind ausgezeichnet, und sie kennt die Akteure – sowohl die lebenden als auch die toten – und deren Verbindungen zu Andorra und La Seu d'Urgell. Cristina besorgt mir ein paar interessante Namen, Zeitungsartikel und alte Unterlagen, die mir weiterführende Informationen liefern, und vor allem gibt sie mir einen nützlichen Hinweis, wie ich Ruben Castañer finden kann. Der Mann ist nach dem Doppelmord von 1980 abgetaucht, und seitdem hat ihn keiner interviewt.

Castañers Tochter arbeitet für die andorranische Regierung.

Als sie das offizielle Zugeständnis für einen festen Wohnsitz in Andorra erhielt, katalanisierte sie ihren Nachnamen und schreibt sich jetzt mit *ny* statt mit *ñ*, also Castanyer. Sie ist eine attraktive, bezaubernde Frau und ist bereit, uns zu helfen.

»Wir haben keine enge Beziehung. Mein Vater lebt in La Manga del Mar Menor in der Region Murcia, und manchmal ruft er mich an. Ich werde ihm sagen, dass ihr ihn sucht, dann wird er sich mit euch in Verbindung setzen.«

»Kommt er dich denn nicht bald mal besuchen?«

»Das weiß ich nicht. Er wurde 1984 oder 1986, genau erinnere ich mich nicht, aus Andorra ausgewiesen, und offiziell darf er nicht ins Land einreisen, aber die Frist der Ausweisung ist bald abgelaufen, und da kann es schon sein, dass er demnächst auftaucht. Nur Geduld, ich bin sicher, dass er euch anrufen wird.«

Uns bleibt nichts anderes übrig, als auf den Anruf zu warten. Wir besuchen ein paar der Leute auf der Kontaktliste, um Informationen zu sammeln. Etliche der alten Familien von Tor sind nach Andorra ausgewandert, es erschien ihnen vielversprechender, als nach Alins zu gehen. Viele ihrer Nachkommen wohnen in der Gemeinde La Massana, die an das Gebiet von Tor angrenzt. Wir reden mit verschiedenen Personen – keiner will vor die Kamera –, und sie erzählen uns, dass der Kampf zwischen Sansa und Palanca schon alt ist.

»Ich glaube nicht, dass die beiden sich persönlich hassten, das war eine Fehde zwischen den Höfen, den Familien«, sagt einer der Nachkommen, der jetzt in Andorra arbeitet.

»Seit ich denken kann« – er ist über fünfundsechzig Jahre alt –, »haben die Sansas, Palancas und Cerdàs sich die Herrschaft streitig gemacht. Jawohl, und dabei haben sie alles zerstört. Als in Tor noch die alten Dorfvorsteher lebten, die den Vertrag der Gesellschaft unterzeichnet hatten, lief alles rund, aber nachdem einer nach dem anderen gestorben war, brachen die Beziehungen ab oder sie haben sich verschlechtert. Der Neid und das Misstrauen unter den Höfen sind gewachsen. Der Krieg hat dem Ganzen den Rest gegeben, und 1944, als die Guardia Civil zwei Maquisarden tötete und das Dorf in Flammen aufging ... das war das Ende. Danach kamen die Söhne, Sansa, Palanca und Cerdà, die heute auch schon alt sind. Sie haben den Hass ihrer Väter und Großväter geerbt. Die Not hat ihren Hass noch verstärkt, denn nach dem Krieg ließ sich in Tor nicht mehr leben, deshalb sind wir alle fort.«

»Dürfen wir Sie wirklich nicht filmen? Was Sie uns erzählen, ist hochinteressant.«

»Nein, bitte nicht. Ich habe hier ein neues Leben angefangen, für mich ist Tor nur noch eine Erinnerung. Schauen Sie, das Dorf liegt so nahe, und doch gehe ich nie dorthin, um nicht heulen zu müssen. Und meinen Kindern und Enkeln erzähle ich nie davon. Es tut mir zu weh.«

Und ich möchte dem Mann, dem es sichtlich schwerfällt, die Tränen zurückzuhalten, nicht noch mehr Kummer bereiten.

Wir durchforsten alte Zeitungsausschnitte, Archive und Verzeichnisse und stellen dabei fest, dass es in Andorra zu regen Geschäftstätigkeiten gekommen war, bei denen der Name Tor als Vorwand diente. Es gab – oder gibt – ein Unternehmen mit dem Namen Protutorsa (Promocions Turístiques de Tor SA), dessen Ziel der Bau und die Bewirtschaftung einer Skistation war. Die Geschäftspartner sind Ruben Castañer, Vivianne Canadà – Rubens damalige Freundin –, der Rechtsanwalt Joaquim Arana und zwei Engländer, Robin Derric Parkhouse und Wilfred Douglas Watton, die besagten Engländer, von denen Palanca uns berichtet hatte. Ruben Castañer ist der Generaldirektor der Firma. Außerdem tauchen die Namen der Anwälte González und Hortal auf, die später für Sansa und Cerdà die Annullierung der Rechte der anderen Miteigentümer am Berg von Tor, ganz besonders Palancas Anrechte, angestrengt haben.

1979 wurde eine andere Immobilienfirma gegründet, nämlich Thorsa, die im Handelsregister der andorranischen Regierung die Nummer 3638 führt und als Inhaber den Hotelier Antoni Cornella ausweist. Ein paar Tage später entdecken wir im Zusammenhang mit dieser Firma einen überraschenden Namen.

Während wir auf Rubens Anruf warten, erhalten wir einen Anruf vom Chefredakteur der Sendung »30 Minuts«: Joan Salvat erkundigt sich nach unserer Gesundheit und will wissen, wie weit die Reportage gediehen ist. Wir halten losen Kontakt mit Muntsa, unserer Produzentin, aber ich habe früh gelernt, dass es klüger ist, das Studio nicht zu oft anzurufen, sonst erinnern sie sich an dich und fragen, wann du endlich zurückkommst. Nun mussten wir Muntsa natürlich darüber aufklären, dass wir unser Auto ein wenig verkratzt haben, weil es auf dem Eis ins Schleudern geriet. Hingegen konnten wir ihr nicht sagen, dass wir von einem Irren verfolgt wurden, das hätte nur alles kompliziert. Salvat erinnert uns daran, dass wir seit über anderthalb Monaten an der Reportage arbeiten und seit fünf Wochen im Hotel schlafen.

»Na, wie weit seid ihr?«, fragt er mit der üblichen Kürze.

»Gut, es geht voran. Wir haben lange gebraucht, bis die uns die Türen aufgemacht haben, aber jetzt sieht's so aus, als könnten wir die ersten Früchte ernten. Wir sind in Andorra, und ich hoffe, bald mit Ruben Castañer sprechen zu können. Er ist der Mafioso, der die ganze Lawine ins Rollen gebracht haben soll.«

»Und wann sprecht ihr mit dem?«

»Tja, das wissen wir noch nicht. Seine Tochter stellt den Kontakt her, und sie glaubt, er wird uns in den nächsten Tagen anrufen. Unterdessen sammeln wir Informationen ...«

»Aber nicht mehr zu lange, eh?«

Er hat es zwar nicht gesagt, aber er hat ziemlich deutlich gemacht, dass unsere Zeit abgelaufen ist und wir nach Barcelona zurück müssen, um die Reportage fertigzustellen.

Wir setzen unsere Nachforschungen fort. Da er ohnehin gleich um die Ecke ist, besuchen wir François Santouré. Sein Name wird in unseren Unterlagen im Zusammenhang mit Sansa erwähnt, und er fiel ebenfalls beim Abendessen mit

Mont Guitart und seiner Bande. Santouré hat eine Art Büro in Andorra la Vella, ganz in der Nähe vom Arkadenplatz. Früher, als dieser kleine, liebenswürdige alte Herr mit den lebhaften Augen noch mit verschiedenen Spirituosen handelte, vornehmlich französischer Cognac und Armagnac, befand sich in dem Lokal ein Weingeschäft. Die Fassade besteht aus einem riesigen Schaufenster, auf das er von innen Fotos der zu verkaufenden Apartments, Häuser und Grundstücke geklebt hat. Da hängen auch noch handgeschriebene Zettel, wahrscheinlich von ihm, die den Ankauf von Grundstücken zu besten Preisen anbieten. Drinnen stehen ein einfacher Tisch, drei billige Stühle, einer für ihn und zwei für eventuelle Kunden, ein Gasofen und ein Kleiderständer mit einem Hut und einem Jackett.

»Ich habe das Immobiliengeschäft vor anderthalb Jahren eröffnet« – berichtet er uns Anfang März Siebenundneunzig –, »nachdem ich gesehen hatte, dass die Supermärkte die Flaschen unter dem Selbstkostenpreis anboten. Aber die Lizenz besitze ich seit dreißig Jahren. Es war eine der ersten in Andorra.«

Er ist ein sehr sympathischer Mann. Er spricht katalanisch mit einem starken französischen Akzent. Auch er will nicht ins Fernsehen, aber dafür erzählt er uns einige saftige Geschichten.

»Ich lernte Sansa Anfang der siebziger Jahre kennen. Damals kaufte und verkaufte ich Holz. Ich hatte der Gemeinde von Alins gerade dreitausend Kiefern abgekauft. Meine Arbeiter schliefen in Zelten, weil sie so den Tag besser ausnutzten, und natürlich war das auch preiswerter. Aber da tauchte ständig ein Kerl auf, der sie behinderte, bis ich mich schließlich persönlich um die Sache kümmern musste. Wir wurden Freunde und fast Geschäftspartner. Aber er war ein schlechter Partner. Er schuldet mir über drei Millionen Peseten. Ich habe sie bei seinem Bruder in La Seu eingefordert, aber das Geld werde ich nie wiedersehen.«

»Und wofür schuldet er Ihnen die Summe?«

»Jedes Mal, wenn er nach Andorra fuhr, kam er bei mir vorbei und wollte Geld. Mal 5000 Peseten, dann 10 000 ... fürs Benzin, fürs Essen ... Er war ein Nichtsnutz, aber ein sympathischer.«

Erst bezeichnet er ihn als Nichtsnutz, und dann erzählt er genau das Gegenteil.

»Im Frühjahr Fünfundneunzig verkaufte er den Berg für fünfzehn Milliarden an ein paar Belgier. Und die haben ihm 600 Millionen als Anzahlung gegeben«, berichtet Santouré.

»Was sagen Sie da?«, rufe ich erstaunt und mache ein ungläubiges Gesicht.

Er nickt und versichert:

»Ja, ja. Ruben und er haben sich hier gestritten, in meinem Beisein, weil Ruben ihm sagte, dass der Pachtvertrag noch gültig sei und er den Berg nicht ohne seine Genehmigung verkaufen könne.«

»Und wann war das?«

»Na, gleich nachdem man ihn zum Alleineigentümer gemacht hatte. Der war ganz aus dem Häuschen. Ich erinnere mich, dass Ruben ihm aus lauter Wut einen Tritt in die Eier verpasste.«

Wir bringen den Mann einfach nicht dazu, uns diese Perle noch mal vor der Kamera zu präsentieren. Das ist eine Information, die sich nur sehr schwer bestätigen lässt, das stimmt, aber wenn sie der Wahrheit entspricht, würde sie eine Menge erklären. Er erzählt weiter über seine Beziehung zu Sansa:

»Ich wollte in Pleià fünfzig Wochenendhäuser bauen, auf einem seiner Grundstücke, nicht auf dem in der Nähe des Dorfes, sondern auf einem anderen, und Sansa war einverstanden. Sie wären von Italienern finanziert worden, ich hatte die schon so weit. Aber als wir zum Notar gehen wollten, hat Sansa einen Rückzieher gemacht. Ich habe damals vermutet, dass seine Mutter ein Nutzungsrecht daran hatte und dass mit dem Land von Tor nie ein Geschäft zu machen sei.«

Wie alle Frauen in Tor verfügte auch Sansas Mutter über großen Einfluss. Die Frauen waren das eigentliche Herzstück der Höfe. Es heißt, Sansa hätte seinen Charakter von der Mutter geerbt. Und später im Alter gerieten die beiden ständig aneinander. Im Juli 1995, kurz nachdem er sie aus Tor fortgejagt hatte, musste die alte Frau ihren ermordeten Sohn begraben. Die Familie behauptet, dass die Mutter nach Araós umzog, weil das Leben in Tor zu hart war für sie. Santouré kennt die Leute von Tor sehr gut und hat oft mit der Mutter geplaudert.

»Dieses Geschäft mit den Wochenendhäusern – da war doch auch Josep Mont dran beteiligt, oder?«, frage ich ihn und habe im Hinterkopf, dass Mont den Immobilienmakler Santouré erwähnt hatte.

»Ja, Sansa wollte ihn als Geschäftsführer einsetzen, aber dem sah man gleich an, dass er nicht zur Arbeit taugte. Sansa selbst hat ihn kurz darauf rausgeworfen.«

»Und deshalb haben sie ihn getötet?«

»Ah! Das weiß ich nicht. Alle wollten Montané umbringen, besonders nachdem er zum Alleineigentümer des Berges geworden war.«

»Also jetzt noch mal: Sind Sie sicher, dass das mit dem Verkauf des Berges an irgendwelche Belgier stimmt?«

»Doch, das habe ich gehört. Er selbst hat mir nichts davon gesagt. Ein Motiv muss es jedenfalls gegeben haben, ihn um die Ecke zu bringen, nicht? Und wo sind wohl die 600 Millionen?«

»Die wird er wohl auf die Bank gebracht haben. Vielleicht hier, in Andorra.«

»Ganz sicher nicht! Von Banken wollte Sansa nie was wissen. Die hat er bestimmt irgendwo vergraben.«

Mein Gott! Was erzählt der Mann da? Das darf doch nicht wahr sein! 600 Millionen Peseten unter den Fliesen vergraben? Am Ende stellen sich die Geschichten, die man sich über Sansas Schatz erzählt, noch als wahr heraus! Allerdings würde das erklären, warum der Alte mit Olivella und Gil José in Streit geriet, als er feststellte, dass die in seinem Boden herumwühlten. Nein, das kann nicht sein! Das kann einfach nicht wahr sein! Pol, Pepe und ich werfen uns Blicke zu. Pepe, der eher seitlich von François steht, tippt sich mit dem Finger unauffällig an die Schläfe, als wollte er sagen: »Der Typ hat sie nicht alle.« Pol ist so begeistert, dass er mich ins Bein kneift, was echt wehtut. Nein, das kann nicht wahr sein.

»Aber hören Sie, und wenn das nicht wahr ist?«

»Ah! Das weiß doch ich nicht ...«, sagt er und zuckt mit den Schultern.

Und damit ist für ihn die Sache erledigt.

Irgendetwas sagt mir, dass an der Geschichte mehr erfunden als wahr ist, und ich muss gestehen, dass sich erste Zweifel bei mir regen. Ich wechsle das Thema.

»Und Ruben, was können Sie mir über Ruben erzählen?«

»Oje, Ruben ... Der ist wirklich gefährlich. Vor dem haben sie alle Angst. Und dabei ist der noch kleiner als ich! Hahaha!«, lacht der Mann, der knapp auf 1,60 Meter kommt.

»Sie haben vorhin bemerkt, dass Sansa und Ruben in Streit gerieten, als Sansa Alleineigentümer wurde. Das heißt doch, dass Ruben im Jahr 1995 in Andorra war. Hatte man ihn denn nicht ausgewiesen?«

»Das ist richtig, aber er ist trotzdem oft hergekommen. Ruben hat einen mächtigen Einfluss in Andorra. Der weiß viel über die großen Tiere. Die haben Angst vor ihm ...« Und nach einer Pause sagt er noch: »Eines Tages finden sie auch seine Leiche.«

»Stehen Sie in Kontakt mit ihm?«

»Um Himmels willen, nein! Das fehlte mir gerade noch! Pas du tout! Mit dem Teufel mache ich keine Geschäfte. Und wer's nicht glaubt, der soll die Engländer fragen.«

»Die Engländer? Die, die in Tor die Skistation bauen wollten? Die Partner der Firma Protutorsa? Wer sind die beiden? Und überhaupt, was suchten zwei Engländer hier, damals?«

»Das waren findige Köpfe mit etwas Geld in der Tasche, die entdeckten Andorra in den siebziger Jahren und ließen sich hier nieder. Ruben, der alle Vorgänge im Land unter Kontrolle hatte, stürzte sich sofort auf die beiden. Aber anstatt sie wie die Weihnachtsgänse auszunehmen, was seine Absicht war, hat er sie zu Millionären gemacht, indem er ihnen wertlose Grundstücke aufschwätzte, um die Provision einzuheimsen. Mit den Jahren, den Skistationen und dem Wachstum von Andorra haben sich die beiden eine goldene Nase verdient. Sie glaubten, in Tor wieder ein gutes Geschäft machen zu können, aber das ist fehlgeschlagen.«

Die beiden Engländer lebten Ende der siebziger Jahre in Arinsal. Sie waren wohlhabend, sind aus London geflüchtet und haben ihr Quartier in einem Winkel des Fürstentums aufgeschlagen. Ruben hatte ihnen Grundstücke zu einem günstigen Preis angeboten, und sie kauften. Das halbe Tal von Arinsal gehörte ihnen. Später baute man dort die Skistation, und der damit verbundene Bauboom wurde für sie zur Goldmine. Da sich Tor genau auf der anderen Seite des Berges befand, wollten sie dort ebenfalls Land kaufen und eine Verbindung zu Arinsal herstellen. Ruben war ihr Agent, aber nach den Morden von 1980 sagten sie, sie wollten keine Blutgeschäfte machen, und bliesen den Handel ab.

Nach der Unterhaltung mit dem Männchen Santouré bin ich mir nicht sicher, ob wir einen Schritt nach vorn oder zwei zurück gemacht haben. Beim Mittagessen besprechen wir die Sache.

»Das stimmt sicher«, sagt Pol. »Deswegen haben sie ihn kaltgemacht, weil sie ihm das Geld klauen wollten.«

»Das Ganze ist eine Lüge, der Mann hat nicht alle Tassen im Schrank!«, widerspricht Pepe schon skeptischer. »Das ist ein Gerücht, das sich verselbstständigt hat, und die Dümmsten haben es geglaubt!«

»Und wenn da doch etwas Wahres dran ist?«, werfe ich ein. »Vielleicht wurde darüber geredet, irgendwer hat den Tratsch geglaubt und hat Sansa abgemurkst, in der Annahme, Geld zu finden, und dann war da nichts.«

»Sicher Olivella«, vermutet Pol. »Olivella hat das Geld gesucht, und deswegen hat er in Sansas Haus gegraben und den Alten zum Kochen gebracht.«

»Vielleicht. Aber ich bin immer mehr davon überzeugt, dass das mit den 600 Millionen nicht wahr ist. Wenn du eine Firma hast und so viel Geld hinlegst, dann willst du auch ein unterschriebenes Papier dafür! Denn danach kannst du von den Erben dein Eigentum einfordern, oder liegt das Geld noch im Boden? Sogar wenn du Belgier bist! Wo sind überhaupt die Belgier? Hier hat keiner den Mund aufgemacht und das ist doch sehr seltsam. Außerdem hat Rosendo, als er den Boden legte, nichts gefunden, stimmt's? Und das mit dem Boden steht in keiner Ermittlungsakte.«

»Die da oben sind alle bekloppt! Und uns haben sie schon angesteckt!«, knurrt Pepe, der wie immer am hellsichtigsten ist.

Wir beschließen, in Barcelona nach Olivella zu suchen. Während wir noch auf Rubens Anruf warten, chartern wir einen Hubschrauber, um über Tor zu fliegen. Mit diesen Aufnahmen wollen wir unsere Reportage beginnen. An der Skistation von Arinsal heben wir langsam ab und fliegen bis zum Gipfel des Pic Negre. Auf der anderen Seite öffnet sich der Blick auf den Berg von Tor in seiner ganzen unberührten Größe. Der Flug ist herrlich, einmalig. Das Wetter ein Traum. Aus der Höhe lassen sich deutlich die enormen Möglichkeiten dieses Grundstücks erkennen. Auf der andorranischen Seite liegen die Skipisten von Pal und Arinsal mit vielen angrenzenden Häusern. Auf der Seite der Comarca von Pallars Sobirà in Katalonien ist alles unbebaut. Das Dorf Tor liegt fast versteckt. Die beiden Wege Pleià – von Sansa – und La Rabassa – von Palanca – erkennt man ganz deutlich. Und noch eine Überraschung: Das Räumfahrzeug, das wir vor ein paar Tagen gesehen haben, hat den Weg bis zum Pass Port de Cabús völlig frei gemacht, und auf andorranischer Seite arbeitet gerade eine viel größere Maschine, die von Pal kommt und die Straße bis dahin räumt, wo der von den Schmugglern bezahlte Bagger aufgehört hat. Aus der Luft lässt sich ebenfalls klar erkennen, dass auf der katalanischen Seite ein schmaler Waldweg bis zur Grenze verläuft, wo eine breite asphaltierte Straße beginnt – oder endet, je nach Perspektive –, die von den Andorranern gebaut wurde. Eine Straße, die im Nirgendwo endet. Oder etwa nicht? Der Pilot macht uns darauf aufmerksam, dass auch diese Schneemaschine von Schmugglern beaufsichtigt wird. Zwei Kilometer weiter oben steht eine Karawane von Range Rovern scheinbar schon für einen Ausflug bereit. Das Räumfahrzeug braucht ungefähr noch zwei Stunden, um den Weg frei zu schaufeln. Am Nachmittag wird die »Autobahn von Tor« für den Tabakschmuggel parat sein.

Der Besitzer des Hubschrauberunternehmens, Daniel Armengol, erzählt uns noch eine Geschichte über Tor.

»Zweiundachtzig gab es ein Hochwasser, und Tor wurde abgeschnitten mitsamt den Tieren, die dort weideten. Palanca kam her und bat um Hilfe, und ich habe den Leuten mit dem Hubschrauber geholfen. Danach haben wir einige Maschinen hinaufgeschafft« – er meint Bagger –, »um die Wege zu reparieren, aber Sansa und noch zwei Typen, zwei der Penner, die immer da oben rumlungern, sind mit Pistolen und Gewehren aufgetaucht und haben uns gezwungen, die Arbeit abzubrechen. Da hat sich Palanca eine Mistgabel gegriffen und ist auf die los. Ein Wunder, dass nichts passiert ist. Das war richtiger Krieg.«

Gleich treffen wir uns mit Guillem Areny, bekannt als Teixidó, der seit zwanzig Jahren verantwortungsvolle Ämter bekleidet, sowohl in der andorranischen Gemeinde La Massana als auch im Parlament des kleinen Fürstentums. Er hat kein Problem mit der Kamera. Wir sagen ihm, dass in der Akte mit den Protokollen der Miteigentümerversammlungen von Tor ein gewisser »Josep« Areny auftaucht, der die Dorfbewohner bedroht haben soll.

»Nein, nein. Teixidó bin ich, und ich heiße Guillem. Und das, was da in den Akten steht, das stimmt nicht, das haben die erfunden. Überhaupt war ich nie an einem 1. Januar auf einer Versammlung und schon gar nicht in Tor. Das fehlte noch! Es sollte mich nicht wundern, wenn die wirklich eine Versammlung am Ersten abgehalten haben, aber gemeint ist der Sommer 1978, als wir ein Essen an der Quelle beim Port de Cabús veranstaltet haben, zur Feier der Fertigstellung der Straße von Pal bis Cabús über den Coll de la Botella.«

»Da ging es heiß her, bei dem Essen, nicht?«

»Haha! Ja, eine kleine Rauferei ... Das Fest wurde von den

beiden Gemeinden La Massana und Alins ausgerichtet, und wir haben die Leute vom Straßenbauamt und die Bürgermeister aus der ganzen katalanischen Comarca Pallars eingeladen, weil die neue Verbindung allen Vorteile brachte, und das sollte gefeiert werden. Als Palanca und Ruben aneinandergerieten, flogen die Fetzen.«

»Was ist denn passiert?«

»Ruben und seine Schläger traten großspurig auf und verkündeten, wir hätten kein Recht, dort ohne seine Genehmigung eine Feier abzuhalten, er hätte den Berg gepachtet und er hätte das Sagen. Da mischte sich Palanca ein und schon kam's zur Rauferei. Palanca und Daniel Armengol, der damals Konsul in La Massana war, ein junger hitzköpfiger Kerl, der Ruben satthatte, wie alle, klar …«

»Und dann hat Ruben geschossen?«

»Das weiß ich nicht, daran erinnere ich mich nicht. Möglich. Ich glaube, Daniel hat ihm einen Kinnhaken verpasst. Ich habe versucht, sie auseinanderzubringen, aber die waren jung und sehr wild, und irgendwer gab einen Schuss ab, aber in die Luft, eh! Da ist kein Blut geflossen. Eben, typische Tor-Geschichten …«

Der Ausdruck »Tor-Geschichten« ist bemerkenswert. Guillem Areny, oder Teixidó, ein sehr großer korpulenter Mann, erzählt uns, dass La Massana und Tor immer ein gutes Nachbarschaftsverhältnis hatten, was die Viehherden betraf. Denn die Berge von Satúria und von Tor stoßen aneinander, und die Tiere, die keine Grenzen kennen, wechselten immer von einer Seite auf die andere, und nie ist es zu Streit gekommen. Und er sagt uns auch, dass Sansa als Erster den Weg zum Pass Port de Cabús gebaut hat, und zwar 1964. Als die Andorraner sahen, dass das eine gute Sache fur den Tourismus und die Verbindung zu der Comarca Sobirà sein könnte, haben sie ihrerseits beschlossen, eine Straße zu bauen.

»Über den Schmuggel weiß ich nichts. Sie müssen bedenken, dass diese Leute« – er meint die Schmuggler – »mal über Tor fahren, dann wieder über Os de Civís oder sonstwo. Ganz nach Gutdünken. Da kann ich Ihnen auch nicht mehr sagen.«

Das war schon immer so. Noch nie wusste ein Andorraner etwas über den Schmuggel zu berichten. Die schmuggeln nicht. Die Verhafteten sind immer Portugiesen, Galicier, Leute aus Alt Urgell oder anderen Gegenden – aber nie Andorraner.

38

DAS BISTUM VON LA SEU UND SANSAS NEFFE

Wir warten immer noch auf Rubens Anruf. Jeden Tag – ich gebe zu, dass ich sehr aufdringlich bin – rufe ich die Tochter an, um zu erfahren, ob sie etwas von ihrem Vater gehört hat, und die Antwort ist immer dieselbe:

»Nur Geduld, er hat versprochen, dass er dich anrufen wird.«

In Andorra haben wir alles erledigt, also fahren wir nach La Seu. Wir haben zwei Ziele: das Bistum und einen wichtigen Verwandten Sansas, einen Neffen, den Sohn einer Schwester, die scheinbar die Familienangelegenheiten in Tor seit dem Tod ihres Bruders regelt. Zumindest bezahlt sie den Anwalt.

Zuerst fahren wir zum Bischofssitz. Wir wollen uns dort mit Pfarrer Just treffen. Er ist der Vermögensverwalter des Bistums von La Seu, aber er interessiert uns vor allem, weil er in den fünfziger Jahren der Kaplan von Tor war. Er ist sehr freundlich, hat graue Haare und trägt einen birnenförmigen, ebenso grauen Kinnbart. Nach Bart und Bauch zu urteilen, gleicht er eher einem Emir oder Kalifen aus Marbella. Er beschreibt uns Tor mit warmen Worten.

»Ich kam gleich nach meiner Seminarzeit dorthin, ich war sozusagen gerade aus dem Ei geschlüpft und landete in Tor! Das muss 1955 oder 1956 gewesen sein, und Anfang 1957 bin ich dann weggezogen. Ich habe die besten Erinnerungen nicht nur an die Leute von Tor, sondern auch an die Menschen aus Àreu, Norís, Alins und all diesen Dörfern, mit denen ich zu tun hatte. Ich darf sagen, ich hatte eine freundschaftliche, ja familiäre Beziehung zu den Einheimischen. Was später geschehen ist, was sie mit den Leuten angestellt haben, das weiß ich nicht. Ehrlich, ich habe mich dort richtig wohlgefühlt. Sansa besaß ein altes Motorrad, und immer wenn etwas vorlag, sind wir zwar mit viel Mühe, aber immerhin, über den unseligen Weg hinauf nach Tor gefahren. Ich weiß nicht, was mit den Leuten von Tor gemacht wurde, ich kann nur annehmen, dass einmal mehr das Geld Unheil gestiftet hat.«

»Waren Sansa und Palanca in jenen Jahren schon verfeindet?«

»Nein, damals nicht. Die waren befreundet, die waren jung. Zwei junge Kerle von ..., na, wie alt waren die ... etwas über zwanzig schätze ich. Sie waren ungefähr im selben Alter, und ihre Familien und alle lebten friedlich und in Eintracht miteinander.«

»Und wie konnte es dann zu einer so großen Feindschaft kommen?«

»Das weiß ich nicht, mein Sohn. Vielleicht war das in dem Jahr, als sie beschlossen, die Straße zu bauen ...«

Pfarrer Just will vor der Kamera keine Kritik üben. Er ist sanftmütig und politisch korrekt. Wir reden mit anderen Leuten und erfahren, dass der unselige Waldweg, der Alins mit Tor verbindet, den ersten großen Streit unter den Dörflern auslöste. Die Maquisarden hatten das halbe Dorf in Brand gesteckt, weshalb die Hälfte der Familien schon nicht mehr in Tor wohnte und in Dörfer in den Comarcas Sobirà, Jussà, Alt Urgell oder nach Andorra umgezogen war. Die Palancas verbrachten lange Monate in Alins. In Tor gaben jetzt die Sansas und die Cerdàs den Ton an, und als der Beschluss gefasst wurde, die Straße zu bauen, haben sie bestimmt, dass Palanca und all die anderen, die fortgezogen waren, keinen

Anspruch auf Bezahlung hätten. Die Straße wurde von Agustinet aus La Pobla gebaut, einem der alteingesessenen »Holzhändler« der Region. Er hatte eine Firma gegründet: Matorsa (Maderas Tor SA). Für seine Arbeit bekam Agustinet 50 000 Kiefern gratis und weitere 50 000 musste er bezahlen. Das war damals eine stattliche Summe und eine übliche Geschäftspraxis. Die Holzhändler bahnten die Wege in den Bergen und erhielten im Gegenzug die Kiefern, die sie für diesen Zweck gefällt hatten.

Während Sansa und Cerdà weiterhin darauf bestanden, dass außer ihnen beiden niemand Geld erhalten sollte, wendete Palanca sich an besagten Holzhändler und drohte ihm damit, dass er ihn keinen Kubikmeter Holz fortschleppen ließe, sofern ihn dieser nicht bezahlen würde. In diesem Punkt der Geschichte widersprechen sich die Aussagen. Die einen beschuldigen die anderen, Kiefern der Gesellschaft veräußert zu haben, so als wären es ihre eigenen gewesen, und dafür unter der Hand Geld einzustecken. Einige beschuldigen Cerdà, andere Palanca, wieder andere Sansa. Und unter den dreien beschuldigt jeder jeden. Tatsache ist, dass der Unternehmer so viele Kiefern wie möglich fällte, aber zuletzt hatte sich die Situation derart zugespitzt, dass er den Abtransport einstellen musste. Die geschlagenen Bäume lagen auf dem Berg, aber immer tauchte einer auf, der ihre Verladung auf die Lastwagen verhinderte. Das Holz verfaulte, und der Holzhändler hatte viele Arbeitsstunden investiert und keine Pesete verdient.

Über diesen Holzstreitigkeiten zerbrach die Beziehung endgültig. 1967 war das letzte Jahr, in dem sich die Gesellschaft der Miteigentümer versammelte. Der Vorsitzende war Francesc Sarroca, also Cerdà. Bei dieser Zusammenkunft wurde vereinbart, dass die Versammlungen nicht mehr am 1. Januar, sondern im Oktober stattfinden sollten. Die Gesellschaft kam erst 1976 wieder zusammen, am selben Tag, an dem der Pachtvertrag über den Berg mit Ruben Castañer abgeschlossen wurde. Zu dieser Versammlung fanden sich nur Sansa, Cerdà und dessen Schwester Generosa ein. Der Bruch war vollzogen, und es war nur eine Frage der Zeit, wann der Krieg ausbrechen würde.

Pfarrer Just erzählt, dass das Bistum zu Beginn der Streitigkeiten behutsam versucht hatte, zwischen den Parteien zu vermitteln, aber ohne Erfolg. Seiner Ansicht nach gab es für den Hass einen einfachen Grund:

»Man muss bedenken, das ist ein sehr kleines Dorf und ... vielleicht kommt man sich zu nahe, jeden Tag ist man zusammen ... der Neid zerfrisst die Menschen, da wird geschaut, ob der eine mehr hat als der andere ... Wie auch immer, das ist meine persönliche Meinung, und ich möchte nicht, dass man im Fernsehen von mir den Eindruck hat ...«

»Seien Sie unbesorgt, wir verstehen, dass Sie keine Kritik üben wollen. Aber da ist noch etwas anderes, das ich Sie fragen möchte.«

»Nur zu, mein Sohn.«

»Das Gericht von Lleida hat in diesem Januar« – ich beziehe mich auf den Januar 1997 – »entschieden, dass der Berg gemeinschaftliches Eigentum aller Bewohner von Tor ist. Wenn ich mich nicht irre, besitzen Sie dort die Kirche und das Pfarrhaus, nicht? Ist das Bistum immer noch der Eigentümer?«

»Ja, genau! Außerdem haben wir dort ein paar kleinere Weiden. Nun, es ist selbstverständlich meine Pflicht als Verwalter der bischöflichen Besitztümer, die Rechte der Diözese zu verteidigen, das ist klar, aber auch wir, wie andere Leute, versuchen immer in Absprache mit den Dorfbewohnern zu handeln.«

Wir befinden uns in der ersten Märzwoche des Jahres 1997, es ist Freitagmittag. Um ein Uhr haben wir eine Verabredung mit Josep Maria Aixàs, Sansas Neffen. Er hat uns in seine Sprachschule in La Seu bestellt. Der Neffe ist jung, ungefähr vierzig Jahre alt. Er sieht aus wie ein Engländer, wegen seiner hellen Haut, seinem Gesichtsausdruck, seiner Kleidung, der Art zu gehen und sich zu benehmen. Tatsächlich hat er mehrere Jahre in England gelebt. Wir betrachten den großen, schlanken, ja fast spindeldürren Mann und können kaum glauben, dass wir vor einem Verwandten von Sansa stehen.

Er lässt uns warten, und als er endlich wieder erscheint, stehen auf seinem Gesicht Ablehnung und Verachtung geschrieben.

»Ich möchte nicht ins Fernsehen«, sagt er.

»Kein Problem, wir respektieren das. Aber warum empfangen Sie uns dann? Ich sagte Ihnen schon am Telefon, dass wir eine Reportage machen und Sie interviewen wollen. Und da haben Sie nicht abgelehnt.«

»Ich habe auch nicht zugesagt.«

Der Anfang unserer Unterhaltung bringt uns einander nicht gerade näher. Ich sage mir, dass dieser Mann uns interessante Sachen zu erzählen hat und es darum besser ist, für eine gute Stimmung zu sorgen.

»Aber hören Sie, finden Sie nicht, dass jemand aus der Familie vor die Kamera treten sollte, und sei es nur, um die Aufklärung des Mordes an Ihrem Onkel zu fordern?«

»Ihr habt schon mit Rosendo gesprochen«, sagt er, um zu zeigen, dass er auf dem Laufenden ist.

»Ja, gut, aber der arme Rosendo ... ich weiß nicht, wie ich das formulieren soll ... der hat uns sehr wenig gesagt.«

»Schau mal. Rosendo ist der Erbe, er muss reden«, sagt er und zuckt mit den Achseln.

Ohne die kühle, distanzierte Haltung aufzugeben, erzählt

er uns, dass er von der ganzen Familie der Einzige gewesen sei, der ein relativ gutes Verhältnis zum alten Sansa hatte, und dass zwischen den Geschwistern, die zwar miteinander sprachen, kein gutes Klima herrschte. Sansa war furchtbar eigensinnig, er gab sich mit keinem ab, außer er brauchte Geld oder Unterstützung für seine Angelegenheiten. Wir sitzen in einem Klassenzimmer, und er verabreicht uns tröpfchenweise Informationen, immer darauf bedacht, dieselbe Dosis von uns zu bekommen. Etwa so: »Wenn ihr mir was erzählt, erzähl ich euch auch was.«

Wir berichten ihm von unserem Besuch mit Gil José in Tor, dass er uns den Tathergang dreimal auf die gleiche Weise geschildert und uns versichert habe, die Täter wären Mont und Marli gewesen.

»Aber ist der Mann auch glaubwürdig?«, fragt er.

»Das kann ich nicht sagen. Ich halte zwei Dinge für möglich: Entweder er hat alles gesehen oder er hat es selbst getan, denn es ist schwer vorstellbar, dass eine so präzise Beschreibung falsch sein soll.«

»Aber bei der Verhandlung konnte doch nicht bewiesen werden, dass er wirklich in Tor war, oder?«

»Nun, wir haben seine Reiseroute rekonstruiert, und dem Anschein nach passt alles zusammen, das heißt, es kann stimmen, dass er an besagtem Tag in Tor war. Und jetzt behauptet er auch noch, dass sich im Haus mehr Leute aufgehalten haben, aber das will er nur vor dem Richter aussagen.«

»Wirklich? Das muss ich meinem Anwalt mitteilen. Das muss der wissen. Habt ihr noch etwas herausgefunden?«

»Ja, aber jetzt sind Sie an der Reihe.«

»Schön, also, was wollt ihr wissen?«

»Wenn ich recht informiert bin, ist die Generalitat möglicherweise am Berg interessiert ...«

»Das sind doch alles Verbrecher!«, unterbricht er mich.

»Einmal sind mein Onkel und ich zur Generalitat gegangen. Ich musste mir die Hacken ablaufen, damit sie uns überhaupt vorließen. Und schließlich standen wir vor einem gewissen Jordi Peix, der uns wie zwei Verbrecher behandelte. Er sagte, die Generalitat würde sich nicht mit Privatgrundstücken befassen, und dass sie sich da raushielten.«

»Aber was wolltet ihr denn überhaupt von denen?«

»Verdammt, wir wollten denen den Berg anbieten, ob sie den kaufen wollten. Aber ich glaube, die warten ab, um zu schauen, wie der Zivilprozess ausgeht, ob der Berg wirklich Gemeinschaftseigentum wird. Sie meinen, dann haben sie leichtes Spiel. Aber daraus wird nichts, das kann ich garantieren!«, faucht er und streckt drohend den Zeigefinger der rechten Hand in die Höhe.

»Da schau an!«, denke ich. »Jetzt lässt er die Gene von Tor aus dem Sack.«

Die Rolle der Behörden ist sehr kompliziert im Fall Tor. Sowohl die Gemeinde als auch die Generalitat und sogar die spanische Regierung haben es darauf abgesehen, das riesige und gut gelegene Land zu besitzen, aber alle wissen um die damit verbundenen rechtlichen Schwierigkeiten. Besser gesagt rechtliche und soziale Schwierigkeiten, denn bei Sansa, Cerdà oder Palanca stoßen sie auf taube Ohren. Die Leute in Tor glauben sowieso, dass sich die Behörden gegen sie verschworen haben und ihnen das Eigentum streitig machen. Und auf der anderen Seite fürchten sie eine Verschwörung seitens der Justizbehörden.

»Der Streit um den Berg kostet uns ein Vermögen«, beklagt sich der Neffe. »Wir haben Sapena, einen der besten Anwälte aus Lleida genommen. Der zieht uns das Geld aus der Tasche, aber wir kommen keinen Schritt voran. Zu allem Überfluss haben wir beide Verfahren verloren.«

Er bezieht sich auf den Mordprozess im Dezember 1996

gegen Josep Mont und Marli Pinto – beide wurden freigesprochen – und auf das gerade gefällte Urteil vom Januar 1997, in dem das Gericht von Lleida den Berg zum Eigentum aller Bewohner von Tor erklärt und damit das Urteil von Tremp aufhebt, das im Februar 1995 seinen Onkel als Alleineigentümer festlegte.

»Unser Anwalt, Senyor Sapena, hat mir gesagt, dass das Gerichtsurteil nicht auf festen Füßen steht und vom Obersten Gerichtshof bestimmt aufgehoben wird.«

»Aber das wird vier oder fünf Jahre dauern, und eure Familie hat keine Garantie, wieder als Alleineigentümer über das Land eingesetzt zu werden.«

»Das stimmt, aber wenn ich ehrlich sein soll, hat es mich sowieso sehr gewundert, dass der Richter von Tremp meinen Onkel zum Alleineigentümer gemacht hat.«

»Ach ja?«

»Ja, klar! Ich glaube, er selbst hat sich das nicht vorstellen können. Ah! Und das Komischste dabei ist, dass wir uns schon darauf einstellen konnten.«

»Was wollen Sie damit sagen?«

»Ende Vierundneunzig habe ich meinen Onkel einmal nach Barcelona begleitet. Wir haben seinen Anwalt besucht, einen gewissen Hortal, in dessen Kanzlei im Carrer Roger de Llúria, und der Mann hat uns gesagt, dass der Richter von Tremp das Urteil bald fällen würde und wir ganz unbesorgt sein könnten.«

Sansas Neffe hält an seinem Spiel fest, und deshalb sind wir jetzt an der Reihe, Informationen zu liefern.

»So, jetzt du. Was habt ihr noch herausgefunden? Habt ihr irgendeinen Beweis für Gil Josés Anwesenheit in Katalonien?«

»Nein, seltsamerweise nicht. Ein bisschen zu viel Zufall, finden wir. Die beiden Hotels, in denen er gewesen sein will, haben alle Einträge über die zwei Juliwochen, die nützlich sein könnten, verloren.« Während ich das sage, schießt mir der Satz von Sargento Yanes in den Kopf: »Jemand hat die Spuren ausgelöscht.«

Mein Handy klingelt. Die Nummer ist andorranisch. Mir wird ganz anders. Der Mann spricht spanisch.

»Bist du der Reporter, der mich sucht? Wo bist du? In einer Stunde bin ich auf dem Platz oberhalb vom andorranischen Regierungssitz. Kennst du den? Dort warte ich auf dich. Kommst du? Wo bist du? Bist du stumm oder was?«

Er ist es! In fünfzehn Sekunden habe ich seinen Charakter erfasst. Der ist unglaublich!

»Ja, ja, ich komme, natürlich«, antworte ich auf Spanisch. »Wir sind in La Seu, wir fahren sofort los, in einer Stunde sind wir bestimmt da ...«

»Wir? Wer wir? Wer ist bei dir, eh?«

»Mein Fernsehteam, wir sind drei, der Kamera...«

»Keine Kameras! Wenn du die Kamera mitbringst, kannst du gleich wieder gehen! Und keine faulen Tricks, eh! Keine versteckte Kamera, keine Fallen, überhaupt kein Scheiß! Du kommst allein!«

»Hombre, einverstanden, aber wir ...«

»Also gut, wenn du Angst hast, dann komm mit deinen Babysittern, aber keine Kamera! Hasta luego!«

Aufgelegt.

Meine Kollegen verstehen sofort, als sie mein Gesicht sehen. Der Neffe von Sansa riecht Lunte.

»Was? Gute Nachrichten?«

»Ja, wir haben Ruben Castañer aufgespürt!«

»Oh, prima! Die Guardia Civil hat ihn nicht finden können, und euch ruft er an. Toll!«

»Ja, wir haben Glück gehabt«, grinse ich und stehe auf,

ohne mir darüber klar zu sein, dass er sich dadurch zurückgesetzt fühlen muss.

»Aha! Na klar, und jetzt interessiere ich euch nicht mehr. Schön, schön!«

»Nein, nein, so ist das nicht gemeint, aber zu Ihnen können wir doch ein anderes Mal kommen, nicht? Sie wohnen in La Seu, aber dieser Ruben kann jederzeit wieder untertauchen …«

»Damit ihr's wisst: Für euch bin ich ab jetzt auch untergetaucht! Gute Reise!«

Nun denn, wir steigen ins Auto und machen uns auf nach Andorra.

39

ENDLICH LERNEN WIR RUBEN KENNEN

Wir haben gerade die Grenze nach Andorra passiert, das Handy hat sich in das andorranische Mobilnetz eingewählt, und schon ruft Joan Salvat von TV3 an. Ich sitze am Steuer, das dient mir als Ausrede, unser Gespräch kurz zu halten. Ich befürchte nämlich, dass er schlechte Nachrichten hat, was die Fortsetzung unserer Nachforschungen angeht.

»Hör mal«, sagt er ernst und mit Nachdruck, »ich glaube, es ist langsam an der Zeit, zurückzukommen, meinst du nicht?«

»Hei, Joan, wir sind soeben auf dem Weg nach Andorra, Ruben Castañer hat uns angerufen. Bis vor Kurzem haben wir im Trüben gefischt, aber jetzt kommt die Sache echt ins Rollen.«

»Schön und gut, aber zwei Monate sind vergangen, und das sind eine Menge Übernachtungen, eigentlich müsstet ihr längst fertig sein. Glaubst du nicht, dass ihr genug Material für die Reportage habt?«

»Ja, klar, aber gib uns noch etwas Zeit, du kannst jetzt nicht kappen. Ich ruf dich heute Nachmittag oder morgen früh an und dann reden wir drüber, okay?«

»Einverstanden, aber eure Zeit ist abgelaufen, eh?«

Er hat recht. Der Chef hat recht. Wenn man bedenkt, wie viel Zeit im Durchschnitt für eine Reportage von »30 Minuts« aufgewendet wird – anderthalb Monate –, dann liegen wir weit über dem Durchschnitt. Ich weiß, dass es für ihn sehr schwer ist, unsere Langsamkeit vor seinen Vorgesetzten zu rechtfertigen, aber ich weiß auch, dass es schon Reportagen gegeben hat, die viel mehr Zeit in Anspruch genommen haben, und dass er uns, wenn wir gute Gründe anführen können, zumindest noch zwei Wochen einräumen wird. Nur ein öffentlicher Fernsehsender kann so viel Zeit für Recherchen bewilligen, das ist ein klares Privileg. Aber ich fühle mich auch etwas enttäuscht. Ich habe nämlich den Eindruck, dass man unsere Anstrengungen, in diese verschlossene und komplizierte Welt hineinzukommen, in die bisher noch kein Journalist, geschweige denn das Fernsehen vorgedrungen ist, nicht genug würdigt. Doch ich will jetzt nicht daran denken, denn endlich werden wir den berühmt-berüchtigten Ruben Castañer kennenlernen!

Wir sind eine Viertelstunde vor der vereinbarten Zeit auf der Plaça del Poble, oberhalb des andorranischen Regierungssitzes. Der Mann hat echt Nerven: Nicht nur geht er im Fürstentum ein und aus, gerade so wie es ihm gefällt, obwohl er des Landes verwiesen wurde, sondern er bestellt uns auch noch direkt vor die Nase der Regierung.

»Und wie erkennen wir ihn?«, fragt Pepe.

»Ich hab mal ein Foto in der Zeitung gesehen im Zusammenhang mit den Gerichtsverhandlungen zu den zwei Morden von 1980. Aber ich denke, unser Gefühl ...«, sage ich.

»Nicht nötig«, grinst Pol und zeigt auf einen Mann und eine Frau, die geradewegs auf uns zukommen, »er hat uns schon erkannt.«

Da ist er. Ein echter Winzling mit einem offenen schwarzen Mantel und einem Anzug darunter. Die Frisur sitzt perfekt und eine Haarsträhne fällt ihm ins Gesicht. Weil er sehr forsch voranschreitet, fallen ihm die Haare immer wieder über die Augen wie ein Vorhang. Einen Meter dahinter stöckelt eilig eine junge Frau auf hohen Absätzen, mit kurzem

Rock und einem Pelzmantel. Die beiden passen in einen Gangsterfilm. Aber wirklich. Ganz offenbar warten sie hier schon seit Rubens Anruf. Das Mädchen – aus der Nähe betrachtet sieht man, dass sie sehr hübsch ist – lächelt uns zu. Weil sie mit Ruben Schritt halten will, und obschon sie zwei Köpfe größer ist als er und viel längere Beine hat, ist sie außer Atem, und das Lächeln gleicht mehr einer Grimasse.

»Schön pünktlich, die Herren Journalisten. So gefällt's mir! Venga, wir gehen essen. Mir nach!«

Er lässt uns nicht mal den Mund aufmachen. Zuerst denke ich, dass er es so eilig hat, um nicht gesehen zu werden, aber schnell stelle ich fest, dass es ihm total egal ist, ob man ihn überwacht oder nicht. Der Mann ist ein einziges Nervenbündel, das ist alles.

»Wer von euch ist der Chef, eh?«, fragt er, ohne uns anzuschauen.

»Hombre«, sage ich auf Spanisch und wundere mich über seine Frage, »wir sind ein Team, hier ist jeder ein bisschen Chef.«

»Verdammter Blödsinn! Da ist immer einer am Kommando. Bist du das? Ja, klar, du bist der Chef. Venga, komm her neben mich, wir reden auf dem Weg zum Restaurant.«

Der Weg ist kurz. Wir laufen durch eine Straße in der Altstadt von Andorra la Vella, kommen am Rathaus vorbei und stehen kurz darauf vor einem Restaurant, das auf den ersten Blick unauffällig aussieht. Die Inhaberin, eine Frau mittleren Alters, kennt ihn schon.

»Ach, Ruben, wie lange haben wir dich nicht gesehen! Und heute in großer Begleitung ...«

»Komm, komm, gib uns einen ruhigen Tisch und was zu essen, wir haben's eilig.«

Er setzt sich auf einen Stuhl mit dem Rücken zur Wand.

Ich setze mich vor ihn. Links von ihm sitzen Pol und Pepe, rechts von mir die junge Frau. Ruben stellt uns die Frau als seine Sekretärin vor, ihren Namen sagt er uns erst gar nicht. Sie ist stark geschminkt und passt irgendwie nicht ins Bild. Sie ist gut angezogen, hat aber ziemlich ungeschliffene Manieren. Ihr Katalanisch ist typisch für jemanden aus Barcelona, und sie ist sehr sympathisch. Während des ganzen Mittagessens beachtet Ruben sie nicht. Er redet nicht mit ihr und schaut sie kein einziges Mal an.

»So, also, hier bin ich. Worum geht's, schießt los. Man hat mir gesagt, ihr wollt über Tor reden, nicht?«

»Ja. Wir sind sehr froh, mit Ihnen sprechen zu können. Wir sind vom katalanischen Fernsehen und machen eine Reportage über den Mord an Sansa und den Streit um den Berg von Tor ...«

»Gut, gut, molt bé!«, plötzlich spricht er katalanisch mit starkem spanischen Akzent. Wahrscheinlich hat er immer versucht, katalanisch zu sprechen, damit man ihn als echten Andorraner akzeptiert. »Ich hoffe nur, dass ihr mir die Wahrheit sagt, sonst bin ich gleich wieder weg, eh! Ich will die Wahrheit und sonst nichts.«

»Ja, sicher, aber Sie müssen uns helfen.«

»Du, sag du zu mir, ich bin nämlich sehr jung, erst zweiundsechzig, eh. Sonst fühl ich mich alt.«

»Aha, gut, also ich hoffe, dass du uns hilfst.«

»Und wie soll ich euch helfen?«, fragt er mich in liebenswürdigem Ton.

»Zunächst, indem du uns ein Interview gibst.«

»Einverstanden, aber nicht heute, ich bin nicht vorbereitet. Ich will mit Papieren in der Hand mit euch reden. Wir treffen uns nächste Woche in der Praxis meines Anwalts, in Barcelona, und dort machen wir das Interview.«

»Fein, abgemacht ...«

»Und wie viel zahlt ihr mir?«

Uff! Damit habe ich nicht gerechnet. Ich bin sprachlos. Wir zahlen nie für ein Interview, und der macht ein Gesicht, als sei es ihm ernst. Pol und Pepe schauen mich erwartungsvoll an. Ich muss ein Pokerface aufsetzen. Aber wie bringe ich dem Typen bloß bei, dass er kein Geld sehen wird?

»Hombre, Ruben ... wir können nichts bezahlen ...«

»Was? Du willst mir doch nicht etwa erzählen, dass der Fernsehsender von Jordi Pujol kein Geld für mich hat? Ah, nein! Das ist wohl ein Witz! Pass auf, du rufst den Pujol und den Roca an, die kennen mich gut, und sagst denen, dass sie mich bezahlen sollen, sonst wird nichts aus dem Interview verstehst du?«

»Du kennst Pujol? Woher denn?«, frage ich und denke, wenn ich ihn ausquetsche und mich dumm stelle, überlegt er es sich vielleicht noch mal anders.

»Aus Madrid, vom Hotel Palace.« Mit der Erinnerung an die Begegnung fällt er auch wieder zurück ins Spanische. »Man hat ihn mir beim Abgeordnetenkongress vorgestellt, und Roca war Zeuge. Ich habe gesagt: ›Ich stelle Ihnen einen Mann vor, der in Andorra wohnt. Ich weiß nicht, ob Sie Bescheid wissen, aber es gibt da ein kleines Problem mit einem großen Grundstück in Lleida. Dieser Mann‹ – hier schlägt er sich auf die Brust – ›hat gute Absichten und gute Ideen, um Andorra mit Pallars zu verbinden und die Gegend um Tor touristisch zu erschließen.‹ Und Pujol sagte: ›Ja, von Tor habe ich gehört, aber du wirst doch nicht über die Stränge schlagen, oder?‹ Und ich sagte: ›Nein, der Einzige, der über die Stränge schlägt, sind Sie, denn Sie sind Katalane und ich bin Aragonier.‹«

Daraufhin macht er eine Pause und grinst über beide Ohren, so als erwartete er jetzt Applaus oder ein Foto. Seine »Sekretärin« bekommt einen Lachanfall und wir lächeln, obwohl wir die Geschichte gar nicht komisch finden … irgendwie hat sie weder Hand noch Fuß.

Er hat eine Art zu erzählen, besser gesagt nichts zu erzählen, die der von Palanca, seinem Erzfeind, sehr ähnlich ist. Warum weiß ich nicht, aber er redet genauso schnell, beendet die Sätze nicht, springt von einem Thema zum anderen und gerät vom Hölzchen aufs Stöckchen. Überdies erwartet er, dass man ihn versteht und so schallend lacht wie seine »Sekretärin«. Wir strengen uns also mächtig an, lachen fröhlich und erfahren sogar Dinge von Ruben, ohne dafür zu bezahlen.

Ruben ist ein dickköpfiger Aragonier. Mit neunzehn ist er von zu Hause weg, weil er sich nicht mit seinem Vater verstand. Nach Andorra kam er 1955 »zur Einweihung des Hotels Majèstic«. Dort hat er als Kellner gearbeitet. Mit der Zeit knüpfte er Kontakte zu eingesessenen Andorranern wie Cornella, Viladomat, Claret, Pintat, Serafí Reig, Julià Reig, George Pérez …

»Zu der Zeit gab es hier keinen Tourismus, nichts. Auch keine Schneeräumfahrzeuge, gar nichts. Mit dem ersten Schnee war alles zu. Und ich«, sagt er, als wäre er ein Hellseher, »habe die Hotellerie an den Nagel gehängt und bin ins Immobiliengeschäft übergewechselt. Ein paar Andorraner haben mich unterstützt, auch Politiker, so wurde ich Makler von Grundstücken. Ich besitze die erste Lizenz überhaupt, die Nummer Eins, schau mal!« – und dabei zieht er eine braune Pappkarte aus einem Geldbeutel voller Papiere. »Es gab weder ein Grundbuch, noch eine Anwaltskammer, gar nichts. Alles fehlte in Andorra, keine Demokratie, kein gar nichts. Der Grund war, dass sich der französische Statthalter und der bischöfliche Statthalter um die Andorraner stritten. Nicht der spanische, nein, der bischöfliche. Andorra war nichts, und ich kann dir sagen, dass viele Familien in der Avinguda Meritxel mit 'ner Imbissbude angefangen haben.«

Ruben isst nichts, er ist zu nervös. Er redet ohne Unterlass. Seine »Sekretärin« dagegen isst für zwei. Und wir schauen uns die beiden an. Im Handumdrehen hat er uns die Geschichte Andorras auf seine Weise erzählt. Wenn der Mann einmal seine Memoiren schreiben sollte, würde er viele Leute der andorranischen Prominenz in Schwierigkeiten bringen, und nicht zu knapp. Wir sind an der Geschichte von Tor interessiert, aber er will uns unbedingt erklären, wie viel er für dieses kleine Land getan hat.

»Ich habe für diese Leute eine Menge Drecksarbeit gemacht. Eine ganze Menge! Und blutige Drecksarbeit dazu!«, versichert er rot vor Zorn und reckt die geballte Faust. Sie ist klein, aber stark. »Doch den Pass haben sie mir nie geben wollen, und das ist nicht in Ordnung. In diesem Land müssten alle die gleichen Rechte haben und nicht nur die vier großen Tiere. Ja, okay, ich hab schon immer polemisiert, und ich bin ziemlich temperamentvoll. Wenn man mir krumm kommt, ich will nicht angeben, wir haben alle unsere Schwächen, klar, aber da waren auch viele Leute, die mich provoziert haben. Es sagen viele über mich: ›Nimm dich vor dem in Acht, der macht nur Ärger, der macht nur Ärger.‹ Tatsache ist, dass ich mit Andorra noch nie große Probleme gehabt habe, nicht ein einziges, im Gegenteil, ich hab das Land nach bestem Wissen und Gewissen verteidigt.«

Ein paar Tage zuvor haben wir mit Leuten gesprochen, die Andorra, das wahre Andorra sehr gut kennen, und sie haben uns gesagt: »Ruben Castañer wurde von einigen der großen Familien für die Drecksarbeit benutzt, zu einer Zeit, als es in Andorra noch keine Regeln gab und niemand sich die Hände schmutzig machen wollte. Aber irgendeiner musste in die Kloake steigen und das war Ruben.« Er erzählt ein paar Geschichten, und da ahnen wir, welche Kloake gemeint ist.

»Als man die Telefónica aufbaute, war Ruben zur Stelle. Und mehr als ein Mal gab es Streitereien, und dabei ist auch Blut geflossen, und alles, um die Telefónica von Andorra zu verteidigen. Ich hatte mit Leuten zu kämpfen, Spaniern, die in Andorra lebten, und die wollten die Telefongesellschaft nicht zulassen.«

Oder wenn er uns von seinen Umtrieben bei Nacht und Nebel erzählt, um zu verhindern, dass sich deutsche, portugiesische oder französische Mafiabanden in den sechziger und siebziger Jahren in Andorra festsetzten.

»Die Polizei hat hier nie was gemacht. Es gab Leute, mutige Leute, die mussten das Land bei Nacht verteidigen, und zwar mit Mumm, mit 'ner dicken Portion Mumm! Hier, fühl mal!«, ruft er und packt Pols Hand, der neben ihm sitzt, führt sie zu seiner Hüfte und einer Pistole, oder zumindest glaubt Pol, eine gespürt zu haben.

Er schreit. Glücklicherweise ist es spät, und wir sind allein im Restaurant, so dass wir keine Aufmerksamkeit erregen können. Ruben fühlt sich sehr gekränkt, vor allem durch die großen Familien, denen er, wie er sagt, zum Reichtum verholfen hat, die ihm jedoch nie die Staatsbürgerschaft zuerkannt haben, weder ihm noch den etlichen Spaniern, die seit Jahrzehnten im Land leben und zu seinem Wohlstand beigetragen haben. Er hat auf seine Weise – im Kontakteknüpfen war er immer besonders gut – ein Vermögen gemacht. Verbittert hat ihn vor allem Folgendes: Er hatte eine Konzession erstanden, um Skipisten in Arinsal zu bauen, aber die Prominenz von Sant Julià und Andorra la Vella legte ihm Steine in den Weg – so sagt er –, und deswegen war er 1972 gezwungen, die Konzession an Josep Serra weiterzuverkaufen, einen Andorraner.

Er erhielt zwei Jahre später die Genehmigung, eine Wintersportanlage in Canillo zu bauen, aber auch diese Suppe habe man ihm versalzen.

»Die vier Familien« – immer redet er von »den vier Familien« – »haben mich nicht aufsteigen lassen. Sie haben Beschwerde eingelegt. Sie wollten nicht, dass Canillo touristisch erschlossen würde, und ich sollte nicht reich werden, und ein Herr, der gerade sein Jurastudium abgeschlossen hatte, Bertomeu, hat die Beschwerde eingelegt, und vier Jahre später haben die Co-Fürsten mir die Konzession weggenommen. Einfach so! Und dann verkünden sie großspurig, dass Andorra ein freies Land ist. Gut nicht?«

»Und wie bist du nach Tor gekommen?«

»Während ich auf die Entscheidung der Co-Fürsten wartete, kam Senyor Montané, Sansa, Gott hab ihn selig!, und erzählte mir von einem Dorf, das ich nicht kannte, nämlich Tor. Er sagte zu mir: ›Sie haben doch das in Arinsal gemacht, ich habe die Sache verfolgt und sehen Sie, jetzt kauft und verkauft alle Welt Grundstücke in La Massana, und die Gegend wird erschlossen, und ich will, dass Sie mir helfen, denn in Pallars kriegen wir keine Unterstützung, weder von den Gemeinden noch von der Generalitat, von keinem.‹ Und ich sagte: ›Bueno, ich schau mir das an.‹ Als Erstes habe ich Ende der siebziger Jahre die Straße bauen lassen, denn von Andorra gab es keine Verbindung nach Tor. Der Bürgermeister von Sort hat die Arbeiten geleitet, Senyor Antonio Comes. Ah! Aber die Maschinen kamen aus Andorra, denn die Generalitat hat keine Pesete für die Strecke von Alins bis zur Grenze von Tor lockergemacht, und da habe ich zu Reig – dem Syndikus – gesagt, dass er mir helfen soll, und die Leute von La Massana und von Andorra habe ich ebenfalls um Hilfe gebeten. Sie haben mich bei dem Projekt unterstützt, eine Straße vom Coll de la Botella bis zum Port de Cabús zu bauen, sechs Kilometer Maßarbeit in fast 2500 Meter Höhe, die nirgendwohin führt, na ja, zur spanischen Grenze. Damals, im Dezember, haben wir einen Vertrag gemacht, aber ich habe Sansa gewarnt: ›Hör zu, hier brauchst du viel Geld, das du nicht mehr wiedersiehst, weil die Regierung kommen wird und die Guardia Civil, und die lassen mich die Skipiste von Arinsal bis Tor nicht bauen, und dann habe ich zwanzig Millionen bezahlt und zwar für die Katz. Sansa, das gibt Ärger, echten Ärger, ich führe ein friedliches ruhiges Leben, habe ein Immobiliengeschäft, verdiene gut, werde von den Leuten geachtet, und so soll es bleiben.‹ Aber er ließ nicht locker. Pass mal auf, ich sag dir, wie's geht ... Das war ein Kämpfer, das war er, ich hab kein anderes Wort für den Mann, ein Kämpfer. Der hat sein ganzes Leben der Sache gewidmet, weil er aus einer Familie kam mit viel Land, aber ohne Geld, und er hat sich für Tor ruiniert.«

»Und der Streit mit Palanca, wann hat der angefangen?«

»Das erzähl ich dir bei meinem Anwalt mit den Dokumenten in der Hand. Und du brauchst keine Angst zu haben, ich sehe schon, dass Pujol ärmer ist als ich und verlange keine Bezahlung.«

Ich kann ihn nicht gehen lassen, ohne ihn zu fragen, wer seiner Meinung nach hinter Sansas Mord steckt.

»Auf Tor lag schon immer ein Fluch!«, sagt er kategorisch.

Von diesem Fluch wird er noch öfter reden.

»Aber was willst du damit sagen?«

»Schau mal, viele wollten, dass Tor unzugänglich bleibt. Das weiß ich, und das kannst du mir glauben! Den ganzen Handel, der dort zustande kam, habe ich angerissen, als die Straße gebaut wurde ...«, er hält inne und zögert. »Davon reden wir noch, aber nicht hier.«

»Ein Handel? Meinst du die Schmuggler?«

»Ich hab dir schon mal gesagt, dass ich hier nicht darüber reden will.«

Sein Ton ist so barsch, dass ich ihm nicht zu widersprechen wage. Nach einem kurzen eisigen Schweigen geht er auf andere Themen über. Wir dürfen ihn keinesfalls verärgern und verscheuchen, schon gar nicht, ohne diesen eigensinnigen Mann ein paar Minuten vor unsere Kamera gestellt zu haben.

Beim Nachtisch erklärt er uns, dass er schon öfter fast gestorben wäre, weil man ihn zusammengeschlagen oder angeschossen hat, und es ist noch nicht lange her, da lag er wegen eines Unfalls viele Monate auf der Intensivstation.

»Heute besitze ich ein Lokal in La Manga del Mar Menor. Eines Tages fuhr ich mit brasilianischen Tänzerinnen in meinem Wagen, einem Mercedes, ich bin immer Mercedes gefahren, und auf der Autobahn knallten wir gegen einen Schlepper. Die haben mich für tot gehalten. Ich habe mir alle Knochen gebrochen. Die mussten mich ganz neu zusammenbasteln. Aber hier sitze ich, wieder voll einsatzbereit.«

»Und wie steht es um deinen Rechtsstreit mit Andorra? Warum hat man dich ausgewiesen?«

»Hahaha! Ein Scherz der Andorraner, die Angst vor mir haben. Die Ausweisung ist fast abgelaufen. Außerdem ist Forner, der Regierungschef, ein Freund von mir.«

»Aber warum haben sie dich ausgewiesen?«

»Weil ich Pérez, dem Arschloch aus den Pyrenäen, die Fresse poliert habe!«

Er grinst von einem Ohr zum anderen. Es ist Freitagabend, sechs Uhr, und für kommenden Dienstag haben wir uns in Barcelona verabredet. Das Interview verspricht, sehr aufschlussreich zu werden. Beim Abschied bedenkt uns die »Sekretärin« mit Küsschen und einem Lächeln, das beides gar nicht zu einer Sekretärin passt. Das Wochenende verbringen wir zu Hause – es wurde auch Zeit! – und am Montag ist Besprechung im Fernsehstudio.

40

DAS SKRIPT

Während wir nach Lleida hinunterfahren, besprechen wir die bisherigen Filmaufnahmen und überlegen, wie wir die Reportage aufbauen sollen.

»Am Montag rede ich mit Salvat, und garantiert will er die Reportage in zwei Wochen auf dem Tisch haben. Er wird uns eine Woche für die Sichtung des Materials geben und eine Woche fürs Fertigstellen.«

»Ja, so wird das ablaufen«, bestätigt Pepe. Er ist der Veteran unseres Teams und kennt die einzelnen Arbeitsschritte für die Sendung sehr genau. »Aber wenn du ihm sagst, er soll dir noch ein bisschen Zeit geben, macht er das vielleicht. Wir müssen ja noch Castañer interviewen und zusätzliche Aufnahmen von ein paar Orten machen, es fehlen uns noch einige Bilder, denk dran.«

»Und der Mörder fehlt uns auch noch!«, wirft Pol halb im Spaß ein.

»Mal sehen ...«, sinniere ich laut, »von dem, was wir gefilmt haben, was ist da zu gebrauchen? Wir haben die Sequenz mit Palanca und den Schmugglern, die den Schnee mit dem Bagger bis zum Port de Cabús räumen, und dann Palanca, wie er uns die Story von den ersten Toten von 1980 erzählt und von den Maquisarden, die das Dorf in Brand steckten, und alles wegen Sansa, der die Guardia Civil informiert.«

»Dann sind da noch die Frauen von Tor«, sagt Pepe. »Die Sequenz hat tolle Lichteffekte und zeigt, wie man dort seit

Urzeiten gelebt hat, die Angst, die sie 1980 ausgestanden haben, die Angst vom Sommer 1995, als Sansa umgebracht wurde, und die Angst, die sie immer noch haben.«

»Und Gil José haben wir, wie er dreimal wiederholt, auf welche Weise Montané ermordet wurde«, zählt Pol auf, »und das Abendessen mit Mont und Marli und ihrer Bande, obwohl ich nicht genau weiß, wo sich das einbauen lässt ...«

»Die Visagen müssen wir unbedingt einblenden«, wirft Pepe lachend ein.

»Ja, und ich erhoffe mir eine Menge von dem Interview am Dienstag mit Ruben in Barcelona«, sage ich.

»Stimmt, der Kerl ist wahnsinnig fotogen, den nehmen wir mit Weitwinkel auf, dann können wir die Kamera näher ranbringen«, freut sich Pepe, der immer überlegt, wie er aus einer Situation die besten Bilder herausholen kann.

»Und die Rechtsanwälte sind auch noch da«, erinnert uns Pol.

Zuerst interviewen wir die Anwälte. Sie bringen uns ein gutes Stück voran und helfen uns, die wirklichen Hauptfiguren einzuführen. Da ist vor allem Ramon Clèries aus Tàrrega, ein Veteran, was diesen Fall angeht, oder Julio Olano, der sehr gut erklären kann, genau wie Sebastià Roca, der oft im Fernsehen aufgetreten ist, weil er den Elefant Blau anführte, also den Widerstand gegen Josep Lluís Núñez, den damaligen Präsidenten des Fußballvereins Barça. Roca, den wir in seiner Kanzlei in der Avinguda Diagonal mitten in Barcelona aufsuchen, hat eine Engelsgeduld und gibt uns immer, wenn wir bei ihm aufkreuzen, Nachhilfe im katalanischen Partikularrecht. Und da ist auch noch Francesc Sapena, genannt Paco Sapena, eine Art Perry Mason von Lleida, der die Familie von Josep Montané, also Sansa, vertritt. Offensichtlich besteht zwischen Roca und Sapena – die eigentlich Gegner sind, weil Roca für Emília arbeitet, der Sansa das Recht auf den Berg streitig machte – die Möglichkeit einer Einigung. Beide führen den Prozess als Anwälte – den Zivilprozess um das Eigentum –, und zum ersten Mal seit vielen Jahren hat die Spannung etwas nachgelassen. Endlich wird der Konflikt nicht mehr unmittelbar von den Betroffenen geführt, sondern er liegt in den Händen von »Verhandlungsprofis«, bei den Anwälten, dem Kollektiv, das Palanca so hasst. Doch gerade der Zivilprozess lässt sich nur sehr schwer in die Reportage einbauen.

»Ja, wir haben die Anwälte. Die sind sehr nützlich für das Verständnis der Grundstücksverhältnisse und des Zivilprozesses, aber das Durcheinander ist höllisch. Da steigt man kaum durch. Ich glaube, wir sollten uns auf die Streitigkeiten konzentrieren, die Toten, die Feindschaften. Die Gerichtssache ist zu kompliziert. Besonders fürs Fernsehen«, sage ich.

»Ja, ja«, nickt Pepe verständnisvoll.

»Da ist auch noch die Geschichte mit dem Kellner der Fonda Europa, die Obduktion und die Gerichtsurteile«, zählt Pol auf.

»Und die Luftaufnahmen, die sind bestimmt prima geworden. Der Flug von Arinsal zum Pass und dann der Blick über den ganzen Berg von Tor, das ist fantastisch …«

»Okay, wir haben Material, aber wie ordnen wir das Ganze? Uns fehlen doch Teile. Ich hatte gehofft, wir könnten über den Tod von Montané hinausgehen, aber ich glaube, dafür reicht's nicht.«

»Und wenn wir noch mal mit Batallé und Gil José sprechen?«, schlägt Pol vor.

»Wir haben keine Zeit, und wenn ich ehrlich sein soll, ich habe keine Lust, mich von dem Kerl ein zweites Mal anmachen zu lassen. Der Typ ist echt gefährlich, glaubt mir!« Alle drei müssen wir lachen. »Na, Gil José, den können wir ruhig noch mal befragen. Warten wir ab, was Salvat am Montag sagt. Wir gehen erst mal unser Material in Ruhe durch, am Dienstag interviewen wir Ruben, und danach sehen wir weiter.«

Es ist seit zwei Monaten das erste Wochenende, an dem wir verschnaufen können. In der Redaktion von »30 Minuts« in Barcelona mahnt uns der Chefredakteur, die Reportage auf die Erklärung der Verwicklungen um Tor zu konzentrieren. »Es geht nicht darum, den Mörder zu finden«, wiederholt er. Aber mir sitzt der journalistische Ehrgeiz im Nacken, und es fällt mir schwer, keine wichtige Trophäe in den Bericht einbringen zu können. Meine Vorbilder in Sachen Reportage, Carles Bosch und Francesc Pou, sehen mir mein Unbehagen an und versuchen, mich zu beruhigen. Sie unterstützen Joan Salvat:

»Denk daran, das Publikum weiß nichts von dem Kuddelmuddel um Tor. Die haben vom Berg gehört, von den Verbrechen, aber die kennen nicht zehn Prozent von dem, was dahintersteckt«, sagt Bosch, mit dem ich meine erste »30 Minuts« 1992 in Sarajevo gedreht habe, eine unvergessliche Erfahrung.

»Erst wenn du gelernt hast, dass nicht alles in den Film hineinpasst und ein paar Dinge draußen bleiben müssen, bist du ein guter Reporter«, sagt Pou, der Regisseur, mit dem ich meine zweite Dreißiger gedreht habe und der mich gelehrt hat, die Welt in Sequenzen zu sehen. »Ihr habt jetzt jede Menge Infos und viel zu erzählen, und wenn ihr nicht bald ein Skript macht und anfangt zu schneiden, dann wird nichts Gutes draus.«

»Nimm dir etwas Zeit«, schlägt Bosch vor, der Meister des Details und der Skripts, »denk nach, ordne das Material. Nach dem, was ihr uns erzählt habt, besitzt ihr viel mehr Material, als ihr brauchen könnt. Zu viele Wege sind offen, ihr müsst ein paar zumachen, sonst verliert ihr euch.«

Sie haben recht. Man muss auf die Erfahrenen hören. Ich stecke so tief in der Story drin, dass ich unser Ziel aus den Augen verloren habe: die Geschichte von Tor zu erzählen. Aber der Forscherdrang, der bei mir während meiner Zeit bei der Tageszeitung *Segre* geweckt wurde – mit Leuten wie Revés, Perelló, Cal, Costa, Pili und Andrés Domínguez, Molina, Farré, Echaúz, Sanuy, Delshams, Olmo und Ermengol –, als wir uns mit großem Elan auf alles stürzten und eine tolle journalistische Leistung brachten, löst Gewissensbisse bei mir aus. Hinzu kommt, dass ich den Eindruck habe, bald neue und wichtige Infos zu bekommen. Mit diesem unguten Gefühl in der Magengrube setze ich mich hin, transkribiere die Interviews (alle Aussagen müssen zuerst aufs Papier, damit nachher die besten Antworten ausgewählt werden können) und erstelle ein vorläufiges Skript. Pepe, selbst Regisseur, schaut sich unsere Aufnahmen an. Dabei prüft er das ganze Filmmaterial, sieht, was gut ist und was noch fehlt. Pol macht eine Liste mit den Sequenzen und den Personen und liest die über fünfhundert Seiten, die die Transkription der Interviews ergeben hat. Ich bin mit dem Kopf woanders. Irgendwie habe ich das Gefühl, ich muss noch einmal mit Gil José sprechen, vielleicht macht er mir ein spontanes Geständnis, wenn ich sein Vertrauen gewinnen kann. Mir scheint, das ist der einfachste und kürzeste Weg, um neue Informationen aufzutreiben. Morgen ist Ruben an der Reihe, und am Mittwoch, oder so früh wie möglich, knöpfe ich mir noch einmal Gil José vor.

41

WIR FILMEN DAS INTERVIEW MIT RUBEN

Salvat hat uns noch zwei Wochen eingeräumt. Wir sind überrascht, aber der Chef hat eingesehen, dass unser Thema sehr schwer zu recherchieren, zu filmen und zu strukturieren ist. Außerdem liegt da ein fertiger Stapel Reportagen, die alle darauf warten, gesendet zu werden, deshalb ist unsere nicht ganz so eilig. Aber er ist beunruhigt darüber, dass wir so viele »Nächte außer Haus« verbringen. Dieser Ausdruck steht so im Tarifvertrag von TV3 und hat den Chefs immer Kopfzerbrechen bereitet, besonders denen, die auf ihre Produzenten Rücksicht nehmen. Die Angestellten, die wegen ihrer Arbeit nicht nach Hause gehen können, sollen finanziell entschädigt werden. Dadurch werden die Löhne in die Höhe getrieben. Das Dilemma lässt sich nachvollziehen. Wichtig ist, dass uns mehr Zeit bleibt, die Reportage abzurunden. Mit dem Aufschub wird natürlich auch unsere Liste länger. Um mit den Füßen auf dem Boden zu bleiben, kommt uns Joan Salvat mit seiner Mahnung gerade recht: »Ihr sollt nicht das Verbrechen aufklären, Männer. Eure Aufgabe ist es, dem Publikum das Durcheinander um Tor zu erklären.«

Es ist Dienstag. Um zwölf Uhr treffen wir uns mit Ruben Castañer. Eine halbe Stunde vorher sind wir in der Praxis von Joaquín Hortal, an der Ecke Roger de Llúria/Diputació. Mir kommen die Kanzleien im Stadtviertel Eixample alle gleich vor: eher finster, überwiegend in dunkelbraunen Farbtönen gehalten und mit altertümlichen Inneneinrichtungen. Wenig Licht. Die Wirkung ist düster, der Besitzer empfindet sie wahrscheinlich als »seriös«. Ich fühle mich in dieser Umgebung nicht wohl. Eine Sekretärin öffnet uns die Tür. Man sieht von Weitem, dass die Frau dazu angehalten wird, züchtig gekleidet zur Arbeit zu kommen. Aber sie schaut uns schelmisch an. Das muntert uns auf.

»Señor Hortal wird Sie in wenigen Minuten empfangen. Bitte, gehen Sie ins Wartezimmer«, sagt sie auf Spanisch und verkneift sich ein Grinsen. Bestimmt fühlt sie sich uns in Art und Alter verbunden.

Nach zehn Minuten lässt uns Señor Hortal rufen. Unglaublich! Nicht er – doch, eigentlich auch er –, sondern sein Büro! Zur Erinnerung, es ist Ende März 1997. In diesem »Heiligtum« gibt es sich mehr franquistische Symbole, als ich in meinem ganzen bisherigen Leben gesehen habe! Das Zimmer ist ziemlich spartanisch, korrekt, anspruchslos. Auf dem Schreibtisch stapeln sich Akten, also eine Menge Arbeit. Ein schwarzer Ledersessel der teuren und vermutlich bequemen Sorte, und an der Wand hinter dem Anwalt hängt auf halber Höhe ein Regal mit Statuetten vom Generalissimus! Miniaturbüsten, eine Flagge mit dem Adler, ein Francofigürchen mit erhobener Hand, die Fahne der Falange und zur Abrundung: Kreuze, Christus- und Marienfiguren.

»Señor Castañer ist noch nicht da, er wird bestimmt gleich kommen. Wenn ich mich nicht irre, wurde der Termin auf zwölf Uhr festgesetzt, oder?«, bemerkt er und gibt uns die Hand.

»Das ist richtig, wir sind ein bisschen früher gekommen, um die technischen Vorbereitungen zu treffen: Scheinwerfer, Kamera ...«

»Sehr gut«, unterbricht er mich, »dann folgen Sie mir bitte in die Bibliothek, dort können Sie das Interview durchführen.«

Er geht uns voraus, und wir drei schauen uns an und denken: »Wo sind wir denn hier gelandet?« Die Bibliothek ist ein großer Raum mit gut bestückten Bücherregalen: Enzyklopädien, Gesetzeskommentare ... und in der Mitte steht ein langer Tisch mit zehn rot bezogenen Stühlen. An einem Ende des Raums sehen wir eine Art Altar oder Podest mit einer riesigen Fahne der Falange und der spanischen Flagge mit einem glänzenden Adler. Daneben lehnt eine metergroße Heugabel, an der ein rotes Teufelchen hängt. Das Gesicht dieses Teufels ist ein Teller mit den Fahnen der siebzehn Autonomen Regionen. »Verdammt! Der Typ mag ja ein guter Anwalt sein, aber wenn hier mal ein Anhänger der katalanischen Unabhängigkeit aufkreuzt, dann knallt's aber richtig!«

»Sie können hier Ihre Vorbereitungen treffen. Sobald Señor Castañer kommt, werden wir ihn hereinschicken«, erklärt der Anwalt höflich und ernst.

»Hören Sie, danach dürfen wir Sie doch auch interviewen, oder?«, frage ich und beziehe mich damit auf unser Telefongespräch vom Vortag.

»Natürlich, keine Sorge. Und falls Sie mit Señor Castañer erst spät fertig sein sollten, können wir uns auch nach dem Mittagessen unterhalten.«

»Sehr schön, herzlichen Dank.«

Sobald Hortal die Bibliothek verlassen hat und die Tür zu ist, schauen wir uns an, halten die Luft an, schlucken einmal leer, und ganz leise stoßen wir die Luft wieder heraus:

»Scheiße! Was ist das denn?«

»Das ist der Hammer! Der Typ lebt in den vierziger Jahren!«

»Der ist total durchgeknallt!«, sagt Pepe. »Diese Kanzlei macht einem Angst und Bange!«

Mannomann, ja, da bekommt man eine Gänsehaut! Wir sprechen nicht laut, sondern flüstern und schauen uns überall um, in der Überzeugung, dass wir versteckte Kameras oder Mikrofone finden. Wir stellen das Stativ mit der Kamera auf und suchen eine gute Perspektive in diesem wirklich eindrücklichen Raum, aber wir sprechen im Flüsterton. Es will uns einfach nicht in den Kopf, dass es 1997 noch solche »Heiligtümer« gibt. Pepe, eingeschüchtert, filmt unauffällig die Einrichtung.

»Nimm das alles auf, das ist eine Reliquie, aber ob wir das in die Reportage tun, weiß ich nicht«, wispere ich.

»Ja, aber das müssen wir in jedem Fall filmen«, grunzt er, während die Kamera läuft.

Um zehn nach zwölf geht die Tür der Bibliothek auf, und mit majestätischer Pose stolziert unser Mann, Ruben Castañer, auf uns zu.

»Hola, Jungs! Wie geht's? Haben die euch gut behandelt?«, sagt er und gibt jedem von uns die Hand.

Er trägt einen grünlichen Anzug, ein helles Hemd, eine braune Krawatte, die ewige Haarsträhne im Gesicht und eine mittelgroße Aktentasche, die offenbar prall gefüllt ist. Er hält sie mit der linken Hand, und plötzlich reißt er sie hoch, als wäre sie federleicht, und setzt sie auf den Tisch, so als wollte er uns seine Kraft beweisen.

»Hier habt ihr die Dokumente. Nimm alles auf«, befiehlt er Pepe.

Das ist eine schöne Szene, wie er die Papiere aus der Aktentasche zieht. So als hätte er sein Lebtag nichts anderes gemacht. Er führt Regie, ohne auf unsere Anweisungen zu warten, und ohne Umschweife knüpft er an unser Gespräch in Andorra letzte Woche an, so als wäre seitdem keine Zeit vergangen. Er breitet die Dokumente aus, und wenn er meint, eines davon wäre besonders wichtig, hält er es vor die Kamera und sagt ein, zwei mehr oder weniger verständliche Dinge dazu. Alles läuft sehr schnell und konzentriert ab. Da wir geplant hatten, dieses Interview im Sitzen zu machen, hatten wir eines dieser kleinen Mikros vorbereitet, um es an seiner Krawatte festzumachen ... Mist! Jetzt haben wir keine Zeit, die Mikrofonangel einzustellen, um seine Kommentare aufzunehmen. Pepe filmt, und als er unsere Unruhe spürt – Pols Gebärde scheint zu sagen: »Für die Angel ist es jetzt zu spät« –, beruhigt er uns:

»Nicht schlimm, wir nehmen ihn über den zweiten Kanal für Raumton auf.«

Die Szene läuft ganz von alleine ab. Es wird ein Monolog zwischen Ruben und der Kamera. Er nimmt die Dokumente in die Hand und zeigt sie »der Welt«, weil er genau weiß, dass er aufgenommen wird. Er schaut geradewegs in die Kamera, erklärt eifrig und will überzeugen. Wie ich ihn mir so anschaue, wird mir klar, dass das Interview so etwas wie eine Therapie für ihn ist. Jahrelang hat sich die Wut angestaut, und endlich kann der Mann sich Luft machen und reden. Trotzdem sieht es eher nach dem Gegenteil aus: Mit jedem Dokument, das er herauslegt, schwellen seine Halsadern, er schreit lauter und die Haarsträhne kommt nicht mehr zur Ruhe.

»Für eine Handvoll Knete ...« – er ist so wütend, dass ihm die Stimme bricht –, »eine Handvoll Dollar! Er streckt der Kamera die Titelseite einer Zeitung aus den achtziger Jahren hin: ›Für eine Handvoll Dollar!‹ No, Señor! Man hat mir eine Menge vorgeworfen, man hat mich Schieber, Unruhestifter und Querulant genannt. Das stimmt nicht! Ich hatte nur eins im Sinn: Andorra! Ich könnte heute Millionen Peseten in Andorra besitzen, und wegen Andorra habe ich alles verloren! Mafioso! Unruhestifter! Alles haben sie mich genannt! Nein, Señor, so einer bin ich nicht, nein!«

Dieser Mann ist klein – er wird keine 1,60 Meter groß sein –, aber stark, und er löst in mir widersprüchliche Gefühle aus. Einerseits flößt er mir Angst ein, weil ich ihn für zu allem fähig halte. Andererseits tut er mir leid, weil man merkt, dass er ganz alleine dasteht, dass er jemand ist, der große Pläne hatte und keinen verwirklichen konnte. Ich ahne, dass er als junger Mann viel Drecksarbeit verrichtet hat und nie mit der Münze bezahlt wurde, die er gebraucht hätte: Zuneigung.

Aus dem Aktenkoffer purzelt so ziemlich alles heraus: Zeitungsausschnitte – das Magazin *Interviu* hasst er ganz besonders –, amtliche Dokumente, Urkunden, Fotos, handgeschriebene Briefe ..., und nachdem er sich schon eine ganze Weile die Wut aus dem Leib geredet hat, öffnet er eine schwarze Mappe, Größe DIN-A4 mit Reißverschluss, und wir halten die Luft an.

»Jetzt mach die Kamera aus!«

Pepe gehorcht.

»Schaut her! Wisst ihr, wer meine Rechtsanwälte waren beim Prozess gegen Andorra wegen der Konzession für Arinsal? Joaquín Ruiz Jiménez und Rafael Arias Salgado. Sind die euch bekannt?« Er gibt uns keine Zeit, zu antworten, er will nicht unterbrochen werden. »Und wisst ihr, wer mein Sekretär bei Thorsa war? Marc Forné Serra, der Vater des Regierungschefs. Übrigens hat der Regierungschef mit mir als Geschäftsführer angefangen. Und wisst ihr, wer den Berg von Tor kaufen wollte?« Bevor er selbst die Antwort gibt, macht er eine Pause. »Rodolfo Martín Villa! Jawohl. Ich habe ihn und den Generalleutnant von Katalonien Ende der Siebziger, ich glaube, es war 1977, mit dem Hubschrauber nach Tor geflogen, und als sie den Berg sahen, waren sie hin und weg. Versteht ihr jetzt, mit wem ihr es zu tun habt?«

Er hält jedes Dokument so lange, dass wir es lesen können, dann steckt er alle wieder in die schwarze Mappe, und filmen dürfen wir sie nicht. Ich versuche, ihn zu überreden, aber er weigert sich hartnäckig. Jetzt hat er Dampf abgelassen. Es ist sonnenklar, dieser Spinner hat viel erlebt in Andorra und in Tor. Aber sollen wir ihm alles glauben? Ich kann doch nicht den ehemaligen spanischen Innenminister Rodolfo Martín Villa anrufen und fragen: »Sagen Sie, wollten Sie den Berg von Tor kaufen? Und weshalb?« Keine gute Perspektive. Und Forné? Ha! Wenn ich Joan Salvat erzähle, dass der Regierungschef von Andorra in der Reportage über den Berg auftaucht, trifft ihn der Schlag! Wie gut, dass der damals noch nicht Regierungschef war!

Mir schwirrt der Kopf, und Ruben, der sich alles von der Seele geredet hat, setzt sich in den Stuhl, der ihm für das Interview zugedacht war, und mit seiner Mischung aus Spanisch und Katalanisch fährt er unaufgefordert fort:

»Der Streit fing an, als wir die Straße von Andorra bauten. Ich hatte schon die beiden Gesellschaften Prointorsa und Protutorsa gegründet. Und mit meiner Senyora und meinem Mercedes bin ich als Erster über die fertige Straße gefahren. Aber da war der Fluch ...« – Da ist er wieder, der verflixte Fluch. – »Der Berg wurde von Schiebern benutzt, und dieser Handel wurde durch meine Straße noch belebt. Ich habe mich nie dagegengestellt, ich wollte nur, dass sich alle mit Respekt behandeln. Aber nein! Senyor Palanca wollte es anders: Ärger! Krach! Waffen und weiß der Himmel was noch!«

»Handel?«, frage ich und stelle mich dumm, damit er deutlicher wird. »Sie meinen Schmuggel?«

Aber er lässt sich nicht beirren.

»Ja, Handel. Ein Fluch, der gegen den Fortschritt gerichtet war. Ich bin sogar nach Madrid gefahren und habe den Minister, Íñigo Cabero, um juristische Unterstützung gebeten. Der hat mir einen Richter geschickt. Aber das hat alles nichts genutzt. Palanca hat uns ständig Knüppel zwischen die Beine geworfen. Ich hatte nie Angst vor dem Tod. Wenn ich gleich tot umfalle, ist das Pech. Das wäre mein Schicksal. Ich bin um Mitternacht in Tor herumgelaufen und hatte keine Angst, obwohl mich Palanca umbringen wollte. Der Mann lässt sich benutzen. Und wenn sie ihn eines Tages nicht mehr brauchen, werden sie ihn abservieren. Schluss, Ende, Aus! Palanca hat ausschließlich davon gelebt. Alle Welt weiß, mit wem der früher verkehrte und heute, seine Freunde und alles. Und mich wollten sie umbringen, weil ich im Weg war.«

Was erzählt er da? Es ist unmöglich, diesen Mann zu befragen. Genau wie bei Palanca. Die reden einfach drauflos und antworten, wie es ihnen gerade passt. Sie ziehen ihr Ding durch, hören auf niemanden, und das Ganze hat weder Hand noch Fuß. Ich bin verzweifelt. Ruben erzählt wichtige Dinge, aber er redet so zusammenhanglos, dass ich die Sätze kaum sinnvoll zu Ende denken kann. Ich kann nicht einfach behaupten, dass Ruben sagt, Palanca habe von den Schmugglern Geld kassiert, um zu verhindern, dass man in Tor eine Skistation baut. Das muss er mir sagen.

»Hör mal, Ruben«, werfe ich auf Spanisch ein, in der Hoffnung, dass er mich besser versteht, »ich hab den Faden verloren. Was für ein Fluch ist das? Meinst du die Schmuggler? Wird Palanca von denen benutzt?«

»Hombre, ich weiß nur, dass Palanca vorher bestimmte Freunde nicht hatte, die er jetzt hat, dass man ihn überall sieht und er eng mit der Gruppe von Organyà und der von La Seu d'Urgell zusammenarbeitet. Die beiden Gruppen vertreten Interessen, die in der Presse waren, nicht?«

Viele Jahre herrschten in diesen beiden Dörfern in der Comarca von Alt Urgell Schmugglerbanden, die den Handel mit Andorra anführten, noch bevor die Portugiesen und die Galicier auf der Bildfläche erschienen.

»Von denen wird er kräftig unterstützt. In Tor steht keiner

hinter ihm, nein. Wir wissen alle ziemlich gut, womit der sein Geld macht. Also mir ist die Geschichte glasklar.«

Können wir eine solche Beschuldigung senden? Palanca hat immer abgestritten, dass es eine Verbindung zwischen ihm und den Schmugglern gibt. Ruben beschuldigt ihn vielleicht aus Rachsucht, denn Beweise führt er keine an. Natürlich, die Story ist saftig. Und der Brunnen sprudelt munter weiter:

»Das Problem von Tor ist die strategisch günstige Lage für die Schmuggler. Ein oder zwei Ladungen Waren, das geht durch, aber vier Ladungen und schon kriegen die sich in die Haare. Ganz klar: Andorra hat viel gekämpft, niemand hat denen was geschenkt, aber wer am wenigsten da mitgemischt hat, das waren die Andorraner. Andorra hat jeden Strohhalm ergriffen, den es zum Überleben gefunden hat, es hatte keine eigenen Reichtümer, keine Industrie und nichts, gerade mal vier Tabakfelder, vier Kühe, und die ganze Welt wusste das. Wenn dort auf einmal tausend Fernseher verkauft werden, das muss ja nicht noch extra erklärt werden ... Verflucht, wer soll denn in Andorra auf einen Schlag zweitausend Fernseher kaufen? Das kann keiner im Ernst glauben. Der Andorraner hat von dem gelebt, was er verkauft und gebaut hat. Mit dem Baugeschäft wurde die Wirtschaftsgrundlage geschaffen. Der Andorraner kümmert sich um sein Geschäft und seinen Handel, und die anderen machen die Arbeit, das ist alles.«

»Willst du damit sagen, dass hinter der Sache von Tor Andorraner stecken?«

»Pass auf, Junge, es gibt Dinge, die muss man verstehen, die lassen sich nicht sagen. Die Schmuggler sind arme Teufel. Du verstehst überhaupt nichts.«

Er schaut mich so grimmig an, dass ich mir sage: »Lass ihn in Ruh, lass ihn reden, wie er will.«

42

»WO BLUT IST, IST KEIN GESCHÄFT.«

Rubens Version von der tödlichen Schießerei im Juli 1980 stimmt weder mit Palancas Beschreibung noch mit der im Gerichtsurteil überein. Der Andorraner, wie er von den Leuten aus Tor genannt wird, behauptet, Palancas Arbeiter – zwei Zigeuner aus Vic, die als »Holzhändler« arbeiteten – hätten ihm aufgelauert, um ihn umzubringen, aber der Versuch schlug fehl. Ruben spricht nie von Schlägern oder Leibwächtern, er redet von »Männern, die mich verteidigten«, und erklärt, dass er sogar die Privatdetektei Oliver aus Saragossa einschaltete, damit sie in Tor patrouillierten – in einem Dorf mit dreizehn Häusern, von denen die Hälfte 1944 abgebrannt war! Ruben ist der Einzige, der die Toten von 1980 mit Sansa in Verbindung bringt.

»Da warteten Palanca und seine Totschläger und wollten mich wie ein Kaninchen abschlachten, wie sie es mit Sansa gemacht haben, nämlich mit dem Knüppel!«, faucht er und knirscht mit den Zähnen. »Denn in Tor haben immer dieselben getötet, eh! In Tor gibt es eine Person, die gerne die Leute abschlachtet. Und die Knüppel hatten sie in der Hand. Denn das ist die Art dieses Feiglings, diese feige Ratte bringt so die Leute um, er tyrannisiert sie oder steckt ihnen die Häuser an. Er hat die drei Häuser in Tor in Brand gesteckt. Aber er ist nur ein Handlanger, er wird benutzt. Da ist der Fluch, Hintermänner mit viel Geld, die nicht wollten, dass ich es zu etwas bringe. Ich hatte drei Gesellschaften. Die Engländer und Leute mit viel Kapital aus Andorra und Katalonien wollten in meine Ideen investieren, weil die nämlich gut waren. Aber das haben die nicht zugelassen. Da war immer der Fluch, die dunkle Macht, und ich wüsste gerne, wer dahinter steckt, weil diese Interessen sehr gewaltig sind und über Tor hinausgehen ... Ich glaube, die gehen weit über Pallars hinaus.«

»Vielleicht sind sie aus Andorra?«

»Aus Andorra, Lleida, Barcelona und Madrid.«

Hoho! Gleich so viel! Der Typ ist nicht ganz dicht. Der Unfall mit dem Schlepper, als er die Brasilianerinnen spazieren fuhr, hat offenbar bleibende Schäden hinterlassen. Bestimmt hat der Mann schon viel durchgemacht in seinem Leben, aber aus seinem Gerede wird man nicht schlau. Das alles bringt uns nicht weiter.

Ich bin enttäuscht. Da haben wir einen fantastischen Zeugen, und der erzählt nur wirres Zeug. Während er palavert, höre ich zerstreut zu und denke: »Im Schneideraum werden wir Blut und Wasser schwitzen, um in dem Interview zwei zusammenhängende Sätze zu finden. Ja, wir haben ihn, aber das ist so, als hätten wir nichts. Warum kann er sich nicht klar und deutlich ausdrücken? Was ist wahr und was falsch?«

Um dem Ganzen die Krone aufzusetzen, stürzt er sich jetzt auf den unseligen Vertrag, der das Fass schließlich zum Überlaufen bringen sollte. Den Pachtvertrag mit der Gesellschaft der Miteigentümer schloss er am 23. Dezember 1976 ab, und damit wurde er zum Pächter des ganzen Berges, so lange, wie es das Gesetz vorsah. Es sind einundzwanzig Jahre her seit dem Vertragsabschluss, und er sagt:

»Der Vertrag ist weiter gültig. Sie können ihn nicht annullieren, weil es da eine Klausel gibt, die besagt, dass der Pächter, Ruben Castañer Ejarque, zwei Jahre Bedenkzeit hat, solange im Dorf ein Rechtsstreit geführt wird. Und der Rechtsstreit ist noch nicht abgeschlossen, deshalb ist der Vertrag immer noch gültig.«

Und gleich darauf lenkt er ein:

»Aber ich habe kein Anrecht auf Tor. In Tor habe ich mich ruiniert. Alles habe ich den Anwälten in den Rachen geworfen. Und nach den Totschlägen von 1980 sind meine Partner abgesprungen. Hier sind die Briefe.« Er zeigt auf den Koffer auf dem Tisch. »›Wo Blut ist, ist kein Geschäft‹, sagten sie. Später haben sie eingesehen, dass ich kein Mörder bin, und das sieht man daran, dass wir eine neue Gesellschaft gegründet haben: Beersheva, der habe ich den Pachtvertrag überlassen, und damit habe ich auf alle meine Rechte verzichtet. Jetzt besitze ich nichts mehr in Tor, und was bleibt, ist der Kummer um meinen guten Freund Montané, Sansa, den sie wie ein Karnickel abgeschlachtet haben. Das tut mir weh.«

Mir schießt die Unterhaltung mit dem Immobilienmakler Santouré in den Kopf, dem Mann aus Andorra, der uns sagte, dass Ruben Sansa einen Tritt in die Eier verpasst und ihn davor gewarnt hatte, den Berg ohne seine Genehmigung zu verkaufen. Also: Belügt er uns?

»Ruben, kennen Sie einen Mann in Andorra namens François Santouré?«

»Sí, claro. Der hat sein Büro gleich neben dem Platz unten, dem mit den Arkaden. Was ist mit ihm?«

»Santouré hat uns berichtet, dass Sie und Sansa 1995 eine kleine Auseinandersetzung hatten, gleich nachdem der Richter von Tremp ihn zum Alleineigentümer erklärt hatte.«

»Daran erinnere ich mich nicht. Kann sein, ich mochte Sansa zwar gern, aber er war nicht einfach. Alle drei Minuten hat er seine Meinung geändert. Wir haben beide einen schwierigen Charakter ... Nun ja, er nicht mehr. Gott hab ihn selig«, seufzt er ohne das geringste Anzeichen von Unbehagen.

Er redet sich wieder raus, ich muss nachhaken:

»Haben Sie ihm nicht einen Tritt in die Eier verpasst, weil er den Berg ohne Ihre Genehmigung verkaufen wollte?«

Pepe guckt in den Sucher der Kamera, und als er die Frage hört, hebt er überrascht den Kopf, er wundert sich über meinen neuen Tonfall. Pol springt auf und schaut mich an, als wollte er sagen: »Bist du bescheuert? Wenn der Typ wütend wird, reißt er uns den Kopf ab!«

Auch Ruben wird nervös.

»Was sagst du da, Mann?«, schreit er. »Wem glaubst du eigentlich, hm?« Er hat sich aufrecht hingestellt und macht wilde Handbewegungen.

In dem Augenblick ist der Film zu Ende. Es ist der zweite Film von sechzig Minuten, den wir verbraucht haben. Wenn das Band am Ende ist, und unabhängig davon, wie schnell der Techniker ist – und Pepe ist schnell –, vergehen fünfzehn oder zwanzig Leersekunden. Die Kamera meldet, wenn das Band fast verbraucht ist, und normalerweise wird eine Pause zum Wechseln eingelegt. Aber Pepe konnte nicht ahnen, dass ich diese Frage in dem Moment stellen würde, und deshalb hat er mich auch nicht gewarnt. Ein Filmwechsel stört immer, aber in einer angespannten Situation macht er einen beinahe unerträglichen Lärm. Ruben nutzt die Pause:

»Du kannst die Scheiße ausmachen!«, faucht er und schaut auf die Kamera. »Wenn ihr mir nicht glaubt, könnt ihr gleich eure Sachen packen!«

»Hören Sie«, unterbreche ich ihn, »es geht hier nicht ums Glauben, ich muss wissen, ob Sie und Sansa sich gestritten haben, und ob Sie uns sagen können, ob es stimmt, dass der Berg verkauft wurde. Sie haben gerade erklärt, dass der Vertrag noch gültig ist. Wenn Sansa wirklich den Berg verkauft hat, wie Santouré uns berichtet hat, dann ist das ein sehr wichtiger Punkt, finden Sie nicht?«

»Einen Dreck hat Sansa verkauft!«, knurrt er und wirft mir einen verächtlichen Blick zu. »Er war ein guter Kerl, aber ein Pechvogel! Und Santouré ist ein alter Mann, der Schwachsinn verzapft! Nach dem Urteil von Tremp war Sansa wie ausgewechselt. Ja, vielleicht wollte er Tor verkaufen, aber er hat nichts getan, gar nichts. Und Santouré weiß nicht, was er sagt!«

Pepe klopft mir auf die Schulter, um mir anzuzeigen, dass er wieder startklar ist. Aber wie bringe ich Ruben dazu, all das noch einmal zu erzählen, ohne dass er ausrastet?

»Also das heißt, Sansa wurde unausstehlich, und Sie bestätigen, dass der Berg nicht verkauft wurde!«

»Bueno, basta! Über das Thema will ich nicht mehr reden!«, sagt er, ohne die Stimme zu heben, aber mit einer Miene, als würde er gleich aufspringen und davonlaufen.

Ich lasse ihn in Ruhe. Amen. Es lohnt sich nicht, ihn aufzuregen, denn Santouré hat sich nicht filmen lassen, außerdem streitet er eine Sache ab, die wir nicht beweisen können. Wir wissen ja nicht einmal, ob sie stattgefunden hat. Während ich weniger kompromittierende Fragen stelle und versuche, ihn wieder auf unsere Seite zu bringen, begreife ich, dass wir herausfinden müssen, was in der Zeit zwischen dem Urteil von Tremp und dem Mord an Sansa passiert ist. Das Urteil wurde Ende Februar gefällt und Sansa im darauffolgenden Juli ermordet. Die Hippies, die Frauen, Palanca, Santouré, Ruben ... alle geben an, dass das Urteil Sansas Charakter verändert hat. Kein Wunder. Sein ganzes Leben hatte der Mann um den Berg gekämpft, und dann kommt ein Richter und entscheidet, dass er der Alleineigentümer ist. Da wäre jeder verrückt geworden! Aber wie erfahren wir mehr? Wie kriegen wir heraus, ob eine Verbindung zwischen dem Urteil und dem Mord besteht?

Bevor wir das Interview beenden, erklärt Ruben noch,

dass er sich 1977 oder 1978, ein Jahr nachdem er den Berg gepachtet hatte, mit einem Beauftragten von Icona – des franquistischen Instituts für Forstwirtschaft – in Lleida geprügelt hat. Und zwar richtig geprügelt! Er hatte diesen gebeten, ihm eine Abholzgenehmigung zu erteilen für den Berg, auf dem seit zwanzig Jahren kein Baum gefällt worden war. Laut einem Gutachten, das er bezahlt hatte, hätte man dort im Jahr ein Einkommen von fünf Millionen Peseten erwirtschaften können (die Angaben beziehen sich auf das Jahr 1977). Und gleich darauf beschuldigt er Palanca, Holz zu stehlen und die Lastwagen über Andorra zu schleusen, damit die Bewohner von Tor nichts davon erfahren, und alles mit der vermeintlichen Duldung der Zollbehörde.

»Ich hab den Beamten von Farga de Moles« – der offiziellen Zollstation zwischen Andorra und Spanien – »am Schlafittchen gepackt und gesagt: ›Pass auf, Ruiz, wir kennen uns jetzt seit dreißig Jahren. Ich will nur, dass du die Schlepper nicht mehr durchlässt. Ich habe die Adressen und die Papiere, und ich werde dich anzeigen, weil du gestohlenes Holz passieren lässt.‹«

Ob der Zollbeamte nun aus Furcht vor einer Anzeige oder aus Angst vor Prügeln gehorchte, wird nicht klar, jedenfalls schenkt er uns zum Abschluss noch folgende Perle:

»Die Guardia Civil wusste eine Menge, aber ich weiß auch eine Menge über die Guardia Civil und zwar, weil man in den Wäldern einen Haufen lernt. Mehr als einer von denen hat dank mir Schinken gegessen und guten Wein getrunken.«

Ich versuche, Einzelheiten aus ihm herauszukitzeln, aber er will nicht mehr sagen. Es ist mittlerweile vier Uhr. Wir beschließen, das Interview zu beenden, ein Sandwich zu essen und dann zurückzukommen, um dem devoten Franco-Anhänger ein paar Fragen zu stellen. Wir lassen die Technik stehen, nur die Filme nehmen wir mit. Ruben muss auch weiter.

»Ich habe noch einiges zu erledigen«, sagt er liebenswürdig. »In den nächsten Tagen rufe ich dich an, um zu erfahren, was du in die Reportage einbaust. Ich gehe davon aus, dass du mich gut behandelst, hm?«, fragt er noch mit der gleichen Liebenswürdigkeit und lächelt verschmitzt.

»Ja, Hombre, klar. Sie kommen so ins Fernsehen, wie Sie sind.« Ich sieze ihn und bin mir über den Sinn meiner Worte vollkommen bewusst.

43

RECHTSANWALT HORTAL

Kurz nach fünf Uhr nachmittags sind wir wieder in der Kanzlei, um den Rechtsanwalt zu interviewen. Als ich ihn gestern anrief, um den Termin zu bestätigen, sprachen wir über Palanca, und er sagte: »Wenn man dem die Ohren abschneidet und ihn im Gebirge aussetzt, weißt keiner, um was für ein Tier es sich handelt.« Joaquín Hortal ist um die sechzig Jahre alt, hat große Wangen, ein Doppelkinn, aber er ist nicht dick. Seine Lippen sind trocken und ein weißer Film bildet sich in den Mundwinkeln, der jedes Mal, wenn er den Mund öffnet und schließt, neu verklebt und aufreißt. Er ist gut angezogen, aber seine Krawatte ist zu lang und hängt ein gutes Stück über den Gürtel. Wir platzieren ihn in seinem Sessel vor dem Tisch – dort, wo gewöhnlich der Besucher sitzt –, das haben die Regisseure von »30 Minuts« so festgelegt, damit man den Schreibtisch und das Büro des Interviewten gut im Bild hat. Er spricht sehr feierlich und in einem eleganten Spanisch.

»Tor ist ein wirklich ungastlicher Fleck. Zumindest damals gab es dort keinen Strom, kein Telefon und überhaupt war das Dorf ganz von der Außenwelt abgeschnitten. Bei Schnee musste man mit Schneeschuhen ins Tal gehen, zehn oder zwölf Kilometer bis zum nächsten bewohnten Ort. Ich erinnere mich, dass ich einmal hochfuhr und die arme, über achtzigjährige Mercedes Gosset sah« – die Schwiegermutter von Cerdà, dem dritten Lokalpotentaten, eine sehr einflussreiche Frau –, »wie sie gerade die Wäsche nach alter Manier auf einem Stein wusch. Das sah aus, als hätte man ein Stück Geschichte in den spanischen Pyrenäen lebendig gemacht.«

»Sie haben die Klage eingereicht, und der Prozess läuft weiter. Was ist Ihr Ziel?«

»Ein Grund für die Klage war« – sie wurde von Rubens Anwälten beschlossen –, »dass jeder bei einem Prozess seine Meinung kundtun und sein Recht einfordern könnte, und es zu einem Urteil käme, das ein für alle Mal die Situation um den damals so umkämpften Berg regeln würde. Das Dilemma ist, dass es vierzehn Jahre dauern sollte, bis die Angelegenheit entschieden wurde, dass zwischenzeitlich Menschen starben, deren Erben wiederum eine neue Klage einreichten, die sich zur ersten gesellte und das Verfahren hinauszögerte, sowie eine Reihe unwägbarer Faktoren, an denen keiner Schuld trägt, die aber die Sache behinderten.«

»Sie haben den Prozess als Anwalt von Sansa und Cerdà begonnen, und allein Sansa hat gewonnen. Wie war das möglich?«

»Das ist nicht zutreffend«, widerspricht er sehr höflich. »Die Klage von 1981 wurde im Namen von José Montané – Sansa – und Mercedes Gosset eingereicht, der Matriarchin vom Hof Cerdà. Im Laufe der vierzehn Jahre änderte sich die Situation, unter anderem starb Señora Gosset. Die Erben – Cerdà und seine Frau Angeleta, die Tochter der Verstorbenen – beanspruchten natürlich die Rechte am Berg, aber im ersten Instanzenzug wurde diesem Anspruch nicht stattgegeben. Der Richter von Tremp befand, dass die Erben nicht die notwendigen Voraussetzungen für die Rechtsnachfolge aufwiesen, und damit kam es zu einer anomalen Sachlage, die die Ausgangssituation veränderte. Es war nämlich unvereinbar, die Rechte dieser Personen zusammen mit den Rechten von Señor Montané zu verteidigen. Die Cerdàs suchten sich also einen neuen Anwalt, um in Berufung zu gehen, und ich führte Señor Montanés Prozess fort, bis ich während meines Urlaubs in Calella de Palafrugell über die Zeitung von seinem tragischen Ende erfahren musste.«

»Und was haben Sie da gedacht?« Die Frage muss ich ihm stellen.

»Das, was alle Leute dachten. Dass da oben die Probleme immer von derselben Person verursacht wurden, und dass früher oder später die Justiz der Gerechtigkeit zum Sieg verhelfen würde. Und dann – möge Gott mir verzeihen – dachte ich etwas ganz Schlimmes.«

Der Mann hat fast eine sanfte Art zu sprechen. Er passt gar nicht zu den Symbolen auf dem Regal. Ich überlege, wie ich ihn am besten anspreche auf seine Freundschaft zum Vater des Richters von Tremp, der das Urteil zu Gunsten Sansas fällte. Mir ist klar, dass ich behutsam vorgehen muss. Er schimpft unterdessen über Palanca, den er nicht ausstehen kann.

»Wir alle müssen Recht und Gesetz akzeptieren, weil das die Grundlage für einen respektvollen Umgang mit unseren Mitmenschen ist. In Tor wurden diese Voraussetzungen von einer bestimmten Person nie akzeptiert, die zum eigenen Vorteil immer darauf aus war, den Berg zu besitzen. Dieser Mann, der sogar Richter beschimpft hat, ist auf ungehobeltste Manier in die Gerichte eingedrungen. Es liegen eine Menge Anzeigen gegen ihn vor, die er auf unerhörte Weise ignoriert und missachtet. Das ganze Leben hat er auf diesem Berg kategorisch und rücksichtslos getan, was er wollte, und jetzt sehen wir die Folgen. Das Urteil spricht ihm jegliches Anrecht am Berg oder sonstige Ansprüche dieses Grundstück betreffend ab, aber ich bezweifle, dass er das akzeptieren wird. Und nebenbei bemerkt bin ich als Anwalt begierig zu erfahren, was noch geschehen wird, und wie die Angelegenheit mit Señor Riba Segalàs – Palanca – ausgehen wird.

Ich glaube, dass der Arm der Justiz überallhin reicht, aber manchmal ist er eben langsam und Tor liegt weit ab vom Schuss.«

Hortal bezieht sich auf die tausendundein Konflikte, in die sich Palanca verstrickt hat: seine »Knechte«, besonders Lázaro, und »seine« Pferde. Ich schreibe Knechte in Anführungszeichen, weil die nur seine Knechte sind, wenn es ihm passt. Sobald Probleme auftauchen, ist er fähig zu bestreiten, dass er sie kennt. Eine weitere Merkwürdigkeit betrifft seine Pferde und die Frage, ob sie ihm gehören: Jedermann bestätigt, dass die Tiere – hauptsächlich Stuten – sein Eigentum seien. Er treibt sie den Berg hoch und runter, geht auf Märkte und Ausstellungen, verkauft die Pferde und kauft neue. Aber immer sagt er, dass die Tiere der Gesellschaft der Miteigentümer gehören, denn wenn sie Schaden anrichten, kann er so jede Verantwortung ablehnen. In den Akten der Parallelgesellschaft, die Palanca 1978 zusammen mit den Miteigentümern, die vom Pachtvertrag ausgeschlossen wurden – also alle außer Sansa, Cerdà und Generosa –, gegründet hatte, steht, dass Jordi Riba berechtigt ist, die Weideflächen und Tiere der Gesellschaft zu verwalten. Wer hätte ihm das Recht auch streitig machen wollen? Es handelt sich um hundertfünfzig Stuten, je nach Saison sind es ein paar mehr oder ein paar weniger. Das ist eine große Herde. Palanca treibt sie die Pyrenäen auf und ab, und die Tiere dringen oft in Privatgrundstücke ein und fressen alles, was grün und genießbar ist. Palanca gibt immer der Gemeinde die Schuld an allem, weil sie die Straße nach Tor nicht räumt und ihn dazu zwingt, die Tiere über andere Wege zu treiben, die ihre Beaufsichtigung unmöglich machen.

»Die Viecher haben Hunger und keinen Grips!«, behauptet er immer.

Tatsächlich haben sich eine ganze Menge Anzeigen, Verurteilungen und Pfändungen gegen ihn angesammelt – sein ganzes Eigentum ist sozusagen mehrmals gepfändet –, aber das kümmert ihn nicht. Ein Beispiel? Der Chef der Feuerwehr von La Pobla de Segur muss einmal etwas gesagt haben, was Palanca missfiel. Und eines Tages wacht der Mann auf und stellt fest, dass hundertfünfzig Stuten über seinen Gemüseacker am Fluss gerannt sind. »Die Viecher haben halt ihren eigenen Kopf«, war Palancas Kommentar.

Noch ein Beispiel: Im Herbst werden die Pferde in einer Art Herdenwanderung von Tor bis hinunter nach La Pobla und Umgebung gebracht. Dafür müssen sie natürlich die Straße benutzen. Eines Tages sah ein Leutnant der Guardia Civil, wie die Herde mitten auf der Straße in Llavorsí stand, und da ihn niemand benachrichtigt hatte, dass die Tiere dort vorbeikommen würden, war er drauf und dran Palanca festzunehmen. Es blieb bei der Absicht.

»He, Sie! Wohin treiben Sie die Tiere? Ich wurde nicht informiert! Haben Sie eine Genehmigung?«, sprach ihn der Leutnant an.

»Genehmigung? Ha!«, lachte Palanca großmäulig. »Diese Tiere laufen seit über fünfzig Jahren den Berg hoch und runter, ohne sich um eine Genehmigung zu scheren. Fragen Sie doch die Pferde! Bin gespannt, was die sagen werden. Ha! Genehmigung!«

»Hören Sie!«, brüllte der Leutnant rot vor Wut. »Sie gehen jetzt sofort und beantragen die notwendigen Papiere!«

»Ach ja?«, höhnte Palanca und schob die Zigarre in den anderen Mundwinkel. »Ha! Das tun Sie mal schön selbst!«

Daraufhin setzte er sich ins Auto und ließ den Leutnant und die hundertfünfzig Stuten mitten im Dorf stehen.

Aber der Mann reagierte schnell. Als er sah, dass Palanca nicht beizukommen war, folgte er ihm, und innerhalb von zehn Minuten bewilligte er die notwendigen Papiere – natürlich mündlich. Und damit gab er sich zufrieden. Er zeigte ihn nicht einmal an.

Das war irgendwann in den achtziger Jahren. Ende der neunziger Jahre wiederholte sich die Szene, aber diesmal mit der katalanischen Polizei, den Mossos d'Esquadra. Palanca fuhr mit seinem granatfarbenen Nissan Terrano nach La Pobla hinunter, die Havanna im Mund, und eine Herde Pferde folgte ihm. Bevor er nach Sort kam, hielt ihn ein Streifenwagen der Mossos an.

»Wohin wollen Sie? Zeigen Sie mir bitte die Papiere für den Weidewechsel, die Benutzung der Straße und die Durchquerung des Dorfes.«

»Ha! Papiere?«, höhnte Palanca, der das Lied schon kannte. »Ich brauche keine Papiere, diese Tiere laufen seit fünfzig Jahren hier hoch und runter. Fragen Sie doch die nach Papieren!«

Aber die Mossos sind nicht die Guardia Civil. Irgendwann vielleicht schon, aber bis dahin müssen sie noch lange patrouillieren.

»Verdammt, was fällt Ihnen ein! Nehmen Sie sofort die Tiere und machen Sie die Straße frei!«, schnauzte der Beamte zurück, überzeugt von seiner Amtsgewalt.

Palanca stieß einen Schwall Schimpfwörter aus, und der Mosso, der die Legenden um Jordi Riba kannte und begriff, dass er es nicht mit einem »normalen« Bürger zu tun hatte und dass dessen Auffassung von Autorität sehr eigenwillig war, lenkte ein bisschen ein, jedoch ohne klein beizugeben.

»Na, na, jetzt hören Sie schon auf zu fluchen und treiben Sie die Tiere über einen anderen Weg. Sie können nicht mitten durch das Dorf marschieren. Wir werden Ihnen vorausfahren.«

»Verdammte Scheiße noch mal! Ich scheiß darauf! Kapierst du nicht, dass die Tiere nicht lesen können? Wo sollen sie denn durch, wenn nicht dort, wo sie schon immer durchgegangen sind, eh?«

Wenn Palanca einmal rot sieht, muss er mit dem Kopf durch die Wand.

»Ich hab die Nase gestrichen voll, von dir und deiner verdammten scheiß Mutter! Denkst wohl, du bist gescheit, eh? Gut, dann nimm du die Viecher! Und pass auf, das du dir nicht wehtust!«

Und weg war er.

Eine halbe Stunde später rannten hundert Stuten durch die Ortschaft, und die gesamte Mannschaft der Mossos von Pallars sollte nicht ausreichen, die Tiere einzufangen. Ja, sie haben ihn angezeigt. Monate später wurde er sogar verurteilt. Und dann? Hortal beschwert sich genau darüber, dass in all den Jahren niemand, nicht einmal die Richter, Palanca gefügig machen konnte.

»Aber wie ist das möglich? Sie sind doch Rechtsanwalt – wie ist zu erklären, dass niemand Recht und Ordnung bei dem Mann durchsetzt?«, frage ich ihn.

»Ich habe keine sichere Erklärung, deshalb möchte ich dazu nichts sagen. Ich halte es jedoch für eindeutig, dass hinter ihm eine dunkle Macht steht, Hintermänner, die ihn schützen und ihm helfen, sonst wäre er nicht, wo er ist; sonst befände er sich schon lange im Gefängnis, der saubere Señor, schon lange. Was ist der Grund, was steckt dahinter? Ich weiß es nicht, ich habe keine Ahnung und kann nichts behaupten. Er hat Ungeheuerliches getan, und geschehen ist nichts. Da ist irgendetwas faul.«

»Aha, da ist wieder der Fluch!«, denke ich. »Wieder einer, der mir erst den Mund wässrig macht und mir dann doch nichts auftischt.« Ich brauche gar nicht nachzuhaken. Diesem Mann ist es egal, dass wir ihn filmen, und er redet sehr verständlich. Wenn er nicht mehr sagt, dann, weil er nicht will. Vielleicht ist das auch ein Zeichen der Niederlage: »Wir kriegen Palanca nicht gebändigt, also erzählen wir, dass es dunkle Mächte gibt, die ihn beschützen. Mit der Erklärung können wir leben«, werden sie denken. Wer weiß. Mir scheint, jetzt kann ich ihn direkt angreifen. Mal sehen, wie er reagiert.

»Ach, übrigens«, äußere ich beiläufig, »woher kennen Sie eigentlich den Vater des Richters von Tremp?«

»Wie bitte?«, ruft er scheinbar verdutzt, so als hätte er die Frage nicht verstanden.

»Ja, Sansas Neffe hat uns berichtet, dass Sie und der Vater des Richters sich kennen ...«

Er schnalzt mit der Zunge, schüttelt den Kopf und zieht eine Grimasse. Mist! So kriegen wir ihn nicht. Ich probiere es noch mal.

»Das Urteil von Tremp kam Ihnen doch gelegen, nicht?«

»Das Urteil des Amtsrichters von Tremp war im Großen und Ganzen sehr richtig«, sagt er, ohne mit der Wimper zu zucken und keineswegs erstaunt über die Frage. »Einerseits hat mir das Urteil recht gegeben, andererseits nicht, aber ich halte es für korrekt, weil der Richter im Grunde nichts anderes als seine Pflicht getan hat, und zwar unter Anwendung der Gesetze, deren Rechtsfolgen er mit Blick auf die Umstände und die fallspezifischen Voraussetzungen für angemessen hielt.«

Er hat nicht angebissen. Es gibt Dinge, die ich nicht kenne, und ich muss feststellen, dass dieser Mann viel gewandter ist als ich, aber vielleicht ist auch einfach kein Haken an der Sache.

Viele Dinge, die sich in Tor abgespielt haben, sind laut Hortal auf den Schmuggel zurückzuführen.

»Der Berg steht wie eh und je an seinem Platz und wird weiter als Umschlagplatz für den Schmuggel benutzt, das weiß alle Welt. Möglicherweise gibt es Leute, die daran interessiert sind, den Berg unberührt zu lassen, um weiter von diesem Schwarzhandel zu profitieren. Denn der Berg bildet die Grenze zu Andorra, und jeder fährt hoch und runter, wie es ihm gefällt, ohne jegliche Kontrolle. Es gibt da folgenden widersprüchlichen und interessanten Punkt: Andorra hat auf seinem Gebiet eine Straße gebaut, die einzigartig ist und die es sonst nirgendwo auf der Welt gibt, denn diese Straße führt nirgendwo hin. Normalerweise baut man Straßen, die zu einem Ort führen, aber nein, nicht in diesem Fall, diese Straße endet abrupt. Sie haben die Straße angefangen, und als sie merkten, dass sie beim Puerto de Cabús angelangt waren« – in seiner spanischen Version hört sich der Bergpass eher an wie ein Strand in der Karibik oder wie das mondäne Puerto Banús von Marbella –, »wo das spanische Staatsgebiet anfängt, hörten sie an dem Punkt auf. Schön und gut – warum also habt ihr diese Straße gebaut?«, fragt er, als würde er sich an die Andorraner richten. »Wir sollten uns nichts einbilden, das ist der Schmugglerpass, den die Andorraner immer benutzt haben. Ich will mich dazu nicht näher äußern, weil ich das Thema nicht gut genug kenne, um jemandem die Verantwortung zuzuschieben, aber eins ist klar: Die Schmugglerbanden haben den Übergang laufend benutzt. Das war wahrscheinlich eines der dunklen Motive, die jede konstruktive Veränderung in Tor unmöglich gemacht haben«, folgert er resigniert. »Wahrscheinlich, sehr wahrscheinlich.«

44

DAS UNGLAUBLICHE LEBEN DES GIL JOSÉ

Antonio Gil José, der Mann, der behauptet, den Mord an Sansa gesehen zu haben, ist eine wirklich merkwürdige Figur. Manchmal macht er einen ganz normalen, einfachen und vollkommen bescheidenen Eindruck. Dann wiederum kommt er einem vor wie ein Visionär oder wie ein Spinner. Die Psychologin, die ihn als Sachverständige im Zusammenhang mit der Verhandlung zum Mordfall Sansa untersucht hatte, bezeichnete ihn als »Borderline-Persönlichkeit« mit »einer sehr geringen Neigung zu Erfindungen«. Mir gefällt der Mann. Ich möchte mehr über sein Leben erfahren. Außerdem hege ich die Hoffnung, dass bei einem ausgiebigen Gespräch vielleicht noch etwas Wichtiges zum Vorschein kommt und sich zugleich klären lässt, ob er mir die Wahrheit sagt. Wir haben vereinbart, dass ich eine Nachricht in der Kneipe La Font de Cristall für ihn hinterlasse und er mich anruft, um ein Treffen auszumachen.

Der Aufschub, den uns der Chefredakteur gegeben hat, ermöglicht mir einen kurzen Sprung nach La Seu. Antonio Gil José arbeitet schon seit Wochen nicht mehr im Schlachthof. Er ist sein Leben lang von einem Ort zum anderen gezogen, sei es, weil seine Arbeit vollbracht war, weil man ihn hinauswarf oder weil er einen Rappel bekam und wütend seine sieben Sachen packte. Mit den Leuten vom Schlachthof hatte er sich gestritten. Sie halsten ihm zu viel Arbeit auf und gaben ihm nicht so viele freie Tage, wie er meinte, dass ihm zustünden. Jetzt hütet er Schafe in Bolvir, einem Dörfchen in der Cerdanya. Er schläft auf dem Bauernhof, wo er auch arbeitet, gleich neben dem Luxushotel La Torre del Remei, dem Sommersitz des ehemaligen Präsidenten von Barça, Josep Lluís Núñez. Wir treffen uns um acht Uhr morgens.

»Sei pünktlich, die Tiere haben keine Uhr. Und bring festes Schuhwerk mit!«, ermahnt er mich am Telefon.

Gemeinsam hüten wir die Herde der hundert Schafe. Es riecht nach Frühling, und obwohl es noch kühl ist, trägt er nur ein militärgrünes Hemd. Er hat eine Hirtentasche, einen Weinschlauch aus Leder und einen schwarzen Regenschirm bei sich.

Gil Josés Arme sind über und über tätowiert. Auf dem rechten Arm ist ein stümperhaft gezeichnetes, einfarbiges Kreuz.

»Das ist ein Kreuz der heiligen Kommunion. Ich habs vom Hals weggenommen und auf den Arm gemacht, aufgemalt und tätowiert«, erklärt er mir im Gehen.

»Und das A in der Mitte?«

»Weiß ich auch nicht. Irgendwie hat was gefehlt, und da fiel mir das A ein.«

Auf dem linken Arm trägt er ein schlecht gemaltes Herz mit einem Pfeil und drei Blutstropfen, und wieder ist da ein A.

»Hier«, ich zeige mit dem Finger auf seinen Arm, »hier hast du noch ein A.«

»Das ist das A von Antonio. Wenn ich mal nicht weiß, wer ich bin, schaue ich auf den Arm, und dann erinnere ich mich wieder«, sagt er, ohne stehen zu bleiben.

Auf demselben Arm hat er einen runden Fleck von einer Verbrennung, dort wo der Bizeps ist.

»Ich mache mir die Tätowierungen mit der brennenden Zigarettenspitze weg. Hier waren vorher eine Lorbeerkrone und ein Anker.« Er zeigt auf eine Narbe, deren Form gut zu seiner Beschreibung passt.

Mir wird klar, dass wir den Tag mit Schafehüten verbringen werden. Ich hoffe nur, dass ich nicht zu lange marschieren muss.

»Bringst du sie weit weg?«, frage ich ihn nach einer guten halben Stunde.

»Bist du schon müde?«, staunt er mit halbem Lachen.

»Ach was, nein, ich möchte nur meine Kräfte dosieren.«

»Dosieren? Oje, oje! Du hast wohl nicht gefrühstückt, wie?«

»Doch, doch, mein Opa hat mir immer gesagt, man darf nie aus dem Haus gehen, ohne vorher gegessen, gepisst und gekackt zu haben. Sicher ist sicher.«

»Gut gesagt. Der Mann war sehr weise. Aber keine Angst, in einem halben Stündchen sind wir da.«

Ich strenge mich an, den Rhythmus zu halten, und weil ich die ganze Luft zum Atmen brauche, kann ich nicht reden. Also höre ich ihm zu und nicke, während er erzählt: vom Hüten, von den Schafen, von den Gräsern, die sie fressen dürfen und von denen, die sie nicht fressen dürfen ...

Nach einer Weile kommen wir zu einer Wiese, und von dort haben wir einen guten Ausblick, beinahe auf die ganze Cerdanya.

»Was für ein herrliches Tal! Und das machen sie jetzt kaputt!«, rufe ich erschüttert aus.

»Was meinst du?«

»Die verbauen und verschandeln die Gegend, von hier oben sieht man genau, wie die Ortschaften ausufern.«

»Ach, da ist noch genug Platz, da passen noch 'ne Menge Häuser hin. Und den Tieren ist die Landschaft egal.«

»Ja, aber wenn die so weitermachen, gibt es bald keine Weiden mehr, wo du die Schafe hinführen kannst.«

»Zum Teufel damit! Kann sein, aber bis dahin bin ich schon

Schnee von gestern, und dann ist mir eh alles scheißegal. Weißt du, was? Mir geht's im Augenblick nur darum, dass es den Tieren gut geht. Die haben mir nie Scherereien gemacht. Nie! Ich weiß gar nicht, warum man die Biester nennt. Ich weiß ganz genau, wer die wahren Biester sind!«

Antonio Gil José wurde am 29. August 1953 in Aguilars de Bassella in der Comarca Alt Urgell geboren. Im Frühjahr 1997 ist er vierundvierzig Jahre alt, sieht aber mindestens zehn oder zwölf Jahre älter aus. Als er klein war, haben sich sein Vater und seine Tante um den Besitz von Haus und Hof gestritten. Die Tante gewann und warf die Familie hinaus. Die ganze Familie, Eltern und fünf Kinder, musste das Haus verlassen, ohne Arbeit und ohne ein Dach über dem Kopf. Der Vater durfte einen Karren und ein Maultier mitnehmen und wanderte von Ort zu Ort, um Regenschirme und Töpfe zu reparieren. »Das Leben und der Alkohol haben ihn vergiftet, er starb plötzlich in Olot, mit neununddreißig oder vierzig Jahren«, berichtet Antonio. Ein paar Jahre vor dem Tod des Vaters kamen sie durch Sant Antoni de Vilamajor in der Comarca Vallès Oriental nördlich von Barcelona. Der Besitzer eines Bauernhofs der Gegend La Farinera, ein gewisser Ricard Pujolras – er nennt ihn Ricardo –, stellte Gil Josés ältesten Bruder als Knecht ein. Der arbeitete dort in der Landwirtschaft und Viehzucht.

Gil José fängt einsilbig an und hält bald endlose Reden. Wenn er einmal in Fahrt ist, lässt er sich nicht mehr bremsen.

Der Vater hieß Àngel, die Mutter Filomena, und die Geschwister, vom Ältesten zum Jüngsten: Josep, Paquita, die auch verrückt war, Montserrat, Antonio und Angelina. Paquita geriet bald aufs falsche Gleis und wurde Prostituierte in Barcelona, die beiden anderen Schwestern stießen später dazu. Als der Vater starb, zog die Mutter mit den verbliebenen vier Kindern nach Terrassa. Sie steckte die zwei jüngsten Töchter in eine Nonnenschule in Manresa und verdingte sich als Haushaltshilfe. Sie mietete ein kleines Haus mit zwei Zimmern. Die Frau war sicherlich eine gute Frau und das Häuschen miserabel, denn wenig später haben es ihr die Eigentümer geschenkt. In diesem Haus wurde die Mutter von ihrem ältesten, geistig verwirrten Sohn Josep mit dem Feuerhaken erschlagen. Offenbar hatte der damals Vierundzwanzigjährige das Leben als Bauer in Sant Antoni de Vilamajor sattgehabt und war nach Hause zurückgekehrt. Er lebte im Haus der Mutter mit einem Freund und dessen Frau. Eines Tages machte er sich an die Frau ran, der Freund bekam Wind davon, und das Ganze endete in Streit und Handgreiflichkeiten. Die Mutter wollte sie auseinanderbringen, und da ergriff der wütende Sohn das Eisen und spaltete ihr den Kopf.

»Er hat ihr den Kopf bis zum Kinn gespalten!«, versichert Antonio und zeichnet mit dem Finger einen unsichtbaren Strich von der Stirn bis zum Kinn auf sein Gesicht.

Antonio Gil hat seine Mutter bestimmt sehr geliebt, aber das Leben hat ihn dermaßen verhärtet, dass es scheint, als erinnert er sich ohne Kummer an ihren Tod. Er schildert die Tragödie mit demselben Gesichtsausdruck von vorhin, als er erzählte, dass die Schafe sich nicht im Schatten sammeln dürfen, nur in der Sonne, weil sie sich sonst erkälten.

Den ältesten Bruder hat man wegen mindestens sieben Verbrechen angeklagt, und offenbar hat er lebenslänglich bekommen.

»Der war total daneben, oder ist es noch immer, das weiß ich nicht, weil ich gar nicht weiß, ob er lebt oder ob er tot ist«, sagt Antonio Gil José.

Antonio hat ihn nicht mehr gesehen, weil er unterdessen schon selbst für Ricardo in La Farinera arbeitete. Mit nur sieben Jahren wurde er dorthin geschickt, um den Bruder zu ersetzen, der seiner Arbeit überdrüssig geworden war. Gil José blieb zwanzig Jahre auf dem Hof, bis zu seinem siebenundzwanzigsten Lebensjahr.

»Mit sieben hat man mir Melken beigebracht. Ich war sehr klein, wenn ich den Topf zum Füllen ins Brunnenbecken stellte, bekam ich den nicht mal mit zwei Händen heraus und fiel sogar kopfüber hinein. Der Kaplan sollte mir Schulunterricht geben, aber stattdessen musste ich seinen Garten umgraben, und das hatte ich bald satt und dann bin ich nicht mehr hin.«

Auch später ging er nicht zur Schule. Er kann zwar mühsam lesen, aber ich bezweifle, dass er schreiben kann.

»Um einen Brief zu lesen, brauche ich zwei Stunden, um einen zu schreiben acht Tage«, sagt er stolz.

Wir sitzen unter einem Baum mit Blick auf die Cerdanya und schauen auf die grasenden Schafe. Der Hütehund liegt neben uns im Schatten. Er scheint den wunderlichen Abenteuern im Leben dieses Mannes, der als Zeuge aussagte, einen Mord beobachtet zu haben, genauso aufmerksam zu folgen wie ich.

Aber das Gericht hat Gil José keinen Glauben geschenkt. Was mich nicht wundert: Auch wir, die wir seine Version dreimal hintereinander mit denselben Worten gehört haben, hegen unsere Zweifel. Ich weiß nicht, warum, aber je besser ich das Leben dieses einfachen Mannes kenne, desto mehr Zweifel habe ich. Früher oder später werde ich mich bei ihm nach Tor erkundigen, aber ich muss zugeben, dass mich die Geschichte seines Lebens fasziniert. Ich trinke Wein aus dem Schlauch und höre ihm zu. Wir sind bei den Narben angelangt. Es fehlt nicht viel, und er zieht sich ganz aus. Sein ganzer Körper und auch das Gesicht sind mit Narben übersät.

»An einem Gründonnerstag habe ich mir die große Zehe mit einer Säge angeschnitten, auf dem Hof Mas d'Eroles in

Adrall«, erzählt er und zeigt auf die linke Fußspitze. »Wir sind ins Krankenhaus, und ein gewisser Santos, wahrscheinlich der Arzt, wollte mir die Zehe abschneiden. Ich bin mit einem Satz aus dem Bett, und die Zehe hab ich immer noch.«

Der Bauernhof Mas d'Eroles besitzt große Viehherden, vor allem Kühe und Kälber. Ein Jahr hat er dort gearbeitet und viele Unfälle gehabt.

»Ich war mit dem Motorrad zum Bauernhof unterwegs, und als ich eine Wasserlache vermeiden wollte, bin ich hingefallen und hab meine Schulter an drei Stellen kreuzförmig gebrochen. Der Arzt wollte mich in Gips legen, ich sagte nein, doch die Penner haben mich nicht fortgelassen. Ich wollte unbedingt zur Kommunion meiner Tochter, die gerade neun Jahre alt geworden war. Ich war so ramponiert, dass ich nicht mal den Anzug anbekam, den ich mir extra gekauft hatte. Gleich am nächsten Morgen hab ich das selbst wieder eingerenkt, ich hab die Knochen einfach wieder an Ort und Stelle gerückt. Die Ärzte haben keine Ahnung«, verkündet er mit der Miene eines verrückten Professors. »Und drei Tage später hab ich wieder gemolken!«

Als er mein ungläubiges Gesicht sieht, schaut er den Hund an, als erwarte er aus dieser Richtung Unterstützung. Und dann setzt er noch einen drauf:

»Mit fünfzehn wurde mir klar, dass ich eine Gabe besitze. Einmal bin ich vom Fahrrad gefallen und der kleine Finger der rechten Hand ist raus und so gegen den Arm, hier, guck!«, sagt er und macht eine Bewegung, dass mir die Haare zu Berge stehen, weil sich das so anhört, als würde er den armen Finger brechen. »Und den habe ich mir alleine wieder hingebogen. Von dem Tag an habe ich Leute zu heilen versucht, ihre Schmerzen gestillt und ihnen die Knochen wieder eingerenkt.«

»Toll!«, rufe ich und weiß nicht, was ich für ein Gesicht

machen soll. Vermutlich ist ihm der Wein schon in den Kopf gestiegen.

»Und hier, siehst du das?«, sagt er und zeigt auf eine riesige Narbe, die ihm quer über die Stirn läuft wie dem Monster von Frankenstein. »Mein halber Kopf ist falsch! Den haben sie mit Metall und Knochen aus der Hüfte wieder zusammengeschustert. Eines Tages kam ich aus Ortó und schlug mir den Schädel am Zaun einer Straßenbaustelle ein. Ich fuhr eine kleine Neunundvierziger, aber ich hatte keinen Führerschein. Egal. Jedenfalls mussten die mich nach Bellvitge bringen. Dort war ich anderthalb Monate. Die ersten zehn oder zwölf Tage lag ich im Koma. Der Arzt hat scheinbar bei mir zu Hause angerufen, und meine Frau hat ihm schöne Grüße und gute Besserung für mich bestellt. Die ist nicht ins Krankenhaus gekommen, und auch das Kind hat sie mir nicht gebracht, die dreckige Hure. Ach, was soll's, auch egal. Ich trag's ihr nicht nach. Alles, was mich interessiert, ist meine Tochter. Im Augenblick will die nichts von mir wissen. Egal, irgendwann wird sie schon kommen.«

»Willst du mir nicht mehr von deiner Frau und deiner Tochter erzählen?«

»Die ist siebzehn. Ich bin geschieden. Geschieden und vogelfrei!«

Wenn er nicht gerade die Schafe beobachtet, schaut er vom Hund zu mir und wieder zum Hund. Die Glöckchen der Tiere sorgen für die passende Hintergrundmusik zu diesem Melodram mit Elementen einer Komödie.

»Ich war echt verliebt in die Frau, sie heißt María Luisa, aber man nennt sie Marisa. Aus Madrid. Ich hab sie in Santa Maria de Palautordera kennengelernt, damals hab ich Theater gespielt, das Stück *Terra Baixa*. Ich habe den Manelic gespielt, und in der ersten Reihe saßen drei Tussis und haben nur rumgekichert. Als das Stück aus war, bin ich, ohne mich umzuziehen, auf die Straße und hab geschrien: ›He, ihr da! Warum zum Teufel habt ihr gelacht? Wenn's euch nicht gefallen hat, hättet ihr auch abhauen können!‹ Und die eine Tante sagt zu mir: ›Rauchst du?‹ Und ich: ›Hell oder schwarz?‹ Damals war ich jung und habe hellen und schwarzen Tabak geraucht, heute rauche ich nur noch schwarzen. Und die fragt mich total dreist: ›Was machst du jetzt, kommst du mit, was trinken?‹ Und danach haben wir uns am Sonntag in einer Kneipe von Sant Celoni getroffen. Ich hab zwei Freunde mitgenommen. Die Frauen waren auch zu dritt. Die beiden anderen Frauen sind immer noch gut verheiratet. Meine Freunde haben Glück gehabt. Nur ich hatte Pech. Wir waren dreieinhalb Jahre verlobt, dann haben wir geheiratet. Die kam jungfräulich vor den Altar.«

Während er von der Liebesgeschichte mit seiner Frau erzählt, sehe ich ihn zum ersten und einzigen Mal wirklich bekümmert. Je mehr Dinge ich erfahre, desto mehr tut er mir leid. Er kommt mir so einsam vor! Als ich Ruben Castañer zuhörte, hat mich ein ähnliches Gefühl ergriffen.

»Bis siebenundzwanzig bin ich beim Bauern von La Farinera geblieben. Dann hab ich gehört, dass ein Bauunternehmer aus Girona Arbeiter brauchte, ich hab angerufen und bin hin.«

Er sagt es nicht, aber ich errate, dass seine Verlobte dahintersteckte. Er gibt nur zu, dass er es heute bereut.

»Ich war bescheuert, Lohn hab ich zwar nie gekriegt, aber Kühe habe ich gekauft und verkauft, Geld hatte ich genug und das volle Vertrauen meiner Vorgesetzten.«

So wie er erzählt, habe ich den Eindruck, dass sein Leben mit diesem Entschluss eine negative Wende nahm. Er ging nach Girona und unterschrieb den ersten Vertrag seines Lebens.

»Damals machte man fast nie einen Vertrag, mir haben sie ihn für ein Jahr gemacht, aber nach sechs Monaten kam eine große Krise. In ganz Spanien, eh! Und dann wurden wir gefeuert, ich und viele andere.«

Es war nicht allzu schlimm. Mit der Entschädigung und dem Lohn von drei Monaten Aushilfsarbeit hat er sich eine Wohnung in Granollers gekauft, im Carrer Ramon Llull. Nach der Scheidung hat er sie seiner Frau geschenkt, die sie an einen Bruder weiterverkaufte, der offenbar immer noch dort lebt. Nachdem er aus Girona wegzog, gab ihm sein Schwiegervater Arbeit »zwischen Logroño und Bilbao«, wie er es formuliert. Er bediente einen Asphaltfertiger beim Bau der Autobahn zwischen Logroño und Bilbao.

Nach Fertigstellung der Straße behielt das Unternehmen neun Arbeiter von hundert. Stolz weist er auf diese Tatsache hin, um klarzumachen, dass er ein guter Arbeiter war. Er wurde in den Süden geschickt, nach Almería. Das war 1981, er weiß es noch genau, weil er gewöhnlich alle vierzehn Tage die Verlobte besuchte. Als er vom Putschversuch durch Antonio Tejero Molina und die Guardia Civil erfuhr, befürchtete er, dass man ihn nicht mehr durchlassen würde.

Doch es war alles schnell vorbei. Sechs Monate war er in Almería. Danach bot man ihm einen neunjährigen Vertrag für eine Arbeit in Mexiko an. Er hätte fast zugesagt.

»Der Schwiegervater hat gesagt: ›Sei kein Dummkopf, nimm an.‹ Aber ich hatte schon die Wohnung eingerichtet und wollte heiraten. Da hab ich abgelehnt.«

Am 14. August 1981 um ein Uhr nachmittags heiratete er in der Einsiedlerkapelle von Santa Maria de Palautordera, dem Dorf der Braut. Er kam ziemlich verunstaltet zu seiner Hochzeit, er hatte sich ein paar Wochen zuvor das Gesicht und einen Arm verletzt in einem Steinbruch, wo er als Sprengmeister arbeitete. Als Zünder, wie er es nennt.

»Als ich aus Almería zurückkam, ging ich in den Steinbruch Samón von Montseny. Ich war Zünder und musste Schiefer schlagen. Als Gehilfe hab ich dort angefangen, und dann wurde ich Sprengmeister. Eines Tages war ich zusammen mit einem jüngeren Kumpel, der mit Schwarzpulver arbeitete, und der Kerl hat aus Versehen eine Sprengladung in die Luft gejagt, ich hab das geahnt, reiße ihn mit dem Arm weg, und hab's auch abbekommen. Die Explosion hat mit das Gesicht und die Augen verletzt. Doktor Barraquer, der alte Barraquer!, hat mich operiert, und zwei Wochen war ich im Krankenhaus mit verbundenen Augen im Bett, dann hat er mir ein Papier gegeben und gesagt: ›Wenn du mal zum Augenarzt gehst, zeig ihm das Papier, deine Augen sind voller Löcher.‹«

Die Explosion hat in seinem Gesicht viele schwarze Punkte vom Sprengpulver und Steinsplitter hinterlassen, die Augenbrauen sind versengt. Aber man sieht nicht viel davon, weil sein Gesicht so gebräunt ist von der Sonne und er eine Menge Unfälle erlitten hat. Besser gesagt: Es sind so viele Narben, dass man nicht weiß, welche Narbe von welchem Unfall stammt. Er selbst erinnert sich nicht. Der linke Arm ist noch mit vielen schwarzen Punkten besprenkelt. Das Paar heiratete zwei Tage, nachdem er aus dem Krankenhaus entlassen worden war.

»Ich war sehr verliebt, richtig versessen. Ganz blind war ich. Und ich hab lange gebraucht, um sie mir wieder aus dem Kopf zu schlagen.«

Im Steinbruch von Montseny hat man schlecht bezahlt, und deswegen hat er die Arbeit an den Nagel gehängt. Acht Monate hat er Wartungsarbeiten in einer Ziegelei durchgeführt. Dort musste er nachts arbeiten, das hat ihm nicht gepasst, also hat er wieder die Stelle gewechselt. Aber wie so oft in seinem Leben – zumindest stellt er das so dar – dauerte auch die nächste Arbeit nicht länger als acht Monate. Er fällte Bäume »für einen aus Vilamajor«. Auch diese Arbeit hat ihre Spuren bei ihm hinterlassen: Die Motorsäge rutschte ihm aus der Hand und schnitt ihm ins linke Bein.

»Ein Ast hatte sich verhakt, und als ich den durchschnitt, hat er mir die Säge aus der Hand geschlagen und genau ins Bein. Die haben mir fünfzig Stiche gemacht«, erklärt er, zieht die Hose hoch und zeigt mir eine riesige Narbe.

Aufgrund des Unfalls musste er die Arbeit aufgeben, und sobald er wieder hergestellt war, ging er als Maurer nach Sant Celoni, wo er bis zu seiner Scheidung blieb.

»Damals habe ich nicht getrunken. Höchstens mal zwei Bier mit den Freunden nach der Arbeit. Was mich anging, war die Ehe in Ordnung. Es gab nichts, weswegen ich nicht weiter in Marisa verliebt sein sollte. Unsere Beziehung war gut, nur mit den Schwiegereltern verstand ich mich nicht.«

Antonio Gil ist gutgläubig und naiv, aber ein Hitzkopf. Und er erzählt:

»Samstagabends blieb ich mit der Kleinen zu Hause, sie war etwa drei Jahre alt, und Marisa ging mit ihren Freundinnen essen und kam erst gegen vier oder fünf Uhr morgens zurück. Das lief so eine Zeitlang, bis ich die Nase voll hatte, und da hab ich sie nicht in die Wohnung gelassen. Wir haben uns versöhnt und kurz darauf wieder gestritten, diesmal endgültig. Eines Tages komme ich von der Arbeit nach Hause und alles ist verschlossen. Wie komisch!, denk ich, gehe rein und finde sie im Bett. Mit meinem besten Freund! Sofort werf ich die Tasche mit den Arbeitsklamotten hin und stürze raus, ohne ein Wort zu sagen. Ich bin essen gegangen und als ich zurückkam, sagte sie: ›Das wurde aber auch Zeit. Hier, dein Abendessen.‹ – ›Nein, ich hab schon gegessen‹, sagte ich. Und ich holte mir Wäsche, ohne einen Streit anzufangen oder so, und ging in ein anderes Zimmer. ›Wohin gehst du? Das ist dein Zimmer!‹ – ›Nein! Ab heute ist das meins‹, hab ich aus dem anderen Zimmer gerufen. Und ein Jahr haben wir so gelebt, ohne zusammen zu schlafen, bis sie die Scheidung gewollt hat.«

Gil José sagt, dass er sofort damit einverstanden war. Nicht einmal einen Anwalt wollte er. Er zog aus und ging in einen Gasthof. Er überließ ihr alles und zahlte überdies einen monatlichen Unterhalt von 40 000 Peseten für das Mädchen.

»Ich hab angefangen, Cognac zu trinken, Soberano, weißt du, drei Flaschen am Tag hab ich mir reingekippt. Nichts mehr gegessen, nur gesoffen, bis ich eines Tages, in der Pension, nicht mehr ins Bett kam. Ich wachte am Boden auf, und alles war voll von Galle. Da bekam ich eine Depression. Ich bin in die Apotheke, hab eine Spritze gekauft und mir Luft in die Vene gespritzt. Im Bahnhof von Sant Celoni fiel ich um, und die Polizei hat mich aufgelesen.«

Er lag fünf Tage im Krankenhaus, bis er es satt war und sich aus dem Staub machte. Irgendwie ist er dann »raufgekommen«, nach Tor.

»Kennst du Batallé?« Ich wechsle das Thema, als ich merke, dass seine Lebensgeschichte an ihrem Tiefpunkt angelangt ist.

»Wie? Wen?« Die Frage überrascht ihn.

»Den Batallé. Mir wurde gesagt, ihr wärt ›Weggenossen‹ gewesen.«

»Ja, mag sein, dass wir was zusammen gemacht haben, aber nein, nein …«

Und plötzlich steht er auf, so als müsste er schnell den Schafen etwas zuflüstern. Kurz darauf kommt er wieder.

»Weißt du was? Ich hab die Rechnung gefunden von der Nacht, die ich im Hotel Iris in Granollers verbracht habe.«

»Mann, das ist wunderbar! Damit können wir beweisen, dass du in Katalonien warst und dadurch wird auch glaubhaft, dass du nach Tor gegangen bist.«

Ich bin begeistert über die Nachricht, aber ihm scheint alles gleichgültig zu sein.

»Ja ... vielleicht.«

»Und von welchem Tag ist die Rechnung? Wo hast du sie gefunden?«

»Sie ist vom Siebzehnten, glaub ich. Sie lag in einem Stapel alter Zettel.«

Das ist unglaublich! Der Richter und der Gerichtsarzt haben Sansas Tod auf den 19. Juli berechnet. Es wäre also völlig denkbar, dass Gil, der Zeuge, der alles gesehen haben will, die Wahrheit sagt. Wenn er tatsächlich am Siebzehnten im Hotel Iris in Granollers übernachtet hat.

»Und wo ist die jetzt, die Rechnung, hast du sie dabei?«, frage ich aufgeregt.

»Nein, die ist unten, bei den anderen Sachen.«

»Gut, wenn wir runterkommen, gibst du sie mir. Das wird ein Knüller!«

»He, nicht so schnell, die kriegst du nur im Beisein eines Rechtsanwalts!«

O verdammt! Will er kneifen? Lügt er? Den ganzen Morgen höre ich ihm zu und jetzt will er einen Anwalt! Rasch fällt mir eine Lösung ein: Violant, eine Freundin von mir, die als Journalistin in La Seu arbeitet und immer ziemlich konservativ herumläuft, könnte die Anwältin spielen.

»Also gut, Antonio, wenn du kein Vertrauen zu mir hast, suchen wir einen Anwalt. Das kann wohl auch eine Frau sein, oder?«

»Ja, klar, das ist egal, ich bin kein Macho.«

»Okay, dann treffen wir uns heute Abend in La Seu, in der Kneipe La Font de Cristall, einverstanden?«

»Ja, um neun.«

Falls Gil José die Rechnung wirklich gefunden hat, sind wir einen großen Schritt weiter. Wenn wir das Dokument filmen und in die Reportage einbauen, wird ihm das eine Menge Punkte einbringen. Ich habe meinen Kollegen versprochen, dass ich am Abend wieder in Barcelona sein werde, aber Gil Josés Rechnung geht vor. Violant ist sofort einverstanden und übernimmt die Rolle der Anwältin. Um halb neun sind wir in der Kneipe, er kommt wenig später. Wir setzen uns an einen Tisch, und ich stelle die beiden einander vor. Es scheint zu klappen.

»Hör zu, tut mir leid, aber ich finde sie nicht«, murmelt er mit gesenktem Kopf. »Ich finde die Rechnung nicht. Ich bin sehr unordentlich und weiß nicht mehr, wo ich sie hingelegt hab.«

»Was? Willst du mich fertigmachen?«, brülle ich ihn fast an. »Die Frau wird dafür bezahlt, dass sie hier ist, verstehst du? Deinetwegen verliere ich Zeit und Geld. Das habe ich echt nicht von dir erwartet.«

Ich bin wirklich stocksauer. Natürlich, es würde mich überhaupt nicht überraschen, wenn das wahr ist, dass dieser Penner bei dem ganzen Durcheinander in seinem Leben so ein Papier verliert, aber ich bin es satt! Ich habe schon nach Barcelona angerufen und die Neuigkeit durchgegeben, und wenn ich jetzt mit leeren Händen aufkreuze, halten die mich für einen Schwätzer. Außerdem wird die Reportage nicht die gleiche sein. Ich rede mir ein, dass er die verdammte Rechnung nur verlegt hat, dass er sie morgen oder in ein paar Tagen bestimmt wiederfinden wird.

»Ich verspreche dir, ich suche danach«, flüstert er ganz geknickt. »Heute hatte ich keine Zeit. Ich muss in der Pension nachschauen, wo ich vorher geschlafen habe, da ist noch eine Kiste mit Papieren von mir, sicher finde ich sie dort.«

»Also, pass auf, wir machen Folgendes«, schlage ich ihm vor. »Ich muss heute noch nach Barcelona zurück, aber Violant hat ihr Büro in Organyà« – natürlich hat sie kein Büro, aber sie wohnt dort, und der Ort liegt wenige Kilometer von La Seu entfernt – »und ich gebe deine Nachricht an sie weiter, verstanden? Aber enttäusch mich nicht, echt, Gil, enttäusch mich nicht!«

»Nein, keine Angst.«

»Hör mal, wenn du mich in den nächsten zwei Tagen nicht anrufst, komme ich wieder her, okay?« Meine Drohung ist gleichzeitig auch eine Bitte.

»Du kannst dich auf mich verlassen.«

Kann ich das wirklich?

45

AUF DER SUCHE NACH BATALLÈ

Ich bin so niedergeschlagen, dass Violant mich nicht alleine lassen will und noch auf ein letztes Glas mitkommt. Daraus werden mehrere Brandys der Marke Larios, der hier billiger ist, weil Andorra gleich um die Ecke liegt. Ich bleibe über Nacht in La Seu. Bevor ich die Augen zumache, nehme ich mir vor, nach Sort zu fahren und Batallé zu suchen.

Am nächsten Morgen bin ich wütend. Ich war so nah dran, dass ich jetzt nicht mit leeren Händen nach Barcelona zurückgehen kann. Während ich über den Port del Cantó fahre, gehe ich im Geist die Gerüchte und Informationen durch, die ich über Batallé habe, einen kleinen Schmuggler, den alle Welt wegen seiner gewalttätigen Natur fürchtet. Ich auch. Laut Untersuchungsbericht hat er wenige Tage vor Sansas mutmaßlichem Todeszeitpunkt die zwei Angeklagten, Mont und Marli, von Tor bis La Seu gefahren. Sargento Yanes gegenüber hat er ausgesagt, die beiden Herumtreiber hätten den Alten mit dem Tode bedroht, aber vor Gericht wollte er das nicht wiederholen. Das ist alles etwas mager. Mir fällt ein Gerücht ein, das man mir in irgendeiner Kneipe Anfang Januar erzählt hat, das heißt genau zu dem Zeitpunkt, als ich anfing, mich für das Thema zu interessieren. Damals habe ich die Sache nicht so recht glauben wollen. Es hieß, Batallé habe Mont und Marli nicht nach La Seu, sondern nach Alins gebracht, und dass sie gesehen wurden, wie sie ihre blutverschmierten Hände im Brunnen des Dorfplatzes wuschen.

»Wir haben auf dem Weg einen Hund überfahren«, sollen sie behauptet haben. »Und warum zum Teufel kann ich das nicht glauben?«, frage ich mich in den Kurven von Cantó. Es gibt so viele Gerüchte um den Mord an Sansa, man könnte eine ganze Enzyklopädie damit füllen. Es ist auch denkbar, dass Batallé und Gil José zusammen auf der Route über Tor geschmuggelt haben. Alle diese Penner haben mindestens einmal in ihrem Leben dort Waren geschoben.

Als ich in Sort ankomme, gehe ich zu den Lokalitäten, wo Batallé sich aufhalten könnte. Ich laufe zwar Gefahr, dass er mich zünftig vermöbelt, trotzdem bin ich fest entschlossen. Seit Tagen hat man ihn nicht mehr gesehen. »Auch gut« – sage ich mir, um mich zu trösten –, »dann kriegst du zumindest keine Abreibung.« In einer Kneipe erzählt man mir von einem Geschäftsmann, für den Batallé zeitweise gearbeitet hat. Den finde ich schnell. In den Bergen lassen sich rechtschaffene Leute rasch auftreiben. Der Mann bittet mich in sein Haus.

»Ja, Batallé hat eine Saison für mich gearbeitet«, bestätigt er, »bis ich die Nase voll hatte und ihn rauswarf. Dieser Typ ist ein übles Stück, sehr gewalttätig, sehr schwierig«. Er macht ein ernstes Gesicht.

»Warum haben alle Angst vor ihm?«, frage ich und stelle mich unwissend.

»Weil er ein Saukerl ist. Ich hatte zum Beispiel einen Hund, der ihn immer angebellt hat. Das arme Vieh hat gerochen, aus welchem Holz der gemacht war. Und eines schönen Tages hat er dem Hund mit einer Stange den Schädel eingeschlagen. Da bin ich wütend geworden und habe ihn an die Luft gesetzt.«

»Weißt du, ob er an der Sache in Tor beteiligt war?«

»Nein, nein. Ich weiß nichts und bitte, sag keinem, dass du mit mir über den Mann gesprochen hast. Ich habe Kinder und ein Geschäft und der Typ gefällt mir gar nicht.«

Ich versuche es noch einmal, aber er rät mir höflich, Batallé zu vergessen. In der ganzen Gegend würde ich niemanden finden, der den Kerl anzeigte. Jeder hatte irgendeinen Streit mit ihm, und immer hat Batallé gewonnen.

»Ja wunderbar, großartig«, denke ich, »wieder ein Weg, den ich zumachen muss. Zurück nach Barcelona, ich habe keine Zeit mehr für weitere Nachforschungen. Ich ergebe mich!«

Auf dem Rückweg halte ich in Tremp an, der Kreishauptstadt von Pallars Jussà. Ich habe mehrmals versucht, den anderen Lokalpotentaten von Tor, Francesc Sarroca, also Cerdà, zu einem Gespräch zu bewegen, aber ohne Erfolg. Er weiß, dass ich ein paarmal mit Palanca gesprochen habe. Der Mann hasst Palanca und darum denkt er folgendermaßen: »Wenn du mit Palanca zuerst gesprochen hast, vor mir, dann bist du sein Freund und damit mein Feind.« Da ich seine Adresse habe, fahre ich einfach hin und lasse es darauf ankommen. Zufällig entdecke ich ihn vor dem Café am Ende der großen Promenade. Das Wetter ist schön, die Leute stehen plaudernd auf der Straße. Zuerst erkennt er mich nicht.

»Senyor Sarroca?«, frage ich und nähere mich seinem Grüppchen.

»Ja, der bin ich. Was wollen Sie?«, antwortet er.

Er ist groß, korpulent, mit Schnurrbart, hat ein rundes rotes Gesicht und auf den Wangen sieht man die Venen.

»Ich bin der Reporter von TV3, der eine Reportage über Tor macht und ...«

Sofort unterbricht er mich. Seine Reaktion ist erschreckend, für ihn und für mich.

»Du! Fort! Du bist die Pest! Mach, dass du wegkommst! Siehst du nicht, dass ich herzkrank bin? Lass mich in Frieden!«, brüllt er und legt eine Hand aufs Herz und die andere an den Kopf.

Sein rotes Gesicht ist lila geworden.

Ich bleibe wie vom Donner gerührt stehen, und die Männer, die gerade noch mit ihm gesprochen haben, halten ihn fest, damit er nicht fällt. Zum Glück sind sie genauso überrascht wie ich, sonst hätten sie mich gleich gelyncht. Ich bleibe keine Sekunde länger stehen und mache mich auf und davon, mit einem Knoten im Hals. Ich zittere noch, als ich beim Auto ankomme. Ich verstehe die Szene als ein Zeichen des Himmels, dass ich endlich aufhören und nach Hause fahren soll. Während der ganzen Fahrt sehe ich sein Gesicht vor mir und wie er mich entsetzt anstarrt, so als hätte er den Leibhaftigen gesehen. »Verdammt noch mal! Die Leute von Tor müssen echt von irgendeinem bösartigen Virus ergriffen worden sein! Wenn ich nicht aufpasse, hol ich mir das auch noch.«

46

OLIVELLA UND DER LETZTE ANWALT

Für eine gute Equipe ist es sehr wichtig, dass die anderen die Stellung halten, wenn einer schlecht drauf ist. Jeder Tag, der verstreicht, ist ein Tag weniger für die Nachforschungen und ein Tag weniger für das Skript und das Fertigstellen der Reportage. Ich habe es versucht, aber dann schießt doch Pol ein Tor – jung und schusselig wie er ist, aber hoch motiviert. Wir haben uns vorgenommen, Olivella aufzuspüren, den Skin und Schläger, der Sansas Leibwächter war und zur Zeit des Mordes in seinem Haus wohnte. Olivella hatte einen Zettel an die Wand gehängt, worin er Sansa beschuldigte, seine Versprechen nicht zu halten. Nachdem der Richter von Tremp ihn im August 1995 als ersten Tatverdächtigen verhört hatte, klagte er ihn nicht an, sondern ließ ihn laufen. Zum Prozess gegen Mont und Marli im Dezember 1996 erschien Olivella nicht als Zeuge. Er war zwar vorgeladen, hatte jedoch per Fax erklärt, dass er nicht nach Lleida kommen könne. Weder der Staatsanwalt noch die Anwälte haben ihn vernommen. Wir möchten seine Version der Vorfälle vom Juli 1995 hören und etwas Licht in seine Beziehung zu Sansa bringen. Vor allem aber wollen wir das Rätsel um den Boden in Sansas Haus lüften. Ich habe das Gefühl, Olivella wird uns überraschen.

Uns bleiben nur wenige Tage zum Recherchieren. Wir müssen die Reportage editieren und sind spät dran, trotzdem beschließen wir, Pol solle auf gut Glück einen Versuch wagen.

Und wirklich: Er schnappt sich das Telefonbuch und der dritte Olivella, den er anruft, ist ein Treffer.

»Ist Miquel Olivella zu sprechen?«, fragt er unverblümt und wartet.

»Nein, der ist nicht da. Ich bin seine Schwester, worum geht's?«, haucht ein bezauberndes Stimmchen.

Als Pol das hört, fuchtelt er wild mit den Armen, schneidet Grimassen und das mitten in der Redaktion von »30 Minuts«. Er ist komplett überdreht. Er verabredet sich mit dem Mädchen für denselben Nachmittag in einer Kneipe am Passeig Maragall, gleich in der Nähe ihrer Wohnung. Sie ist zwischen zwanzig und dreiundzwanzig, sehr hübsch, dunkles gelocktes Haar bis zur Hüfte und hat eine tolle Figur. Sie heißt Laurita. Pol ist hin und weg. Statt sie zu interviewen, wendet er alle Zeit dafür auf, mit ihr anzubändeln. Als er ins Studio zurückkommt, schwärmt er erst einmal von Lauritas unzähligen Reizen und dann erzählt er, dass Olivella wegen einer Drogensache in Miami im Gefängnis sitzt.

»Ich muss das Mädchen unbedingt wiedersehen!« Außer diesem Satz hat Pol in den nächsten Tagen nicht viel zu sagen. Sein Treffer hilft uns nicht, das Spiel zu gewinnen. Wir können Olivella nicht interviewen, wieder eine eindeutige Sackgasse. Die Reportage soll am 20. April gesendet werden, wir sind schon mit der Edition beschäftigt und beschließen daher, den Typen zu vergessen. Enttäuscht und ohne große Hoffnungen begeben wir uns auf die Suche nach den Orten, die Sansa bei seinen Fahrten nach Barcelona aufgesucht hat.

Iolanda, eine der Hippies, die in Tor praktisch Stammgast war, hat mir einmal erzählt, dass Sansa regelmässig zwei Kanzleien aufsuchte, wenn er nach Barcelona kam. Eine liegt am Passeig Maragall und die andere in der Via Laietana, und einmal hat Iolanda Sansa dahin begleitet. Das war wohl im April 1995.

Am Passeig Maragall befindet sich das Büro des Verwalters des Berges von Tor, Josep Maria Graells. Er wurde 1986 vom Richter von Tremp mit der Verwaltung beauftragt, aber erst nach großen Streitigkeiten unter den Dorfbewohnern, insbesondere natürlich zwischen Palanca und Sansa, die regelmäßig mit Gerichtsklagen endeten. Der damalige Richter hatte das Gezänk in Tor satt und ernannte Graells und einen gewissen Rovira de Solsona, welcher kurz darauf sein Amt niederlegte. Ich hatte Graells im Januar angerufen, als ich die kurze Reportage für die Tagesschau vorbereitete. Sehr liebenswürdig hatte er mir damals gesagt: »Sehen Sie, es tut mir ja leid, aber über Tor möchte ich nicht vor der Kamera reden.«

Jetzt, da ich versuche, Sansas Schritte in Barcelona zu rekonstruieren, meine ich, dass der Verwalter uns vielleicht nützlich sein könnte, auch wenn er nicht ins Fernsehen will. Also rufe ich ihn an. Ohne es zu wissen, schenkt er mir eine weitere Perle für die Reportage und das so knapp vor Abschluss, denn unser Film wird in zehn Tagen ausgestrahlt!

»Nun, ich weiß nicht, ob ich da helfen kann«, sagt er am Telefon, als ich ihn frage, ob er wisse, wen Sansa in der Stadt aufgesucht hat. »Eine der letzten Amtsführungen, die ich zu Sansas Lebzeiten getätigt habe, war, ein Fax an eine Rechtsanwaltskanzlei im Carrer Pau Claris zu schicken.«

Pol ist ein waschechter Barceloniner und macht mich darauf aufmerksam, dass viele Leute – mich eingeschlossen – denken, dass der Carrer Pau Claris und die Via Laietana ein und dieselbe Straße sind. Iolanda hat möglicherweise denselben Fehler begangen.

»Haben Sie eine Kopie dieses Faxes? Wissen Sie, wie der Anwalt hieß? Bitte!«, flehe ich ihn fast auf Knien an, obwohl wir doch am Telefon reden.

»Ich glaube schon. Ich habe den ganzen Papierkram aufbewahrt. Gib mir eine Faxnummer und ich schicke dir alles.«

Zehn ewig lange Minuten dauert es, dann piepst das Faxgerät. Das klingt wie Musik in meinen Ohren.

Der Brief, der aus dem Fax stottert, ist anderthalb Seiten lang, auf Spanisch verfasst, und auf dem Briefkopf steht der Name einer Rechtsanwaltskanzlei: »Armengol, Gómez de Olarte & Reyner – Rechtsanwälte«. Er ist auf den 24. Mai 1995 datiert und von Ricardo Gómez de Olarte unterzeichnet.

Sehr verehrter Señor Graells,
Señor Josep Montané Baró hat mich mit der anwaltlichen Vertretung seiner Interessen betraut. Ich wende mich an Sie mit der Bitte um Auskünfte zu folgenden Punkten:

Zwischen der Gesellschaft der Miteigentümer des Berges von Tor und Señor Rubén Castañer Ejarque wurde ein Pachtvertrag geschlossen. Wenn ich richtig informiert bin, hat der Pächter keine einzige Jahrespacht bezahlt, womit der Vertrag sinnlos geworden ist. Wenn wir keine rechtlichen Maßnahmen ergreifen, bleibt die Verpachtung wirksam. Ganz gleich, wie das Berufungsverfahren im Streit um die Eigentumsverhältnisse den Berg betreffend endet, ist ein Pachtverhältnis ohne Gegenleistungen von Nachteil für den Eigentümer.

Was den Waldweg betrifft, dessen einzige Eigentümerin die Gesellschaft selbst ist, teilt mir mein Mandant mit, dass die Gemeinde von Ins [sic] diesen genannten Waldweg zwar benutzt, aber nicht für seine Instandhaltung sorgt. Meines Erachtens muss ein Abkommen mit dem Gemeinderat ausgehandelt und schriftlich festgelegt werden, um der Gesellschaft unnötige Ausgaben zu ersparen, oder aber es darf niemand von außerhalb diesen Weg benutzen.

Des Weiteren hat mir mein Mandant mitgeteilt, dass das Bürgermeisteramt von Tor [sic] eine gewisse Summe für das Jagdrevier erhalt und dass dieses Geld nicht in das Eigentum zurückfließt. Wenn der Berg nicht Gemeindeeigentum ist, ver-

stehe ich nicht, wieso Abgaben erhoben werden. Wenn diese Angaben stimmen, stehen wir hier vor einem Fall unzulässiger Aneignung.

Abgesehen von den zwei Fehlern – statt Alins Ins zu schreiben und von einem Bürgermeisteramt von Tor zu reden, das in dem Dorf nicht existiert – wird klar, dass Josep Montané, Sansa, den Briefschreiber gut dressiert hat. Das Schriftstück gibt durch die Feder eines Sachverständigen seine Ideen und Manien wieder. Erstaunlich, wie Sansa nur drei Monate nach dem günstigen Urteil von Tremp alle Zweifel in Bezug auf den Pachtvertrag von 1976 mit Ruben Castañer ausräumen will. Er will diesen Vertrag auflösen. Er will Ruben loswerden und hat sich schon von Hortal, dem Anwalt, der ihm den Berg erkämpft hat, getrennt. Das könnte ein Mordmotiv sein. Wir müssen mit dem neuen Anwalt reden.

Der Antwortbrief, den der Verwalter Graells ebenfalls per Fax an Sansas Anwalt geschickt hat, ist sehr kurz. Er sagt, er wisse von nichts, weder vom Vertrag noch den anderen Angelegenheiten, dass er nie Geld empfangen habe noch empfängt, und für diesbezügliche Informationen solle der Anwalt sich an die Gemeindeverwaltung von Alins wenden.

Beide Faxe wurden am 24. Mai 1995 gesendet, drei Monate nachdem Sansa zum Alleineigentümer des Berges erklärt wurde und zwei Monate vor seiner Ermordung. Im Untersuchungsbericht werden diese Dokumente nicht einmal erwähnt.

Das Fax haben wir um zwei Uhr nachmittags erhalten. Um fünf nach zwei rufe ich in der Praxis von Gómez de Olarte an. Ich habe Glück, er ist sofort am Apparat.

»Ich hätte gerne gewusst, ob Sie der letzte Anwalt von Josep Montané, Sansa, gewesen sind, und darüber würde ich mich gerne mit Ihnen unterhalten«, sage ich hoffnungsfroh.

»Ja, ich glaube, das ist richtig«, erwidert eine ernste junge Stimme, »ich glaube, ich war sein letzter Anwalt, leider.«

»Wir möchten Sie interviewen. Wir machen eine Reportage, und Sie sind möglicherweise eine Schlüsselfigur.«

»Sí, muy bien. Nächste Woche können wir uns treffen ...«

»Nein, nein!«, unterbreche ich ihn. »Es muss noch heute Nachmittag sein. Nächste Woche senden wir die Reportage, und die Zeit ist sehr knapp! Bitte!«, flehe ich ihn an.

»Einverstanden. Ich verstehe das, meine Frau arbeitet auch beim Fernsehen und daher kenne ich eure Lage. Also, heute um fünf Uhr.«

»Prima! Wir werden pünktlich sein!«

47

EIN NEUER TODESZEITPUNKT

Die Praxis von Gómez de Olarte ist moderner eingerichtet als die von Hortal. Auch hier dominiert die Farbe Braun, aber die Möbel machen einen flotten und ehrgeizigen Eindruck. Seltsamerweise befinden sich beide Kanzleien nicht weit voneinander entfernt am rechten Rand des Stadtviertels Eixample von Barcelona. Sansas letzter Rechtsbeistand ist der typische junge Anwalt, gut aussehend, mit einem riesigen Büro, der die Welt erobern möchte. Er macht es uns sehr leicht. Er hilft uns gern, und vor allem ist er darauf aus, ins Fernsehen zu kommen. Bevor wir ihn interviewen, und während Pepe noch das Stativ, die Beleuchtung und das Mikrofon aufstellt, setzt sich der Anwalt vor seinen Schreibtisch. Die Akte Josep Montané, Sansa, liegt griffbereit neben ihm. Er öffnet sie und zieht ein paar Dokumente heraus, die man schon als historisch bezeichnen kann: der erste Projektentwurf für eine Skistation in Tor. Er zeigt mir die Papiere und ist von der Umsetzbarkeit des Projekts überzeugt. Ganz beiläufig fügt er hinzu:

»Ich hatte schon Investoren für Montané gefunden.« Er nennt seinen ermordeten Klienten nie Sansa.

»Das kann nicht sein!«, entfährt es mir.

»Doch, doch. Eine französische Gruppe mit einer Menge Zaster. So ein Projekt kam denen offenbar wie gerufen. Keine Ahnung, jedenfalls waren die bereit, viel Geld in die Sache zu stecken.«

Ich saß mit offenem Mund vor ihm und brachte kein Wort

heraus. Das wollte mir nicht in den Kopf. Santouré, der andorranische Immobilienmakler, hatte von Belgiern gesprochen, aber die Summe von 600 Millionen stimmt überein. Und auch dass Ruben offenbar von der Zahlung erfahren hatte und von Montanés Absicht, den Pachtvertrag zu annullieren, und dass er ihm einen Tritt in die Eier versetzte. Was mir jetzt dieser Rechtsanwalt sagt und auch das Fax, das er dem Verwalter geschickt hat, bestätigen größtenteils Santourés Aussage, und selbst die Daten stimmen scheinbar überein. Aber Ruben streitet alles ab und behauptet sogar, dass er nichts mehr mit Tor zu tun habe, weil der Vertrag in den Besitz eines Unternehmens, Beersheva, übergegangen sei. Und darüber will keiner vor der Kamera sprechen. Wenn ich niemanden finde, der uns das auf verständliche Weise und mit Belegen vor der Kamera erklärt – wie kann ich das dann senden? Ich habe einmal gehört, dass man eine Sache als gesichert publizieren kann, wenn drei verschiedene Quellen diese Sache bestätigen, selbst wenn eine vierte Quelle dagegenspricht. Aber mein Problem ist doppelter Art: Zwei Quellen wollten vor der Kamera nicht reden, und was noch schlimmer ist – mir fehlt die dritte Quelle.

»Hat Montané denn von den Franzosen Geld erhalten?«, frage ich den Anwalt.

»Soweit ich weiß, nein. Ich hatte ein Protokoll aufgesetzt, aber die Investoren forderten eine juristische Klärung der Sachlage, und das war natürlich nicht so einfach.«

Ganz offensichtlich waren die vermeintlichen Investoren keine Dummköpfe. Es ist auch wahrscheinlich, dass Montané selbst nach dem Gespräch mit seinem Anwalt in Barcelona überall herumerzählte, dass er französische Investoren gefunden hatte, die zwischen 600 und 900 Millionen – die genaue Summe spielt jetzt keine Rolle – für den Berg zu zahlen bereit wären, und dass er den Pachtvertrag mit dem Andorraner annullieren wollte. Diese Nachricht wird sich wie ein Lauffeuer verbreitet haben, und irgendwann hat irgendwer dazugedichtet, dass Sansa schon 600 Millionen bekommen und sie in seinem Haus vergraben hat. Jemand hat das geglaubt und …

Wie auch immer, wir sollten nicht abschweifen, sondern uns an das halten, was wir haben, denn das ist eine ganze Menge. »Das passiert nur in Romanen und Filmen, dass die Reporter Verbrechen aufdecken«, sage ich mir, um die Beine wieder auf den Boden zu bekommen. »Jetzt sitzt Sansas letzter Anwalt vor dir, und die Chance musst du nutzen.«

»Er wurde mir von einem Freund vorgestellt, und bei unserer ersten Begegnung kam er mir sehr bäuerlich vor«, erzählt der Anwalt. »Das war ein Original, der wusste genau, was er wollte. Er erinnerte mich an den Film *Tucker – The Man and His Dream* von Francis Ford Coppola. Sansa kam hierher mit einem genehmigten Projekt« – »genehmigt?«, frage ich mich –, »um eine Skistation zu bauen, die viermal größer sein sollte als Baqueira. Zuerst habe ich das nicht geglaubt, aber er hat mir Dokumente gezeigt, und alles stimmte. Damit ließ sich eine Menge Geld machen. Er sagte: ›Ich bin jetzt der Eigentümer und will das Urteil durchsetzen, und da alle Hindernisse aus dem Weg geräumt sind, möchte ich das Projekt nun verwirklichen, denn es ist schon lange fällig.‹ Sansa wollte alles für sich und suchte ausländische Investoren, die nichts mit Andorra zu tun hatten. Er erzählte mir, dass er das Opfer von Aggressionen und Mordversuchen gewesen sei, dass man auf ihn geschossen hätte und ihn erwürgen wollte.«

»Hat er dich bezahlt?«, frage ich ihn, weil ich Sansas Vorgeschichte kenne, wie er von einer Kanzlei in Lleida zur anderen ging, weil er seine Anwälte nie bezahlte.

»Nein, keine Pesete, aber ich weiß, dass er Geld hatte«, sagt er, und ich höre seiner Stimme an, dass er sich betrogen fühlt.

»Der hatte Geld?«, hake ich nach, überzeugt dass er mir jetzt eine heiße Story auftischt.

»Ja, und zwar in bar und in seinem Haus. Das stammte aus dem Holzverkauf. Ich weiß auch, dass er in ärmlichen Verhältnissen lebte, ohne Telefon und Strom. Aber das Geld verwahrte er gewöhnlich in seinem Haus, und er zahlte immer in bar.«

Zu einem anderen Zeitpunkt der Reportage hätte mir diese Information gewaltiges Herzklopfen verursacht, aber mittlerweile bleibe ich ruhig. Zweifellos ist auch dieser junge Anwalt ein weiteres Opfer von Sansas Rhetorik.

»Und wann hast du ihn zum letzten Mal gesehen?«

»Ungefähr einen Monat vor seiner Ermordung, na ja, also bevor ich in der Zeitung las, dass man seine Leiche gefunden hatte. Da habe ich ihn zum letzten Mal gesehen. Das letzte Mal, dass ich mit ihm am Telefon gesprochen habe, war wenige Tage, bevor ich die Nachricht las.«

»Wie viele Tage? Kannst du das präzisieren?«

»Ich erinnere mich, dass ich zu dem Zeitpunkt gerade im Urlaub war und dass ich dachte: ›Verdammt, ich hab doch erst noch mit dem geredet!‹ Fünf Tage vorher, maximal fünf Tage. Und ich weiß, dass wir uns um Geld stritten, ich forderte ihn auf, meine Auslagen zu zahlen, und sagte: ›Jetzt reicht's! Bezahl mir zumindest die Rechtsvertretung!‹ Ach ja, und es war Montag, da bin ich mir sicher!«

Er misst seinen Worten keine Bedeutung bei, aber mir hat er gerade ein weiteres überraschendes Detail geliefert. Sansa wurde am Sonntag, den 30. Juli, ermordet aufgefunden. Das bedeutet, die Zeitungen haben die Nachricht am Montag, den 31. Juli, veröffentlicht. Im Untersuchungsbericht wurde der Eintritt des Todes auf maximal zwei Wochen vor dem 30. Juli datiert, und als Gil José mit seiner Aussage auftauchte, wurde Sansas Tod auf den 19. Juli festgelegt. Der Anwalt sagt, und ich habe nicht den Eindruck, dass er lügt, er habe fünf Tage vor der Zeitungsnachricht mit ihm gesprochen. Und wenn er so sicher ist, dass es ein Montag war, dann lebte Montané noch am 24. Juli!

Damit werden Gil Josés Aussage und die Ermittlungsergebnisse restlos entkräftet, weil wir jetzt einen Zeugen gefunden haben, der aussagt, dass Sansa am 24. Juli noch lebte, also fünf Tage nach Gil Josés angeblichem Besuch in Tor am 19. Juli. Ist der Mann auch ganz sicher?

»Doch, doch! Fünf Tage!«, versichert er auf meine Frage hin. »Ich habe mit ihm fünf Tage vorher geredet, bevor ich darüber in der Zeitung las, es war keine Woche her, bevor der Mord in der Zeitung stand. Er hat mich angerufen und es war vier oder fünf Uhr nachmittags. Ja, ganz sicher. Und es hat mich gewundert, dass die Guardia Civil mich nie dazu befragt hat.«

Wenn Ricardo Gómez de Olarte nicht befragt wurde, dann einfach, weil die Polizei nichts von seiner Existenz wusste. Und noch weniger wusste sie, dass er der letzte Anwalt des Opfers gewesen war, und Sansa ihm aufgetragen hatte, den bestehenden Pachtvertrag mit Ruben Castañer zu beenden. Ein Vertrag, der laut Gómez de Olarte möglicherweise noch immer gültig ist. In diesem Punkt stimmt er mit Joaquín Hortal – dem Anwalt von Ruben und ehemaligen Anwalt von Sansa – überein.

»Ich weiß nicht, wer ihn umgebracht hat«, bemerkt er abschließend. »Es muss jemand gewesen sein, der von seinem Tod unmittelbar profitierte. Wir hatten nicht einmal Zeit, die Schriften für den Prozess auszuarbeiten. Der arme Mann, ich fand ihn nett«, seufzt er und zuckt resigniert mit den Achseln.

Wieder im Fernsehstudio, rufe ich gleich den Gerichtsarzt von Tremp an, um zu erfahren, ob es möglich ist, dass der Tod am 24. Juli und nicht am 19. Juli eingetreten ist. Der Mann ist überrascht und erklärt, dass alles möglich ist, aber dass Montanés Leiche einige mumifizierte Stellen aufgewiesen habe. Die von ihm analysierte Leichenfauna habe ergeben, dass Sansa länger als fünf oder sechs Tage, ja sogar länger als eine Woche tot gewesen sein muss. Er setzt hinzu, dass er zur genauen Datierung des Todeszeitpunkts Verwesungsexperimente durchgeführt habe, indem er Hühnerfleisch vor sein Wohnungsfenster in Tremp legte. Die Ergebnisse dieses Experiments hatte er in den Obduktionsbericht geschrieben. Er findet es aus diesen Gründen sehr unwahrscheinlich, dass der Mord am 24. Juli begangen worden sein soll, also nur sechs Tage vor dem Leichenfund.

48

DIE HOTELRECHNUNG, KNOCHEN UND DIE SENDUNG DER REPORTAGE

Am Sonntag um Mitternacht, genau eine Woche vor der Sendung, ruft mich Gil José auf meinem Handy an. Meine Familie ist ziemlich sauer, weil sie mich seit über drei Monaten kaum mehr zu Gesicht bekommt, und obwohl meine Frau schon einiges gewöhnt ist – wenn sie nicht ebenfalls Journalistin wäre, hätten wir uns zehn Minuten nach der Hochzeit schon wieder getrennt –, besteht sie darauf, dass ich zu Hause das Handy ausschalte. Ich gebe zu, heute habe ich das nicht gemacht, falls es irgendeinen Notfall gäbe. Ich weiß nicht, ob Gil José ein Notfall ist, jedenfalls gehe ich dran.

»Schnell, komm her, die verfolgen mich, die wollen mich umbringen!«, sagt er mit belegter Stimme, so als hätte er getrunken.

»Wer verfolgt dich?«, frage ich ihn gereizt.

»Die, die«, ist das Einzige, was er mir zu sagen vermag in seinem Vollrausch.

»Wer ›die‹? Verdammt, geh zur Guardia Civil, schlaf auf dem Revier!« Fast brülle ich ihn an.

»Komm her!«, fleht er. »Komm her, die bringen mich um!«

Ich werde das Gefühl nicht los, dass er mich auf den Arm nimmt. Außerdem bin ich sauer, weil er die Hotelrechnung nicht gefunden hat. Die interessiert mich, aber er ist so blau, dass ich ihn wohl besser beruhige und warte, bis er den Rausch ausgeschlafen hat.

»Hast du die Polizei angerufen? Dann ruf jetzt bitte die Polizei an und nicht mich, klar?«

»Die hören nicht auf mich«, jammert er mit schleppender Stimme.

»Hast du die Rechnung gefunden?«

Die Frage kommt mir vom Herzen, ich bin das Geschwafel satt. Ich wohne hundertfünfzig Kilometer entfernt, und es ergibt keinen Sinn, dass er mich um Hilfe bittet. Offensichtlich ist ihm im Rausch mein Name in den Kopf geschossen, und in einem Augenblick wie diesem könnte ich mich ohrfeigen, dass ich ihm meine Handynummer gegeben habe.

»Nein. Doch, doch, morgen finde ich sie«, stammelt er, bevor das Gespräch abbricht, weil der Telefonapparat alle Münzen geschluckt hat, die er hineingeworfen hat.

Er ruft nicht wieder an.

Es ist sehr schwierig, eine Reportage auf eine halbe Stunde zuzuschneiden, wenn man so viel Material hat wie wir. Im Fall Tor müssen wir dem Ganzen eine dramatische Gliederung geben, das heißt: Einleitung, Höhepunkt, Schluss, sonst würde der Zuschauer nichts verstehen. Zuerst müssen wir erklären, wo Tor liegt, worum es bei dem Streit geht, wer wer ist. Danach erst können wir über den Mord am Alleineigentümer sprechen und unsere bescheidenen Entdeckungen zum Besten geben. Eine Lösung haben wir natürlich nicht anzubieten, aber wie Francesc Pou immer sagt: Die Reportagen führen ein Eigenleben, und egal wie gründlich du das Skript ausarbeitest, sobald du in den Schneideraum kommst, führt dich der Film in die eine oder andere Richtung.

Maria Josep, unsere Cutterin, ist schon ungeduldig, weil sie am besten weiß, dass die Sache nicht vorangeht, wenn man nicht mit klaren Gedanken in den Schneideraum kommt. 1997 wird noch Schnitt für Schnitt und der Reihe nach editiert. Das heißt ein Bild nach dem anderen, eine Sekunde nach der anderen werden zu Sequenzen zusammengefügt, bis man dreißig Minuten erhält. Das ist wie beim Hausbau: Ein Ziegel wird auf den anderen gelegt. Wenn man fünfzehn Minuten zusammengestellt hat und in der dritten Minute etwas ändern will, muss man von der dritten bis zur fünfzehnten Minute alles wieder neu machen. Wie die Maurer, die eine Wand mauern und feststellen, dass in der dritten Lage ein beschädigter Ziegel liegt. Sie müssen die ganze Mauer abreißen und neu aufbauen. Aus diesem Grund überlegen wir sehr sorgfältig und kommen nur langsam voran. Später ist das aufgrund der Informatik nicht mehr nötig. Aber die Informatik macht die Skripts auch nicht besser.

Gewöhnlich hilft die ganze Equipe beim Zuschnitt einer Dreißiger. In unserem Fall passen Pepe und Maria Josep auf, dass alles schön und verständlich ist – die Cutterin weiß oft besser, ob die Zuschauer den Film verstehen oder nicht, weil sie nicht so tief drinsteckt wie wir. Ich kümmere mich um das Skript, und Pol versucht, ein paar Löcher zu stopfen, die bei unseren Nachforschungen offengeblieben sind.

»Ich hol uns ein paar belegte Brötchen, in einer halben Stunde bin ich wieder da!«, erklärt er am Mittwoch um neun Uhr abends, als er sieht, dass wir im Schneideraum bleiben und bis in die frühen Morgenstunden arbeiten werden.

Anderthalb Stunden später versuchen wir Pol zu erreichen, aber sein Handy ist ausgestellt. Also muss Pepe etwas zu Essen holen. Pol erscheint um ein Uhr morgens und strahlt über das ganze Gesicht. Er war eine Weile bei Laurita, Olivellas Schwester.

»Ich wusste, dass sie mir wichtige Informationen geben würde«, entschuldigt er sich, als ich ihn beschimpfe.

»Du bist ein Vollidiot! Los, sag schon, was hast du gemacht?«

»Ich bin zu ihr nach Hause, da war ihre Mutter, und die hat mich gefragt, ob ich zum Abendessen bleiben wollte ...«

»Und dann hast du dir bis ein Uhr morgens den Bauch vollgeschlagen, ja? Oder bist du noch zum Montjuïc raufgerannt zur besseren Verdauung?«, bellt ihn Pepe an.

»Nein, nein. Das war stark! Die Mutter hat mir erzählt, dass Olivella stinkwütend von Tor weg ist und dass er einen Haufen Knochen unter Sansas Haus gefunden hat.«

»Knochen?«, frage ich, und dann kommt mir die Vermutung, dass es bei dem Streit zwischen Sansa und Olivella, von dem uns die Hippies berichtet haben, vielleicht um irgendwelche Knochen ging, von denen Sansa nicht wollte, dass sie auftauchten.

»Die Mutter hat mir erzählt, dass Olivella nicht wusste, wovon die stammten, die hätten nach Pferdeknochen ausgesehen, aber sie hätten ebenso gut von einem Menschen sein können. Das war alles.«

»Ja, klar, du hattest ja den Kopf und die Augen auch ganz woanders!«, weise ich ihn zurecht, weil ich zu diesem Zeitpunkt die Reportage für beendet halte, und wir eigentlich keine Möglichkeit mehr haben, etwas hinzuzufügen.

»Aber, hast du sie jetzt rumgekriegt?«, will Pepe wissen.

»Sie hat einen Freund! Aber ihre Mutter sagt, ich soll wiederkommen, wenn ich mag. Sie will mir helfen, weil ich ihr besser gefalle.«

Wir müssen schallend lachen.

Inzwischen sind bereits vier Tage vergangen, seit mich Gil José angerufen hat. Von der Hotelrechnung, die beweisen könnte, dass er im Juli 1995 wirklich in Katalonien war, keine Spur. Ich beschließe, ihn anzurufen. Es ist zwei Uhr nachmittags und ich stelle mir vor, dass er gerade in der Kneipe La Font de Cristall in La Seu zu Mittag isst.

»Hola, guten Tag, ist Antonio Gil José zufällig bei Ihnen?«

»Wer? Antonio?«, antwortet eine Frauenstimme, offenbar dieselbe vom letzten Mal.

»Ja, Antonio...«

»Der hat sich die Pulsadern aufgeschnitten«, erzählt sie, so als wäre das die natürlichste Sache der Welt.

Ich bin wie versteinert.

»Wie bitte?«

»Sí, sí. Der hat sich die Pulsadern aufgeschnitten, weil er Angst hatte, da hat er sich die Pulsadern aufgeschnitten«, wiederholt sie. »Die Guardia Civil hat ihn gefunden. Er lag in einer Blutlache, in seiner Pension, und sie haben ihn ins Krankenhaus gebracht, hier in La Seu ...«

»Aber hören Sie!«, unterbreche ich sie. »Lebt er oder ist er tot?«

»Ah, das weiß ich nicht. Ins Krankenhaus ist er offenbar lebend eingeliefert worden, mehr weiß ich nicht.«

»Und wann war das?«

»Gestern! Ja, gestern! Scheinbar wurde der arme Mann verfolgt. Irgendwelche Killer und Journalisten, und das war zu viel für ihn.«

Ich kann nicht weitersprechen und lege auf. Ich bin kreidebleich und total fertig. Auch Pol und Pepe können es nicht fassen.

»Und die Journalisten, das sind wohl wir, was?«, sagt Pepe.

Dieser unschuldige Kommentar sticht mir wie ein Messer ins Herz.

»Verdammt, Pepe!«, schnauzt Pol ihn an. »Jetzt fängst du auch noch an! Siehst du nicht, wie es ihm geht?« Er zeigt auf mich.

Es dauert eine halbe Stunde, bis ich mich von dem Schock erholt habe.

Ich muss wissen, wie es dem armen Schlucker geht. Ich

fühle mich schuldig. Ich rufe das Krankenhaus von La Seu an, und nachdem man mich von A bis Z weitergeleitet hat, sagt man mir, dass Gil José lebt und in die psychiatrische Klinik von Lleida überwiesen wurde.

»Ja, der Mann wurde als Notfall eingeliefert, mit Schnitten in den Armen, aber nicht schlimm«, sagt der Arzt. »Wenn Sie ein Freund von ihm sind, sollten Sie weniger um seine körperliche als seine seelische Gesundheit besorgt sein. Die Wunden haben gezeigt, dass er sich nicht das Leben nehmen, sondern Aufmerksamkeit erwecken wollte.«

Ich atme tief auf. Dieses kleine Arschloch! Die behandelnde Ärztin des Hospital Provincial von Lleida weigert sich, mit mir zu reden. Ihre Sekretärin, oder wer auch immer sie ist, sagt mir, dass sich Gil José außer Gefahr befindet und in einer guten Woche zu sprechen sein wird.

Am Sonntag, den 20. April 1997, gegen halb zehn Uhr abends wurde die Reportage ausgestrahlt. Ihr Titel war »Tor – Der verfluchte Berg«, und sie dauerte einundvierzig Minuten. Es war unmöglich, mehr zu kürzen. Wir begannen mit den Luftaufnahmen, was dem Zuschauer erlaubt, die ganze Szenerie zu überblicken, und endeten mit einer Aussage von Paco Sapena, dem Advokat der Familie Sansa: »Manchmal denke ich, dass nicht einmal der fantasiereichste Drehbuchautor eine so dramatische und verwickelte Geschichte ersinnen kann, wie sie die Leute in Tor leider Tag für Tag erleben müssen.«

Das Leben ist ein sehr erfahrener Drehbuchautor.

49

NACH DER SENDUNG

Die neue Bergeigentümerin

Die Sendung war ein Erfolg, die Einschaltquote lag sehr hoch: 821 000 Zuschauer im Durchschnitt allein in Katalonien. Das hat uns außerordentlich gefreut.

Aber am Schluss kam das Gefühl der Einsamkeit, das einen immer überfällt, wenn man sich während drei Monaten mit Haut und Haaren einer Story gewidmet hat und nach der Sendung mit einem Mal alles vorbei ist. Dazu kommt die Enttäuschung, dass unsere Recherchen zum Mord zu keinem Ergebnis geführt haben. Wenn man sich nicht schnell in eine neue Geschichte stürzt und sein Kind zu vergessen sucht, bleibt ein Gefühl der Leere zurück.

In der gleichen Nacht, als unsere Sendung ausgestrahlt wurde, erhielt mein Kollege Lluís Miquel, der gerade in der Nachrichtenabteilung Dienst schob, einen Anruf: »Ich heiße Sol Eldaz und bin die derzeitige Pächterin des Berges von Tor.«

Seit jenem Tag im April bis heute, dem 15. Oktober 2005, da ich diese Zeilen schreibe, habe ich Anrufe erhalten, Briefe, Drohungen und Geständnisse, immer im Zusammenhang mit Tor. Und ich weiß, das wird noch Jahre so weitergehen.

Aber kommen wir zurück zum April 1997. Ich habe Sol in ihrem Geschäft besucht, gleich neben dem Markt Sant Antoni in Barcelona. Sie hat weiße Haare, die früher bestimmt blond waren, und sie ist sehr attraktiv. Ruhig erklärt sie mir, dass der von Ruben Castañer im Jahr 1976 unterschriebene Pachtvertrag auf sie übergegangen ist, und dass sie auf dessen Gültigkeit besteht.

»Douglas Watton« – einer der Engländer aus Arinsal – »hat ihn mir, als er starb, vererbt«, seufzt sie traurig. Wir sitzen neben dem Schaufenster ihres Ladens für Kinderschuhe.

Und dann erzählt sie mir ihre Geschichte: Mitte der sechziger Jahre las sie eine Anzeige in der Zeitung *La Vanguardia*, in der jemand eine Englischübersetzerin suchte. Sie rief an und lernte Ruben kennen, der die Anzeige aufgegeben hatte, und von diesem Augenblick an wurde sie zur Verbindungsperson zwischen dem andorranischen Aragonier und den Engländern. Eins kam zum anderen: Streitigkeiten, Betrug und sogar Liebe – aber nicht mit Ruben. Sie hat es nicht ausgesprochen, aber ich glaube zu verstehen, dass sie mit einem der Engländer eine Beziehung hatte. Sie erzählt auch, dass sie mit Josep Montané gut befreundet war.

»Sansa hat mir einmal anvertraut, dass er eine uneheliche Tochter hat«, flüstert sie, obwohl nur wir beide in ihrem Laden sind. »Er hatte in einem wilden Abenteuer ein Mädchen geschwängert, ich glaube, sie kam aus Alins, aber heiraten wollte er sie nicht.«

Für diese Behauptung konnte ich nie einen Beweis finden. Wir reden zwei Stunden lang, und am Ende sagt sie mir, dass sie sich einen Anwalt aus Andorra genommen hat, der die Gültigkeit des Vertrags beweisen soll. Er heiße Sansa, was für eine Ironie des Schicksals! Sie, Sol Eldaz, wurde zur Gesellschafterin der Firma Beersheva, von der uns Ruben berichtet hatte, und als diese aufgelöst wurde, fiel der Vertrag ihr zu.

»Jetzt warte ich darauf, dass die Gerichte endgültig die Eigentumsverhältnisse von Tor klären, um auf dem Rechtsweg die Gültigkeit des Vertrags zu beweisen.«

»Was für ein Durcheinander!«, denke ich nur.

Wenige Tage nach der Reportage lädt uns der Richter von Tremp auf Paco Sapenas Veranlassung vor. Der Anwalt versucht, die Wiederaufnahme der Ermittlungen im Mordfall Sansa durchzusetzen, und deswegen sollen wir die im Dokumentarfilm aufgestellten Behauptungen noch einmal offiziell bestätigen. Das tun wir, und Wochen später werden der Anwalt Gómez de Olarte und der Gerichtsarzt vorgeladen, aber weiter geht die Angelegenheit nicht. In Tremp befindet sich noch immer derselbe Richter.

Das Treffen mit Ruben

Und ein paar Tage später ruft mich Ruben an.

»Und? Hast du die Reportage schon gesendet?«, fragt er mit liebenswürdiger und zugleich drohender Stimme.

»Ja, vor einer Woche. Es ist sehr gut gelaufen ...«

»Man hat mir erzählt, dass ich wie ein Mafioso rüberkomme«, unterbricht er mich.

»Nein, Hombre. Ich gebe dir eine Kopie, und dann machst du dir ein eigenes Bild.«

»Gut, molt bé. Ich warte morgen auf dich in der Barça Bar, gleich hinter dem Kaufhaus El Corte Inglés auf der Diagonal, um ein Uhr. Wir gehen essen und reden.«

Und dann legt er auf.

Ich gehe sehr gespannt zu dieser Verabredung und bin neugierig, was er mir erzählen wird. Gleichzeitig habe ich das Gefühl, dass ich einen Schlussstrich unter Tor und das ganze Drum und Dran ziehen muss, sonst leidet mein Leben darunter. Ich widme der Sache jetzt schon Extrastunden neben den »30 Minuts«. Aber der Mord an Sansa ist noch nicht aufgeklärt, und deshalb verfalle ich der Versuchung, selbst der kleinsten Spur nachzugehen, um vielleicht etwas zu erfahren.

Ruben sitzt an einem Tisch vor dem Lokal, ein Bier in der Hand. Wir gehen hinein und suchen uns ein stilles Eckchen. Diesen Tag und diese Unterhaltung werde ich mein Lebtag nicht vergessen. Ob ich das, was Ruben mir in der Bar erzählte, jemals glauben werde, das steht allerdings auf einem anderen Blatt. Er hat die Reportage gesehen, und sie hat ihm nicht gefallen. Er muss sich abreagieren. Und ich mache mir Notizen auf diesen kleinen Papierservietten. Eines Tages werde ich sie vielleicht einrahmen.

»In Tor fingen die Probleme an, als ich den Schmuggel da oben unter Kontrolle kriegen wollte. Jahrelang bin ich den Familien hinterhergelaufen, aber mit dem Pachtvertrag kam ich ans Steuer. Ich bin zu ihm hingegangen« – er traut sich nicht, den Namen zu nennen – »und habe zu ihm gesagt: ›Entweder zahlst du mir acht Prozent von jeder Fuhre oder du kommst nicht mehr durch Tor.‹ Damit hat alles angefangen. Die haben den bezahlt, damit er immer alles kaputt machen soll.«

Selbstverständlich meint er Palanca, und ich brauche nicht zu sagen, dass ich total begeistert bin. Ruben springt von einem Thema zum anderen und nennt eine Menge Namen: von Professoren der Universität von Barcelona, von Notaren und vermeintlichen Mitgliedern des Opus Dei, von Leuten der extremen Rechten, von Antiquitätenhändlern ...

»Aber das Schlimmste ist nicht der Tabakhandel, sondern der Waffenschmuggel. Über Tor wurde alles gebracht, die wollten sogar Goma-2 rüberschleusen, aber da habe ich mich geweigert.«

Er spricht, ohne mir ins Gesicht zu schauen. Besser gesagt: Er schaut mich an, aber er sieht mich nicht. Warum erzählt er mir das alles?

»Wir haben sogar einmal eine Rakete vom Typ Escofet rübergebracht.« Ich nehme an, er meint Exocet, aber sicher ist das nicht. »Das war ein Auftrag. Die wurde in Frankreich gekauft, ging über Andorra, über Tor und später per Schiff von einem Hafen in Valencia aus bis nach Libyen.«

Natürlich versuche ich, über den Mord an Sansa etwas herauszubringen, aber er hört mir nicht zu. Ich habe das Gefühl, dass er weit weg ist. Über Tor sagt er etwas, das mir zu diesem Zeitpunkt nicht so wichtig erscheint, aber in ein paar Monaten wird es mir Kopfzerbrechen bereiten.

»Einige Leute wurden reich, weil sie Juden umgebracht haben«, behauptet er und schüttelt drohend seine kräftige Hand.

»Wie bitte?«

Mehr Einzelheiten zu dieser Enthüllung will er nicht rausrücken. Er hat seinen eigenen Kopf.

»Egal. Vergiss es.«

Und dann schwafelt er weiter.

»Und die GAL habe ich gegründet!«, versichert er mit der Entschiedenheit dessen, der entweder die Wahrheit sagt oder spinnt.

Ich bin mittlerweile schon mit anderen Reportagen beschäftigt, und um ehrlich zu sein, macht mich der Mann ganz nervös. Während ich ihm zuhöre, denke ich, dass es der absolute Hammer wäre, seinen Behauptungen nachzugehen und Beweise zu finden. Aber bei TV3 hielte man mich bestimmt für übergeschnappt. Also lieber sein lassen.

»Zu meiner besten Zeit habe ich eine Whiskyflasche in drei Zügen ausgetrunken und zertrümmert«, brüstet er sich.

Das erinnert mich an viele Leute aus Tor: Ihn selbst, Gil José, Sansa, Palanca, Mont, Marli und noch ein paar andere, und ich denke, dass das Leben sie alle sehr schlecht behandelt hat.

Eine Zeitlang habe ich dieses Gespräch für mich behalten, bis uns die Regierung von Andorra den Preis »Pirineus de Periodisme« für unsere Reportage verliehen hat. Zusammen gingen wir zur Preisverleihung: Pol, der mittlerweile in der Abteilung »Neue Formate« arbeitete und Doku-Soaps machte, Pepe, der mit dem Projekt »Balseros« beschäftigt war, für das man ihm zusammen mit Carles Bosch fast einen Oscar gegeben hätte, und ich. Auf dem Weg nach Andorra erzählte ich ihnen die Geschichte, und wir haben herzlich gelacht. Sie waren sauer, weil ich ihnen nichts über das Treffen mit Ruben erzählt hatte, und ich musste versprechen, dass sie bei der Show dabei sein dürften, falls er mich noch einmal einladen würde.

Gil José ist immer noch Hirte

Im Herbst 1997 fahre ich in die Cerdanya zu Gil José. Man hat mir gesagt, dass er die psychiatrische Klinik verlassen hat und zu seinem normalen Leben zurückgekehrt ist. Ich möchte ihn sehen, um mein schlechtes Gewissen endlich loszuwerden. Wir gehen zusammen Mittag essen. Er zeigt mir seine Narben. Mit einer Rasierklinge hat er sich vier Mal in den rechten Arm geschnitten.

»Ein Arm reicht«, sagt er. »Ich hatte eine Depression. Wenn ich sehr nervös bin, werde ich depressiv und dann denke ich ständig an Selbstmord, nicht weil ich anderen wehtun will, aber mir, weil ich mir wehtun will. Ich hab mir schon überlegt, wie ich es das nächste Mal anstellen muss, damit es nicht danebengeht.«

»Es tut mir echt leid«, entschuldige ich mich. »Ich habe mir nicht vorstellen können, dass ich dich so unter Druck gesetzt hatte. Ich dachte, du hättest gerne mit mir geredet, und das mit der Rechnung ...«

»Die hab ich verbrannt!«, fällt er mir sofort ins Wort. »Die hab ich zusammen mit den anderen Papieren verbrannt, und da ist sogar die Polizei erschienen und hätte mich um ein Haar einkassiert, weil die meinten, ich wollte mein Zimmer in der Pension in Brand stecken.«

Die Psychologin oder Psychiaterin muss wirklich einen schlechten Tag gehabt haben, als sie festhielt, dass dieser Mann eine »eine sehr geringe Neigung zu Erfindungen« aufweist. Ich muss zugeben, dass ich Gil José immer glauben wollte, seit ich ihn kenne, aber tief im Innern hat er mich nie überzeugt. Selbst die Geschichte mit der Rechnung konnte ich ihm wirklich abnehmen, ich hatte immer den Eindruck, dass er sie gar nicht gefunden hat.

Wir reden und reden und kommen auf seine Aussage zurück. »Mal sehen, ob er alles genauso wiederholt«, denke ich. Und, da schau her, er ändert ein paar Dinge. Am Tag, als wir gemeinsam nach Tor fuhren und ihn dreimal gefilmt haben, hatte er Sansa folgenden Satz in den Mund gelegt: »Einen Scheiß wirst du!« Heute, ohne den Stress der Kamera, ein Lammkotelett vor sich auf dem Teller, behauptet er, dass Sansa, bevor er den Tritt in die Eier bekam, zu Mont gesagt habe: »Einen Scheiß wirst du, du verkacktes Arschloch!« Ist das nebensächlich? Vielleicht, aber es fällt mir auf, denn Gil José hatte nie auch nur ein Wort oder Komma geändert, ja nicht einmal den Tonfall seiner Aussage. Und jetzt auf einmal diese Änderung. Ich wundere mich auch darüber, dass er von alleine, ohne dass ich ihn frage, auf die Vorfälle in Sansas Haus zu sprechen kommt. Bisher wollte er alles nur von außen beobachtet haben. Als wir im Februar 1997 in Tor waren, sagte er: »Ich hab nicht gesehen, ob sie ihn wirklich hineingebracht haben, da war ich schon weg.« Und dann sagte er: »Ich weiß, dass im Haus mehr Leute waren, aber das kann ich euch jetzt nicht erklären, weil mir noch Beweise fehlen, um sicher sagen zu können, wer die Leute da drin waren, und das werde ich nur vor einem Richter sagen.«

Aber jetzt erzählt er mir:

»Das Kabel haben die ihm an den Hals gemacht, damit es so aussah, als hätte er sich erhängt.«

Je mehr er redet, umso überzeugter bin ich, dass dieser Mann, den ich trotz allem gern habe, entweder die Tat gesehen hat oder einer der Mörder ist. Ich frage mich, ob es sich nicht um einen »Gruppenmord« gehandelt hat, und er vielleicht einer der Täter gewesen ist. »Du steckst wieder deine Nase in die Sache«, ermahne ich mich selbst. »So kann das nicht weitergehen, sonst wirst du noch krank.« Aber jedes Wort dieses Pechvogels verwirrt mich noch mehr.

»Der hatte den Hals an zwei oder drei Stellen gebrochen«, betont er. »Die haben ihm nämlich eine Menge Hiebe verpasst.«

»Und woher willst du das wissen? Hast du das gesehen? Hast du es in der Zeitung gelesen? Hat es dir jemand erzählt? Oder hast du es mit deinen visionären Künsten erraten können?«, fahre ich ihn an. Ich habe nichts zu verlieren. Ich nehme kein Blatt vor den Mund.

»Die haben auch blonde Haare von Mari in der Hand des Toten gefunden«, setzt er hinzu, ohne auf mich einzugehen, so als müsste er seine Rede ohne Unterbrechungen loswerden.

Mari war eine der Hippies, die im Juli 1995 zusammen mit Mont und Marli ins Dorf gefahren waren. Sie gehörte zu der Gruppe aus der Unterwelt von La Seu und war fast immer betrunken oder bekifft. Das mit den Haaren stand in keinem Protokoll und noch weniger im Obduktionsbericht. Außerdem habe ich den Eindruck, er nennt den Namen Mari willkürlich und hätte genauso gut einen anderen wählen können.

»Ich glaube, du hast Gewissensbisse wegen einer Sache, die du verheimlichst, daher die Depression«, sage ich zum Abschied.

»Ja, du hast recht, irgendwann wird alles rauskommen,

oder die Gewissensbisse und alles, was ich weiß, gehen mit mir ins Grab.«

Und dann war er weg.

Seitdem habe ich ihn nicht wiedergesehen. Man hat mir gesagt, dass er immer noch da oben zwischen La Seu und der Cerdanya als Hirte arbeitet und aufpasst, dass die Schafe nicht zu lange im Schatten stehen. Vielleicht denkt er dabei an seine glücklichen Tage in der Folkloregruppe von Sant Celoni zurück, als er die Rolle des Manelic spielte.

Die Version von Cerdà, dem dritten Lokalpotentaten

Ohne es zu wollen, und manchmal auch bewusst, habe ich neue Dinge über Tor in Erfahrung gebracht. Da taucht immer der eine oder andere auf, der mir etwas erzählt. Noch Jahre nach der Reportage stand eine Sache aus: nämlich mit dem alten Cerdà zu reden. Weil ich jedoch verhindern wollte, dass meine Gegenwart ihn wieder außer Rand und Band brächte oder sogar einen Infarkt auslöste, bat ich einen befreundeten Journalisten, den Universitätsprofessor Carles Pont, mit ihm zu sprechen.

»Du kennst die Geschichte gut. Du gehst im Sommer nach Tor und gibst dich wahrheitsgemäß als Professor aus. Du erzählst ihm, dass du Bücher schreibst und das Grundstück hinter seinem Haus kaufen möchtest, weil du dort ein Holzhäuschen hinbauen willst, um ruhig und ungestört arbeiten zu können.«

Gesagt, getan. Der arme Pont nahm Kontakt mit der Familie auf, und nach und nach verhandelte und redete er an meiner Stelle mit dem alten Cerdà. Als das Thema auf Tor kam, wurde der Mann ganz sentimental. Sie haben sich drei- oder viermal in drei Jahren gesehen. Im Sommer fuhr Pont hoch nach Tor und im Winter besuchte er die Familie in Tremp. Die Sache mit dem Grundstück war anfänglich nur ein Vorwand, aber als ich in einem Sommer hochfuhr, sah ich mir die Wiese wieder an und fand das Grundstück wirklich wunderschön. Es liegt direkt hinter dem Dorf und der Blick ist umwerfend, es ist sonnig, ein Bach läuft hindurch und zwei große Felsen thronen davor wie ein riesiges Tor. Am Eingang steht: »Privateigentum von Cerdà.« Der alte Sarroca machte sich ganz krank mit seinem Groll.

»Wäre ich vor vierzig Jahren aus Tor weggegangen, hätte ich jetzt für jede Pesete, die ich besitze, zehntausend Peseten und wäre reich. Stattdessen fühlen wir uns alle betrogen, ich, meine Frau und die ganze Familie.«

Der Alte war an die achtzig. Das Alter war geschätzt, und Carles Pont erzählt die Unterhaltung folgendermaßen:

»Nein, noch bin ich keine achtzig! Viel fehlt nicht, aber noch bin ich nicht so alt.«

»Sie sehen viel jünger aus«, sagte Pont, der weiß, dass jeder ab einem gewissen Alter froh ist, wenn man ihn für jünger hält.

»Aber die Jahre merke ich schon«, seufzte Cerdà und erinnerte sich an seine alten Schmugglertage. »Ich habe viel gelitten in meinem Leben. Heilige Mutter Gottes! Als ich mit der Ware auf dem Buckel bis Esterri gewandert bin ... nach dem Bürgerkrieg, und die ganzen Karabiner, die kein Mitleid kannten ... Damals haben die auf einen geschossen und dich da liegen lassen! Acht Männer haben für mich gearbeitet« – hier wird sein Wohlstand und der seiner Familie deutlich –, »und einmal wurde ich geschnappt und aufs Revier geschleppt, aber die hatten Angst und haben mich wieder laufen lassen ... das weiß ich, weil ... Verdammt, das waren andere Zeiten!«

Und natürlich sein Hass auf Palanca.

»Solange es diesen Hu ... gibt, wird es da oben keinen Frieden geben.« Bei dem Wort hält er sich zurück.

Und wie die anderen Bewohner von Tor wetterte auch er gegen die Behörden.

»Der Bürgermeister von Alins ist – wie alle Bürgermeister der Ortschaften da oben – der dümmste Esel im ganzen Dorf!«, behauptete Cerdà, nachdem er Pont erzählt hatte, wie er noch im selben Sommer mit aller Welt gestritten hatte, weil man den Verlauf der Straße von Alins nach Tor ändern wollte. »Das ist eine Bande von Schwachköpfen. Die wollten die Straße mitten durch den Fluss führen. Diese Ingenieure sind stockdumm. Meine Frau schimpfte mit mir, weil ich dann nachts nicht geschlafen habe, aber ich musste denen sagen: ›Bringt mich nicht auf die Palme, die Dinge macht man entweder richtig oder man lässt die Finger davon. Die Straße muss dort durch, wo sie herkommt. Ihr müsst sie verbreitern, asphaltieren und das war's!‹ Die hätte ich gerne vor Gericht gebracht, aber meine Frau hat mich nicht gelassen.«

Über den Straßenbau von Tor zum Pass Port de Cabús berichtete er, dass die Karrabiner – er betonte das R – sie damals vierhundert Meter vor der Grenze anhielten.

»Sansa, der ein guter Mann war« – das wiederholte er oft –, »und ich gingen deswegen nach Lleida, um mit den Leuten von Icona zu reden. Die haben wir dann reingelegt. Wir haben ihnen erzählt, dass sie die Grenze öffnen müssten, damit wir an eine Quelle gleich beim Port de Cabús kämen. Stell dir vor! Mein Jeep war der Erste, der über die Grenze nach Andorra fuhr«, sagte er.

Komisch, alle besitzen einen Jeep oder einen Mercedes und alle waren die Ersten, die über die Grenze fuhren.

Was das Jahr 1980 angeht, so erzählte er sehr verärgert, dass man auch ihn habe töten wollen.

»Als sie damals die von Vic, die Zigeuner, umgebracht

haben, da wollten sie mich auch umbringen. Schau, hier, auf dieser Bank, haben die mir aufgelauert«, und er zeigte auf eine Steinbank, die neben seinem Haus in Tor steht. »Und ich versteckte mich mit dem Gewehr hinter der Tür. Die waren länger als eine Stunde da. Und ich bin nicht raus. Sonst hätten sie mich kaltgemacht. Jawohl, und wie die mich kaltgemacht hätten! Das ging alles auf die Kappe von dem Schweinehund!«, sagte er und knirschte mit den Zähnen. Er meinte Palanca. »Der wollte mich immer beseitigen. Und wenn er das jetzt nicht tut, dann nur weil er genau weiß: Wenn er mich kaltmacht, ist er in zwei Tagen selbst tot!«

Die Verhandlungen meines Freundes Pont um das Grundstück – wenn sie einen annehmbaren Preis verlangt hätten, hätte ich mir die Sache ernsthaft überlegt – waren letztendlich ergebnislos. Wie alle Leute in Tor war auch der alte Cerdà davon überzeugt, dass der Boden dort ein Vermögen wert sei. Beim Abschied klagte er erneut über seine Gesundheit.

»Mir geht's beschissen!«, sagte er und schüttelte den Kopf. Den Verkauf hatte er schon wieder vergessen, wie er wohl auch von Anfang an gewusst hatte, dass der Handel nicht zustande kommen würde.

»Na, na, sagen Sie das nicht«, tröstete ihn Pont.

»Ich mache kaum ein Auge zu.«

»Wie kommt das?«

»Die Sache mit dem Berg lässt mir keine Ruhe, den ganzen Tag und die ganze Nacht denk ich daran.«

Seine Frau nickte traurig. Sie war es auch, die uns einen wunderbaren Satz schenkte, als sie über Sansas Tod sprach und sagte: »Wo auch immer ein Feuerchen brennt, früher oder später wird man seinen Rauch sehen.«

Weil ich Anfang 1997 eine geraume Zeit in der Pension Montaña verbracht hatte, als ich für die »30 Minuts« unterwegs war, fahre ich seither fast jedes Jahr im Sommer mit meiner Familie für ein paar Tage dorthin. Und immer treffe ich auf Palanca.

Palanca löst Wut, Hass und Angst aus. Ich komme gut mit ihm klar. Natürlich beschimpft er mich bei unserer Begrüßung Lügner, Verräter und Hundsfott, aber danach lädt er mich zum Frühstück ein – Spiegeleier mit eingelegtem Schweinefleisch, köstlich!, und dazu Weißwein –, und bei der Gelegenheit zeigt er mir tonnenweise Schriftstücke. Aber auch in Lleida sehe ich ihn manchmal. Dort treffen wir uns im Restaurant Casa Vasca. Er und Ramon, der Inhaber, sind gleichaltrig und gingen zusammen auf die Maristenschule. Jaume, Ramons Bruder, und seine Frau Consol – die jetzigen Inhaber – sind des Öfteren mit Palanca auf Pilzsuche gegangen. Sie kommen jedes Mal schwer beladen zurück, weil Palanca die Wälder besser kennt als seine Westentasche. Ich treffe mich nicht gerne mit ihm in Lleida, er veranstaltet da immer ein Höllenspektakel und nach fünf Minuten sind wir der Mittelpunkt des Restaurants. Man kann ihm sagen, er soll nicht so brüllen, es nützt nichts. Anfangs habe ich gedacht, dass er halb taub ist und so brüllt, um sich selbst zu hören. Aber nein, der brüllt, um auf sich aufmerksam zu machen. Er braucht das.

Manche sagen, er sei schwachsinnig. Die Anwälte und Staatsanwälte haben sich schon oft überlegt, ihn für unzurechnungsfähig zu erklären, damit er keine Klagen mehr einreichen kann. Einmal hat er sich aus diesem Grund der Strafe entziehen können. Eine Richterin hat ihn 1990 bei einer Anklage wegen Widerstands gegen die Staatsgewalt freigesprochen – bei einer seiner ewigen Pferdestreitereien hatte er einen Sargento der Guardia Civil beschimpft –, weil der zuständige Gerichtsarzt folgende Diagnose stellte: »Der Angeklagte weist paranoide Symptome auf, er leidet unter sekundären Wahnvorstellungen, d.h. Verfolgungswahn«. Das Gutachten hielt fest, dass Palanca »sich von der Justiz und den ihr nahestehenden Behörden verfolgt fühlt«. Ich nehme an, dass der Arzt sich auf die Anwälte und Ordnungskräfte bezog. Der Gerichtsmediziner kam zum Schluss, »dass der Angeklagte unzurechnungsfähig ist, weil er restlos davon überzeugt ist, ständig verfolgt zu werden«. Im Jahr 2003 hat er sich immer wieder in Szene gesetzt, wenn er zu einer Verhandlung musste. Man hatte ihn ein paarmal angezeigt wegen der Verwüstungen, die seine Pferde auf fremdem Grund und Boden angerichtet hatten – viele dieser Anzeigen kamen von seinem einzigen Bruder, der heute tot ist. Einmal ist er vollkommen durchgedreht, als die zuständige Richterin die Polizei anwies, ihn zwei Tage vor der Verhandlung festzunehmen, weil sie fürchten musste, dass er einmal mehr nicht erscheinen würde. Aber Palanca ist Palanca. Er erschien zur Verhandlung, aber dann hat er sich vor dem Gericht und allen Anwesenden ausgezogen. Ganz genau! Er hat sich ausgezogen! Er stand da in seinen Unterhosen und schrie lauthals. »Ich bin bekloppt! Seht ihr das nicht? Ich scheiß drauf! Ich scheiß drauf!« Man hat ihn zu einer Kleinigkeit verurteilt, aber das ist ihm egal. Stolz zeigt er die Papiere, die bezeugen, dass fast sein ganzes Eigentum gepfändet ist. Wenn man ihm zuhört, weiß man nie, was man glauben soll.

»Mir gehört nichts, ich weiß nicht, warum die mich verurteilen!«, versichert er.

Kaum hat er das erzählt, schreit er gleich hinterher:

»Ich will, dass die mich einbuchten, aber bisher hat das nicht geklappt.«

Er trägt eine schwarze Mappe, Größe DIN-A4, mit sich herum, in der er die Dokumente aufbewahrt, die das aktuelle Verfahren betreffen. In seinem Haus liegt ein riesiger Stapel Papiere, aber er hat immer nur die Unterlagen zum brandneuen Fall bei sich. Die Blätter sind fleckig, zerrissen oder zerknittert, und er kennt den Wortlaut fast auswendig. Ein Dokument in der Sammlung ist ein medizinisches Gutachten einer Ärztin aus Sort, die ihn vor einer seiner letzten Gerichtsverhandlungen untersucht hat. Darin heißt es: »Paranoide Persönlichkeit mit Verfolgungswahn. Ich empfehle die Einlieferung in eine Klinik.«

Er zeigt mir das Schriftstück, und während ich es durchlese, sagt er:

»Die sollen mich einlochen, Mensch! Die müssen mich wegsperren, das sieht man doch, oder?«

Manchmal frage ich mich schon, warum sie ihn nicht wirklich wegsperren. Trotzdem, immer wenn ich da hochfahre, freut es mich außerordentlich, ihn anzutreffen.

Neue Untersuchung der Guardia Civil

Anfang 1999 erhielt ich einen Anruf von einem jungen Beamten der Guardia Civil. Er saß in seinem Büro in der Kaserne von Lleida im Stadtviertel Secà de Sant Pere und erzählte mir:

»Bei der Verlagerung der Zuständigkeiten auf die Mossos ist uns die Arbeit knapp geworden, und jetzt hat man mich damit beauftragt, ungelöste Verbrechen neu zu ermitteln.«

»Und was wollen Sie von mir?«, frage ich begeistert, weil ich schon ahne, was er mir sagen wird.

»Nun, ich habe das über Tor gesehen und glaube, dass Sie mir helfen können. Besser gesagt: Wenn Sie einverstanden sind, sagen Sie mir alles, was Sie wissen, und ich versuche, es nachzuprüfen und Beweise aufzutreiben.«

Er macht mich zum glücklichsten Menschen der Welt. Das ist ein Erfolg, den ich mir nicht in meinen kühnsten Träumen vorgestellt hätte. Ich zögere keine Sekunde: Ich werde ihm so lange wie nötig mit Rat und Tat zur Seite stehen. Er ist ein methodischer Polizist und schreibt alles mit, was ich ihm sage.

»Ich würde gerne die Ermittlungen von Sargento Yanes weiterverfolgen«, sagt er. »Vielleicht kann ich sie vervollständigen. Aber wenn Sie« – er will mich einfach nicht duzen – »mir zu einem anderen Weg raten ...«

»Nein, nein«, rufe ich begeistert aus, »das finde ich sehr gut. Wenn du nur den Fehlern in der Untersuchung und dem Verfahren nachgehst, hast du schon Arbeit für Monate.«

»Verdammt! Echt? Wurde das so schlecht gemacht?«

»Schau mal, ich geb dir ein Beispiel: Am Rücken des Toten, zwischen den Kleidungsstücken, die er trug, haben die Gerichtsmediziner Erde gefunden, was darauf hinweist, dass er möglicherweise an einem anderen Ort umgebracht wurde, und die Leiche nachher in das Haus, in die Küche, geschleppt wurde, wo man sie gefunden hat. Der Sargento hat an elf verschiedenen Stellen Erdproben nehmen lassen, um diese mit der Erde zu vergleichen, die in der Jacke des Toten gefunden wurde. Die Labore in Madrid haben gesagt, dass sich in keiner der Proben Blut befand!«

»Verdammt! Haben sie denn die Proben nicht verglichen?«

»Nein. Da ist jemandem auf der Behörde ein Fehler unterlaufen, mit der Folge, dass sich nicht ermitteln ließ, ob Montané in seinem Haus ermordet wurde, oder, wie es den Anschein hat, an einem anderen Ort, und man ihn von dort bis ins Haus transportierte.«

»Oje, oje!«

Ich erläutere ihm, dass ich vierzehn verschiedene Hypothesen zum Mord an Sansa habe, mit Verdächtigen und allem, was dazugehört, aber dass ich ihn nicht verwirren möchte. Er ist sehr professionell und meint, dass man schrittweise vorgehen sollte. Er spricht erneut mit dem Kellner vom Gasthaus Fonda Europa und mit Gil José, und er versucht, Batallé aufzuspüren, den Schmuggler. Den Ersten streicht er von der Liste:

»Ich glaube, der hatte Probleme mit Drogen, aber mit Tor hat der nichts zu tun«, erklärt er mir.

Und aus dem Schafhirten bringt er auch nichts heraus.

»Er bleibt bei seiner Aussage«, erläutert er mir am Telefon. »Aber er weiß mehr. Ich knöpfe ihn mir demnächst noch mal vor.«

»Und der Schmuggler?«, frage ich.

»Der ist verschwunden. Sein Auto ist seit Monaten in Sort geparkt, und die Mossos d'Esquadra haben es blockiert, doch ihn selbst hat niemand gesehen.«

»Den werden sie umgelegt haben!«, vermute ich.

»Möglich. Wer weiß. Jedenfalls wird ihn niemand vermissen«, sagt er, bevor wir uns verabschieden. Er will am Ball bleiben.

Monate vergehen. Er hat noch andere Fälle und eilig ist es ihm nicht. Ich höre nichts von him. Eines Tages ruft er mich an:

»Hör mal« – diesmal duzt er mich –, »ich gehe in den Kosovo.«

Er ging freiwillig in den Balkan mit einem Sonderkommando der Guardia Civil. Damit endete die Untersuchung der Guardia Civil und, soviel ich weiß, hat die katalanische Polizei, die Mossos d'Esquadra, den Fall nie aufgenommen.

Als ich mich entschloss, ein Buch über Tor zu schreiben, habe ich meinen Freund Carles Pont erneut um Hilfe gebeten und ihm aufgetragen, herauszufinden, ob Juden über Tor nach Spanien geflohen sind. Ich dachte dabei an Rubens Worte und die Knochen, die Olivella bei seiner Buddelei im Boden gefunden hatte.

Zunächst galt es festzustellen, ob wirklich Juden durch die Gegend gewandert waren. Es gibt Bücher, die die Zahl der Juden, die zwischen 1939 und 1944 durch Katalonien kamen, auf 30 000 schätzen. Hätte von denen nicht einer über Tor gehen müssen? Carles Pont fand ein Buch von Martin Bertelott, *Memorias judías*, das bezeugt, dass viele Juden aus Frankreich Führer anheuerten, die sie nach Andorra brachten. Ein Zeuge erklärt: »Da sind schreckliche Verbrechen geschehen, und ich wundere mich, dass niemand die Schuldigen sucht ... Die armen Juden nahmen mit, was sie tragen konnten. Sie hatten Gold, Edelsteine ..., und als sie oben in den Bergen waren, tötete man sie und raubte sie aus. Genaueres weiß man nicht. Aber es gibt viele Andorraner, die durch den Raub Millionäre wurden. Vieles wird verschwiegen.«

Mein Berater hat sich an Experten gewandt. Der Historiker Joan B. Culla meinte, er fühle sich geschmeichelt, weil man ihn für weiser halte, als er tatsächlich sei, und ihm mehr Wissen zuschreibe, als er besitze. Ja, er habe davon gehört, aber er könne die Sache nicht bestätigen.

Ein anderer Experte in Zeitgeschichte, der Universitätsprofessor Josep Maria Solé Sabaté, erklärte Pont, dass wohl der eine oder andere Mord überliefert sei, man aber vorsichtig sein sollte, diese Einzelfälle zu verallgemeinern. Die »Israelische Gemeinde von Katalonien« hat ihn an Personen verwiesen, die die Theorie weder bestätigen noch verneinen konnten. Andere wiederum behaupteten, dass Morde stattgefunden hätten.

Ein Pressekollege, Daniel Arasa, schrieb in seinem Buch *La guerra secreta del Pirineu,* dass »in bestimmten Fällen der Reichtum mit dem Blut der Flüchtlinge erkauft wurde. Man raubte sie aus und ließ sie in den Bergen zurück, manchmal hat man sie sogar getötet. Andere wurden einfach an die Deutschen ausgeliefert.«

Noch während ich zum Fall Tor recherchierte, wurde auf TV3 eine Serie des Regisseurs Lluís Maria Güell ausgestrahlt. Ihr Titel war identisch mit dem der Buchvorlage: *Entre el torb i la Gestapo – Zwischen Schneesturm und Gestapo.* Ich erinnere mich, dass Güell mir einmal sagte: »Du kannst dir nicht vorstellen, wie heikel das Thema ist und wie viel Blut da vergossen wurde, von dem man nichts weiß.« Seine vorzügliche Arbeit hat mich in meiner Meinung bestätigt, dass es keineswegs unsinnig war, Verbindungen zwischen Tor, den Juden und Andorra zu sehen. Und auch in *Paso clandestino, las otras listas*, einem Buch des Journalisten Alberto Pavedo, der 1942 Pressechef der Zivilregierung von Lleida und Redakteur bei der Zeitung *La Mañana* gewesen war, ist die Rede von einer Flut von Flüchtlingen, die von Frankreich über diese Region der Pyrenäen eingewandert waren.

Das Leben bringt immer neue Überraschungen. Eines Tages Ende 2004, ich kam gerade aus einer Unterrichtsstunde für Audiovisuelle Kommunikation an der Universität von Lleida, traf ich Conxita Mir, die Geschichtsprofessorin. Ich dachte sofort: »Sie ist eine bekannte Spezialistin in Sachen spanischer Bürgerkrieg, bestimmt weiß sie ...«

»Nein, ich nicht«, sagte sie mit ihrem weisen Lachen, »aber ich betreue die Doktorarbeit von Josep Calvet, der ist die Nummer Eins auf dem Gebiet der Fluchtwege und der Judenwanderungen. Wenn er es nicht weiß, dann weiß es keiner.«

Noch am gleichen Abend habe ich ihn angerufen. Bei unserem Gespräch wurde mir klar, dass das Thema Tor ein Fass ohne Boden ist. Wenige Tage später erhielt ich von ihm folgenden Brief:

3. Dezember 2004

Lieber Carles,
anbei übersende ich dir die Kopie eines Schriftstücks der Zivilregierung von Lleida. Ich habe es aus dem örtlichen Historischen Archiv. In diesem Dokument sind verschiedene Routen aufgeführt, um Flüchtlinge über das Fürstentum Andorra nach Spanien zu schleusen. Wie du feststellen wirst, wurden die Wege gewöhnlich von Schmugglern benutzt, die nebenher oft die Rolle von Führern übernahmen, sei es im Dienst der Flüchtlingsorganisationen oder auf eigene Faust.

Was die Personengruppen betrifft, die in der Gegend verhaftet wurden, habe ich sie in drei Gruppen eingeteilt. Es gab sicherlich viel mehr, aber in den Unterlagen des Gefängnisses von Sort werden die Übergänge nach Spanien nicht angegeben. Das lässt sich nur anhand der Akten der Personen verifizieren, die ins Konzentrationslager von Miranda de Ebro gebracht wurden. Dabei handelt es sich um eine sehr aufwendige Arbeit, weil man jede einzelne Akte durchgehen muss und weil fast zwanzigtausend Fälle archiviert sind.

11 Verhaftete in Tor, um den 27. November 1942. Es handelt sich um Polen jüdischer Herkunft. Sie wurden nach Sort gebracht, von dort nach Lleida und später nach Miranda.

2 Polen, festgenommen um den 14. November 1942. Gleicher Verlauf wie die vorigen.

2 Franzosen jüdischer Herkunft, festgenommen Anfang Juni 1944. Wie die anderen wurden sie von Sort nach Lleida und von dort nach Miranda transportiert.

Die Monate, in denen diese Gruppen verhaftet wurden, sind

besonders bedeutsam, weil sie mit den Höhepunkten der jüdischen Fluchtwellen zusammenfallen: Im November-Dezember 1942 sowie im Juni 1944 wurde eine massive Verfolgung der in Frankreich wohnenden Juden eingeleitet.

Es muss noch ein anderer Aspekt in Betracht gezogen werden, den ich dir vielleicht bisher nicht mitgeteilt habe. Nach Ende des Zweiten Weltkriegs kamen Deutsche, die vor den Gefangenenlagern der Alliierten flohen, und suchten Schutz bei den franquistischen Behörden. Einige davon wanderten über Tor. Es kann daher sein, dass die Personen, die zuerst Juden und Alliierte über den Berg geführt hatten, später Nazis begleiteten.

Für weitere Fragen stehe ich dir jederzeit zur Verfügung.

Grüße und alles Gute für dein Buch.

Josep Calvet

Mit diesem Brief als Ausgangspunkt hätte ich bald neues Material für ein weiteres Buch finden können, aber zwei wichtige Gründe bewegten mich dazu, die Geschichte abzuschließen. Zum einen hatte ich 2003 im Rahmen der Vallverdú-Literaturpreise von Lleida ein Jahresstipendium für mein Buch erhalten, und die gesetzte Frist war beinahe abgelaufen. Zum anderen bin ich überzeugt, dass Tor für mich zu einem endlosen Albtraum werden könnte, wenn ich den im Brief angezeigten Spuren – Juden, Nazis – nachginge.

50

DAS LETZTE URTEIL

Im Mai 2005 wurde das letzte Urteil über die Eigentumsverhältnisse des Berges von Tor gefällt. Der Prozess dauerte vierundzwanzig lange Jahre. Mit Verweis auf den Vertrag von 1896, demzufolge die Miteigentümer das ganze Jahr über im Dorf leben mussten, wurde er 1981 von Sansa und Cerdà gegen die anderen eingeleitet, um sie aus der Gesellschaft auszuschließen. Ein Grund für den langen Prozess war, dass die Mehrheit der Streitführer, allen voran Palanca, Anwälte auf Staatskosten im Rahmen der Prozesskostenhilfe beantragten, die sie dann einen nach dem anderen ablehnten. Einige haben zehn, zwanzig und mehr Anwälte verschlissen. Die schlechte Verbindung zwischen Tor und der Zivilisation hat die Dinge auch behindert, weil viele der Dorfbewohner die Adresse von Tor für die Benachrichtigungen beibehalten haben und jeder Brief eine Ewigkeit brauchte, bis er seinen Adressaten erreichte. Im Verlauf des Rechtsstreits sind fast alle existierenden Gerichte zu Wort gekommen:

1995: Das Gericht erster Instanz von Tremp erklärt Sansa zum Alleineigentümer. Berufung.

1997: Das Landgericht von Lleida erklärt den Berg zum Eigentum aller, die sich in Tor aufhalten. Revision.

2002: Der Oberste Gerichtshof annulliert alle vorangegangenen Urteile wegen Formfehlern. Der Fall wird erneut ans Landgericht von Lleida verwiesen.

2004: Das Gericht von Lleida entscheidet, dass alle Parteien Eigentum am Berg haben, weil alle während über dreißig Jahren das Grundstück im Grundbuch auf ihren Namen oder den ihrer Rechtsnachfolger eingetragen haben. Im Zivilrecht heißt diese Rechtsfigur »Ersitzung«. Obwohl sein Anwalt ihm klarmacht, dass er den Prozess gewonnen hat, weil die Klage von 1981 darauf abgezielt hatte, ihm seinen Anspruch auf Tor streitig zu machen, legt Palanca beim Oberlandesgericht von Katalonien Revision ein.

»Verdammt noch mal! Das Sagen hat, wer das Recht hat! Das sind alles Diebe. Die anderen sind von Tor weg und leben jetzt auf meine Kosten! Was mein ist, ist mein und ist mein! Und Schluss, aus! Krieg, bis zum letzten Blutstropfen! Die oder ich! Sie haben mich beraubt und sie wollten mich umbringen, und jetzt bin ich der Angeschmierte. Ich hab als Einziger den Berg verteidigt, und mich wollen sie austricksen. Da bleibt nur eins: Gewalt! Ich wehre mich bis zum letzten Atemzug! Nichts akzeptier ich, nur über meine Leiche! Und Schluss!«

Man hat ihm Arrangements und Geld angeboten – zuletzt 100 Millionen Peseten. Sie begreifen nicht, dass das für ihn die schlimmste Beleidigung ist, die sich denken lässt. Palanca hat keinen Kontakt zu seiner Familie, hat niemals geheiratet und soweit bekannt ist, hat er keine Kinder. Alles, was er besitzt, ist der Berg von Tor und seinen Stolz.

Am 19. Mai 2005 hat das Oberlandesgericht von Katalonien das nach juristischem Standpunkt letzte Urteil über die Eigentumsverhältnisse von Tor gefällt. Es bestätigt in allen Punkten das Urteil des Landgerichts von Lleida. Zeitlich, aber auch juristisch gesehen handelt es sich um das letzte Urteil, weil kein Rechtsbehelf mehr eingelegt werden kann. Bemerkenswert an diesem Urteil ist, dass es wieder die Verhältnisse von 1896 herstellt, wie sie zum Zeitpunkt der Gründung der Gesellschaft der Miteigentümer bestimmt wurden. Das Urteil verfügt, dass sich die Erben der dreizehn Erstunterzeichner die gleichen Rechte ersessen haben, weil ihr Anteil seit mehr als dreißig Jahren im Verzeichnis eingetragen ist. Tatsächlich sind sie dort schon seit über einem Jahrhundert registriert.

Jetzt, da das Urteil gefällt ist, ist der Augenblick gekommen, dass die Erben zusammenkommen und eine neue, den aktuellen Gesetzen angemessene Gesellschaft gründen, die auch den freien Wohnsitz und die Bewegungsfreiheit der Personen festlegt. Ein Jahrhundert ist vergangen, die Dorfbewohner haben über sechzig Jahre gegeneinander prozessiert, drei Menschen wurden getötet …

Können sie eine neue Gesellschaft gründen? Das ist größtenteils schon geschehen. Zwölf der Erben, alle außer Palanca, haben ein Abkommen getroffen, wonach sie sogar eine Expertenkommission berufen, die neue Statuten ausarbeiten soll. Die Rechtsanwälte, die an der letzten Phase der – wenn man das so nennen kann – Friedensstiftung von Tor beteiligt sind, erzählten mir, dass alle Vorkehrungen getroffen sind, und sie nur noch auf Palancas Entscheidung warten. Die Versammlung der Gesellschafter muss offiziell einberufen werden, und diese Aufgabe könnte das Gericht von Tremp in der Phase der Urteilsumsetzung übernehmen. Wenn Palanca erscheint, gut. Falls er nicht erscheinen sollte, auch gut, denn es wären immerhin zwölf gegen einen.

Die erste Klausel, die sicherlich geändert wird, ist die, welche die Gesellschafter zum ständigen Wohnen in Tor verpflichtet. Diese Forderung, die im 19. Jahrhundert dazu beitrug, die Gemeinschaft zusammenzuhalten und vor Fremden zu schützen, ist verantwortlich für die Tragödie von Tor. Der Streit um die Eigentumsanteile und um die Frage, wer längere Zeit im Dorf wohnte, ist letztendlich hinfällig geworden. Die Mehrheit der Erben hat nie um »ihren« Anteil an Tor gekämpft, viele von ihnen sind bestimmt seit den fünfziger Jahren nicht mehr dort gewesen und haben erst reagiert, als sie von Sansas Klage erfuhren, der sie aus der Gesellschaft ausschließen wollte. Zweifellos hat Sansa am meisten um Tor gekämpft, und im Februar 1995 wurde sein Kampf mit Erfolg gekrönt, als der Richter von Tremp entschied, dass Sansa der Alleineigentümer des Berges sein sollte. Dieser Erfolg hat ihm nur fünf Monate später den Tod eingebracht. Wenn er heute, zehn Jahre nach seiner Ermordung, sehen könnte, wie die Dinge stehen, würde er bestimmt Gift und Galle spucken.

Auch Palanca ist nicht zufrieden. Denn wenn er 1976 Sansa und Ruben Castañer nicht die Stirn geboten hätte, dann »würde der Berg jetzt den Engländern gehören«, wie er es selbst formuliert, oder sonst jemandem. Diese Tatsache steht fest, man mag damit leben oder nicht. Und ganz sicher wäre der Großteil der Erben aus Tor verschwunden. Palanca und Sansa haben am meisten für Tor gelitten, aber sie sind nicht die Einzigen: Cerdà, Sisqueta, Emília und Perexica haben ebenfalls viele Tränen vergossen. Die Vergangenheit ist mit Blut und Hass getränkt. Viele sind alt und hätten es früher verdient, ihr Dorf und das Umland in Frieden genießen zu können. Das wird auch in Zukunft nicht leicht sein. Eigentlich müssten diejenigen gewinnen, die am meisten Schweiß – und Blut – bei der Angelegenheit vergossen haben, und nicht die mit den besten Anwälten.

In den letzten Jahren hat es zwei weitere Todesfälle in Tor gegeben. Ein Hippie fiel in einen Abgrund in der Nähe des Dorfes, und ein anderer wurde erhängt in Palancas Berghütte aufgefunden. Als dieser letzte Fall bekannt wurde, hat jemand – mit makaberem Humor – gewitzelt, dass der Hippie in Wirklichkeit im Fluss ertrunken wäre und man ihn zum Trocknen in die Hütte gehängt hätte. Meine Verbindung zu Tor ist über die Jahre so stark geworden, dass Palanca mich angerufen hatte, bevor er der Polizei den Leichenfund meldete. Die katalanische Polizei hat beide Todesfälle zu den Akten gelegt, den einen als Unfall und den anderen als Selbstmord.

Ich denke, dass der Berg von Tor während der letzten acht Jahre eine sehr starke Präsenz in meinem Leben hatte. Vielleicht zu stark.

Unlängst hat man dort »oben« Taufen gefeiert. Das bedeutet, dass die jungen Generationen, die nicht in Tor geboren sind und »unten« leben, ohne Angst ins Dorf fahren, und sei es nur, um dort einen Festtag zu verbringen. Gil José spielt weiter den Manelic in der Cerdanya und hütet Schafe. Mont ist tot – die Leber hat versagt – und Marli befindet sich in einer Rehabilitationsklinik in Barcelona und kämpft um eine Entschädigung für die vierzehn Monate ihres Lebens, die sie im Gefängnis verbringen musste. Palanca und Lázaro haben das Kriegsbeil ausgegraben. Sie arbeiten nicht mehr zusammen und haben eine Gewohnheit daraus gemacht, sich gegenseitig anzuzeigen. In Alins sind neue Gerüchte um den Mord an Sansa in Umlauf geraten. Es heißt jetzt, der Alte habe ein paar Tage vor seinem Tod sechs Millionen Peseten für einen neuen Pachtvertrag für den Berg erhalten, und die Mörder seien mit einem roten Patrol oder einem Terrano nach Tor hinaufgefahren. Die Automarke wechselt je nachdem, wer seiner Meinung freien Lauf lässt. Ruben, der Andorraner, ist nach Jahren des Schweigens diesen Oktober wieder mit zwei Koffern voller Papiere aufgetaucht, die von Tor und Andorra (und von was für einem Andorra!) handeln. Und er besitzt ein von Francesc Sarroca, also Cerdà, unterschriebenes Schriftstück, in dem dieser in seiner Funktion als Vorsitzender der Gesellschaft der Miteigentümer bestimmt, dass der Pachtvertrag weiter seine Gültigkeit hat, solange der Streit um den Berg nicht beigelegt ist.

Das letzte Urteil, das die dreizehn Erben zu den gemeinsamen Eigentümern des Berges von Tor ernennt, und die von den zwölf Gesellschaftern unterschriebene Abmachung scheinen eine historische Feuersbrunst gelöscht zu haben. Nur der pure Neid und der Lockruf des Geldes vermögen dieses Feuer wieder anzufachen. Palanca, der dreizehnte Miteigentümer, erkennt weder das Urteil noch die Abmachung an. Sein Feuer ist noch längst nicht gelöscht. Und so wie ich ihn kenne, zweifle ich, ob es je gelöscht werden kann.

KLEINER FÜHRER ZU TOR

Gesellschaft der Miteigentümer des Berges von Tor

Gesellschaft, gegründet im Juli 1896 von den Familien der dreizehn Höfe von Tor.

Die Dorfbewohner wollten vermeiden, dass der an Holz und Weideland reiche Berg zum Eigentum der Gemeinde würde und in die Hände des Staates fiele. Um ihre Rechte am Berg vor Fremden zu schützen, verpflichteten sich die Dorfbewohner in einem gemeinsam unterzeichneten Vertrag, das ganze Jahr über in Tor zu leben.

Schlüsselpersonen

SANSA

Josep Montané, auch Pepe genannt. Einer der Lokalpotentaten von Tor. Er lebte in ständigem Streit mit seinem Erzfeind Palanca. 1976 tat er sich mit dem Andorraner Ruben Castañer zusammen, um gegen Palancas Willen am Berg von Tor eine Skistation zu bauen. Im Februar 1995 wurde er durch einen Gerichtsbeschluss zum Alleineigentümer des Berges von Tor. Fünf Monate später wurde er ermordet.

PALANCA

Jordi Riba. Der zweite mächtige Lokalpotentat. Als Sansa 1976 den Andorraner Ruben nach Tor brachte, heuerte Palanca zwei Holzfäller als Leibwächter an. Wegen seines ungezähmten Charakters ist er allseits gefürchtet. Im Gegensatz zu den touristischen und urbanistischen Plänen von Sansa und Cerdà, vertrat er stets eine traditionelle Nutzung des Berges von Tor: Nutzholzgewinnung und Weideland.

CERDÀ

Francesc Sarroca. Der dritte Lokalpotentat. Gemäßigter als Sansa und Palanca, fungierte Cerdà viele Jahre als Vorsitzender der Gesellschaft der Miteigentümer. Aus juristischer Sicht hält er diesen Posten noch immer inne. Cerdà hat sich zusammen mit seiner Schwester Generosa, Sansa und Ruben stets gegen Palanca gestellt.

RUBEN

Ruben Castañer Ejarque, ein Aragonier. Hat sich zum ersten Immobilienmakler Andorras hinaufgearbeitet. Gründer der Skistation von Arinsal. Er wurde von Sansa und Cerdà geholt, um am Berg von Tor eine Skipiste einzurichten. Zu dritt versuchten sie, die Anrechte der anderen Miteigentümer des Berges streitig zu machen. Es kam zu Spannungen und Gewaltausbrüchen. Wegen Gewalttätigkeit in Andorra wurde Ruben Castañer des Landes verwiesen.

SARGENTO YANES

Offizier der Guardia Civil, dem Richter von Tremp unterstellt. Er leitete die Ermittlungen im Mordfall Sansa. Obwohl Sargento Yanes einen guten Ruf genoss, wurden seine Untersuchungsmethoden immer wieder kritisiert. Der Fall Tor war einer seiner letzten Fälle.

LÁZARO

Lázaro Moreno, geboren in Jaén, Andalusien. Er kam auf der Suche nach Stuten aus den Pyrenäen nach Tor und blieb im

Dorf. In den neunziger Jahren arbeitete er als Palancas Knecht und wurde zu dessen Schatten. Er ahmte Palancas gewalttätige Art nach und machte sich mit Unterstützung von Pili, Sisquetas Tochter, zum Verteidiger von Palancas Rechten. Jahre später zerstritten sich Herr und Knecht. Die Gründe dafür sind unbekannt.

ANTONIO GIL JOSÉ
Schafhirte, Einzelgänger, Waise seit seinem siebten Lebensjahr, übersät mit körperlichen und seelischen Narben. Eine Psychologin hielt in einem Gutachten fest, Gil José weise »eine sehr geringe Neigung zu Erfindungen« auf. Er lebte zeitweise in Tor sowie in der kriminellen Unterwelt von La Seu. Belastungszeuge gegen Josep Mont und Marli Pinto, die er des Mordes an Sansa anklagte.

JOSEP MONT UND MARLI PINTO
Ein Verbrecherpärchen aus La Seu. Im Juli 1995 hielten sie sich in Tor auf und wurden des Mordes an Sansa bezichtigt. Im Dezember 1996 wurden sie freigesprochen. Sie haben immer ihre Unschuld beteuert. Josep Mont stammte aus La Seu und ist inzwischen verstorben, Marli Pinto ist Brasilianerin.

BATALLÉ
Ein sehr gewalttätiger Schmuggler. Er soll Josep Mont und Marli Pinto von Tor nach La Seu gefahren haben. Zuerst bezichtigte er die beiden des Mordes an Sansa, danach erschien er nicht zur Verhandlung. Es heißt, er habe »Blut an den Händen«.

HIPPIES (GREGORI, BORO, XAVI UND OLIVELLA)
In Tor ist die Bezeichnung »Hippie« sowohl ein Synonym für »alternativ« als auch für »verkommen«. Gregori war der ältes-

te Hippie, und lange Jahre verbrachte er jeden Sommer in Sansas Berghütte. Im Juli 1995 drangen Boro und Xavi auf der Suche nach Esswaren in Sansas Haus ein und entdeckten seine Leiche. Olivella – »der Skin« – war als gewalttätig bekannt. Er lebte bis wenige Tage vor dem Fund der Leiche bei Sansa.

Die wichtigsten Ereignisse im Überblick

1896
Gründung der Gesellschaft der Miteigentümer.

1944
Bei einem Kampf zwischen Maquisarden und Guardia Civil in Tor brennen vier Häuser ab. Diese Tatsache und das Elend der Nachkriegszeit treiben viele Familien aus dem Dorf.

1967
Sansa lässt einen Waldweg anlegen, der Tor über den Pass Port de Cabús mit dem Fürstentum Andorra verbindet.

1976
Cerdà und Sansa verpachten den Berg im Namen der Gesellschaft der Miteigentümer an den Andorraner Ruben Castañer und schließen die anderen Miteigentümer von dem Vertrag aus. Ruben kommt mit Leibwächtern nach Tor.

1978
Palanca gründet mit den anderen Miteigentümern eine Parallelgesellschaft. Sie verpachten das Holz des Berges an die Holzfäller von Vic, Palancas Leibwächter. Die Spannung zwischen den beiden Lagern lässt Gewaltakte befürchten.

1980

Rubens Leibwächter töten Palancas Leibwächter.

1981

Die Anwälte von Ruben und Sansa klagen gegen die anderen Dorfbewohner. Das Gericht von Tremp soll entscheiden, wer Anrecht auf den Berg hat.

1995

Vierzehn Jahre später, am 24. Februar, hält das Gericht von Tremp fest, dass Sansa als einziger Dorfbewohner das ganze Jahr über in Tor lebt. Das Urteil macht ihn zum Alleineigentümer des Berges von Tor.

Fünf Monate später, im Juli, wird Sansa in seinem Haus tot aufgefunden. Er wurde verprügelt und erwürgt, sein Schädel wurde mit einem Knüppel eingeschlagen.

Im Oktober behauptet der Saisonarbeiter Antonio Gil José, er habe das Verbrechen beobachtet. Er beschuldigt zwei Kleinverbrecher und Exschmuggler aus La Seu des Mordes: Josep Mont und Marli Pinto. Beide hatten ebenfalls für Sansa gearbeitet. Laut Gil José haben sie Sansa umgebracht, weil er ihnen eine Million Peseten schuldig war.

1996

Im Dezember spricht das Landgericht von Lleida die Angeklagten Josep Mont und Marli Pinto frei. Obwohl die Aussage des anklagenden Zeugen Gil Josés wahr sein könnte, ließ sich seine Anwesenheit in Tor zur Tatzeit nie beweisen. Seine Aussage wird für unglaubhaft gehalten.

1997

Im Januar entscheidet das Gericht von Lleida in zweiter Instanz gegen das Urteil von Tremp, das Sansa zum Alleineigentümer gemacht hatte. Es erklärt den Berg zum Eigentum aller Dorfbewohner, die in Tor leben. Alle Beteiligten reichen Revision ein.

In den Monaten Januar, Februar, März und April drehen wir die Reportage für die Sendung »30 Minuts« mit dem Titel »Tor – der verfluchte Berg«, auf der dieses Buch gründet. Die Sendung wird am 20. April ausgestrahlt.

2000

Der Oberste Gerichtshof hebt das zweitinstanzliche Urteil wegen Formfehlern auf und verfügt eine Neuaufnahme des Verfahrens durch das Landgericht von Lleida.

2002

Das Gericht von Lleida fällt ein neues Urteil und entscheidet, dass der Berg den Erben der Gründer gehört, weil alle Eigentümer seit über dreißig Jahren namentlich im Grundbuch eingetragen sind. Diese Rechtsfigur nennt sich Ersitzung. Sowohl Sansas Erben als auch Palanca gehen in Revision.

2005

Das Oberlandesgericht von Katalonien bestätigt das Urteil von Lleida als rechtskräftig.

© Marcel Curcoy

Der Berg von Tor

1. Tor; 2. Weg La Rabassa (verläuft durch Palancas Grundstücke); 3. Weg Pleià (verläuft durch Sansas Grundstücke); 4. Bordes de Pleià; 5. Hochebene von Llumaneres; 6. Port de Cabús (Pass, Grenze zwischen Spanien und Andorra).

Die Häuser von Tor

1. Hof Sansa; 2. Hof Clos (verfallen); 3. Hof Molné (verfallen); 4. Hof Palanca; * Schauplatz der tödlichen Schießerei von 1980.

5. Hof Sisqueta; 6. Hof Bernat; 7. Hof Pubill; 8. Hof Manuel (verfallen); 9. Hof Cerdà; 10. Hof Peri; 11. Hof Peirot; 12. Hof Perexic; 13. Hof Peretona / Hof Macià; A. Kirche; B. Pfarrhaus.

DANKSAGUNG

Ohne die Unterstützung von Carles Pont hätte ich dieses Buch nicht schreiben können. Er betrieb Nachforschungen bei Personen und an Orten, die mir nicht zugänglich waren, und dank ihm habe ich in schwierigen Augenblicken den Glauben an das Buch nicht verloren.

Während all dieser Jahre – im Januar 1997 fing ich an, und diese letzten Zeilen schreibe ich im Oktober 2005 – haben mir viele Leute geholfen. Einige von ihnen wurden schon im Buch genannt, etliche haben mich gebeten, sie namentlich nicht zu erwähnen, und wieder andere haben zwar keine direkte Rolle bei den Vorfällen in Tor gespielt, waren jedoch wichtig für meine Arbeit: Ramon Camats, Ramon Badia, Pep Coll und die Jury der Literaturpreise »Lleida de Narrativa« von 2003, die das Buchprojekt zusammen mit La Paeria und dem Kreistag von Lleida förderten. Das hat mich dazu »gezwungen«, den Text endlich in einer bestimmten Zeit zu schreiben, und ich hoffe, das Ergebnis entspricht den Erwartungen und erweist sich der Förderung würdig. Viele Freunde haben die ersten Versionen des Buches gelesen: Dolors Monturiol, Marta Gibert, Maria de cal Gras, Joan Sol und Jordi Roure; Kollegen haben mir bei der Recherche geholfen und Kontakte vermittelt: Josep Lladós (unersetzlich), Rosa aus Santa Maria de Palautordera, Cristina Orduña, Violant Vilana, Javier Ricou, Eduardo Bayona und vor allem Anna Gómez. Mit Ratschlägen und Transkriptionen haben Carme Aparicio, Sílvia Pons, Romina Rodríguez und Xavi Margalet meine Arbeit vorangebracht. Zu nennen sind ebenfalls die

Rechtsanwälte: Paco Sapena und Sebastià Roca als weise Ratgeber, sowie Ramon Cleries und Julio Olano. Hervorheben möchte ich außerdem die Unterstützung von Toni Franco, Salvat, Muntsa, Tona und aller Kolleginnen und Kollegen von »30 Minuts« und der Nachrichtenabteilung von TV3, insbesondere Josep Lluís Suelves. Zum Schluss und ganz herzlich danke ich Josep Maria Domènech, Pepe, der vor Kurzem mit einem Emmy für die beste Kamera ausgezeichnet wurde (für den Film »Bolseros«), Francesc Pou und Carles Bosch – meine Lehrer – und Pol Izquierdo, ein enger Freund und Kritiker, der mich mit Glòria Gutiérrez bekannt gemacht hat, die mich wiederum an Isabel Martí weiterleitete.

Ich habe das Buch zwar geschrieben, aber erst durch die Arbeit von Isabel »Trilita« Martí, Josep Maria »Mestre« Espinàs und den anderen Mitarbeitern des Verlags La Campana wurde es zu dem, was es heute ist. Dafür werde ich ihnen immer dankbar sein.

Allen, die an mich geglaubt haben, ein herzliches Dankeschön.